城市轨道交通车辆结构与检修

主编　张庆玲　王海啸

北京理工大学出版社
BEIJING INSTITUTE OF TECHNOLOGY PRESS

内 容 简 介

本书是在校企双主体办学的前提下，与企业合作编写的一本教材。是北京理工大学出版社职业教育城市轨道交通类规划教材之一。全书共分七个教学项目，将车辆结构与车辆检修内容有机结合，以城市轨道交通车辆的各组成部分为主线，按结构分析—检修分析—检修实操的思路进行编写。教材中引入大量企业实际维修工作内容，并采用大量实物图片，让读者直观认识城市轨道交通车辆的各部件，并能模仿操作动作完成实操训练。主要内容包括城市轨道交通车辆总体认识、车体检修、车门保养、转向架检修、车辆连接装置检修、制动系统检修和空调系统检修等。

本书可作为车辆驾驶与车辆检修专业教材和其他轨道交通类专业选修课教材，也适用于轨道交通类企业职业培训教材。

图书在版编目（CIP）数据

城市轨道交通车辆结构与检修/张庆玲，王海啸主编. —北京：北京理工大学出版社，2022.7 重印

ISBN 978 - 7 - 5682 - 0933 - 5

Ⅰ.①城… Ⅱ.①张… ②王… Ⅲ.①城市铁路 - 铁路车辆 - 车体结构 - 教材 ②城市铁路 - 铁路车辆 - 车辆检修 - 教材 Ⅳ.①U270.3 ②U279.3

中国版本图书馆 CIP 数据核字（2015）第 183513 号

出版发行 / 北京理工大学出版社有限责任公司
社　　址 / 北京市海淀区中关村南大街 5 号
邮　　编 / 100081
电　　话 / （010）68914775（总编室）
　　　　　（010）82562903（教材售后服务热线）
　　　　　（010）68948351（其他图书服务热线）
网　　址 / http：//www.bitpress.com.cn
经　　销 / 全国各地新华书店
印　　刷 / 三河市天利华印刷装订有限公司
开　　本 / 787 毫米 × 1092 毫米　1/16
印　　张 / 14　　　　　　　　　　　　　　　　责任编辑 / 赵　岩
字　　数 / 326 千字　　　　　　　　　　　　　文案编辑 / 赵　岩
版　　次 / 2022 年 7 月第 1 版第 8 次印刷　　　责任校对 / 周瑞红
定　　价 / 39.80 元　　　　　　　　　　　　　责任印制 / 马振武

前言

PREFACE

随着职业教育校企合作的深入，合作的形式也经历了"校中厂、厂中校"—"订单培养"—"校企双主体办学"的不同阶段。在校企双主体合作办学阶段，企业作为办学的一元主体，积极参加了职业学院及专业的各项建设工作。

本书是在校企双主体办学的前提下，与企业合作编写的一本教材。是北京理工大学出版社职业教育城市轨道交通类规划教材之一。全书共分七个教学项目，将车辆结构与车辆检修内容有机结合，以城市轨道交通车辆的各组成部分为主线，按结构分析—检修分析—检修实操的思路进行编写。教材中引入大量企业实际维修工作内容，并采用大量实物图片，让读者直观认识城市轨道交通车辆的各部件，并能模仿操作动作完成实操训练，

本书作为城市轨道交通车辆驾驶、车辆检修专业方向教材，编写时注重与岗位实际需求相结合，理论知识以直观表达、适度够用为原则，实训操作内容以便于操作、客观适用为原则，将理论与实际操作相衔接，便于工学结合的项目化教学课程的教学实施。

本书由长春职业技术学院张庆玲、长春市轨道交通集团王海啸任主编，由长春职业技术学院王洋、吉林交通职业技术学院田瑞任副主编，长春职业技术学院吕娜、代兵、王新铭和吉林交通职业技术学院李晓红参与编写。全书由张庆玲统稿。本书编写过程中得到长春市轨道交通集团有限公司的大力支持，主要内容参照长春轻轨，上海、深圳、南京地铁有关资料，在此表示衷心的感谢。

由于编者水平有限，难免有疏漏之处，恳请广大读者不吝赐教。

编　者

目 录
CONTENTS

项目1 城市轨道交通车辆总体认识 ………………………… 001
  1.1 城市轨道车辆的类型及发展 ………………………… 002
  1.2 城轨车辆的编组及标识 ……………………………… 015
  1.3 城轨车辆的技术参数及限界 ………………………… 017
  1.4 车辆维修概述 ………………………………………… 023

项目2 车体检修 ……………………………………………… 031
  2.1 车体的总体结构分析 ………………………………… 032
  2.2 车体材料分析 ………………………………………… 037
  2.3 车体模块化结构 ……………………………………… 046

项目3 车门保养 ……………………………………………… 050
  3.1 门系统概述 …………………………………………… 051
  3.2 车门系统 ……………………………………………… 058
  3.3 客室车门的故障处理 ………………………………… 064

项目4 转向架检修 …………………………………………… 070
  4.1 转向架概述及检修工艺 ……………………………… 071
  4.2 构架的结构与检修 …………………………………… 078
  4.3 轮对轴箱装置的结构 ………………………………… 080
  4.4 弹簧减振装置及检修 ………………………………… 095
  4.5 牵引连接装置及检修 ………………………………… 108
  4.6 传动装置 ……………………………………………… 111
  4.7 转向架实例 …………………………………………… 116

项目5 车辆连接装置检修 …………………………………… 142
  5.1 车钩类型 ……………………………………………… 143
  5.2 车钩检修 ……………………………………………… 151

5.3　缓冲装置 ‥‥‥‥‥‥‥‥‥‥‥‥‥‥‥‥‥‥‥‥ 155

5.4　贯通道及渡板 ‥‥‥‥‥‥‥‥‥‥‥‥‥‥‥‥‥ 164

项目6　制动系统检修 ‥‥‥‥‥‥‥‥‥‥‥‥‥‥‥‥ 169

6.1　概述 ‥‥‥‥‥‥‥‥‥‥‥‥‥‥‥‥‥‥‥‥‥‥ 170

6.2　空气制动系统 ‥‥‥‥‥‥‥‥‥‥‥‥‥‥‥‥‥ 174

6.3　供气系统 ‥‥‥‥‥‥‥‥‥‥‥‥‥‥‥‥‥‥‥ 177

6.4　电制动系统 ‥‥‥‥‥‥‥‥‥‥‥‥‥‥‥‥‥‥ 182

6.5　基础制动装置 ‥‥‥‥‥‥‥‥‥‥‥‥‥‥‥‥‥ 187

6.6　制动控制系统 ‥‥‥‥‥‥‥‥‥‥‥‥‥‥‥‥‥ 189

项目7　空调系统检修 ‥‥‥‥‥‥‥‥‥‥‥‥‥‥‥‥ 197

7.1　空调通风系统的基本功能和特点 ‥‥‥‥‥‥‥‥ 198

7.2　空调制冷基本原理及系统布置 ‥‥‥‥‥‥‥‥‥ 199

7.3　车辆空调系统部件 ‥‥‥‥‥‥‥‥‥‥‥‥‥‥‥ 202

7.4　车辆空调系统控制 ‥‥‥‥‥‥‥‥‥‥‥‥‥‥‥ 208

参考文献 ‥‥‥‥‥‥‥‥‥‥‥‥‥‥‥‥‥‥‥‥‥‥ 215

项目1
城市轨道交通车辆总体认识

学习目标

1. 掌握城市轨道交通车辆的基本类型
2. 掌握城市轨道交通车辆的组成
3. 掌握城市轨道交通车辆的检修工艺内容
4. 掌握城市轨道交通车辆检修修程
5. 能够分析城市轨道交通车辆结构

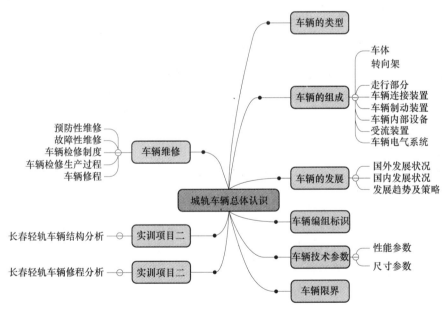

任务名称	长春轻轨车辆结构与修程分析	建议学时：8 学时
任务描述	城市轨道交通车辆是技术含量较高的机电设备，是城轨交通工程中最关键的设备，其选型和技术参数不仅是界定线路技术标准的基础，是确定系统运营管理模式和维修模式的基本条件，而且还是系统设备选型和确定设备规模的重要依据。长春轻轨作为国内城轨交通的创新代表，所使用的车辆具有代表性。本任务要求学生通过对城市轨道交通车辆总体知识的学习，能够在教师指导下针对长春轻轨车辆结构及修程进行分析。	

任务名称	长春轻轨车辆结构与修程分析	建议学时：8 学时
任务要求	熟练掌握本项目的相关理论知识及实训项目的操作步骤，完成学习任务。	
任务准备	1. 场地：车辆结构实训室或企业车辆维修段 2. 技术资料：车辆图纸、车辆检修工艺文件 3. 工具：手电筒、列检锤 4. 学习资料：实训指导书、实训报告	
引导问题	1. 城市轨道交通车辆有哪些基本种类？其结构如何？ 2. 城市轨道交通车辆如何标识？为什么要对车辆进行标识？ 3. 什么叫做车辆的技术参数？主要有哪些技术参数？ 4. 什么叫做检修修程？修程分为哪几类？ 5. 城市轨道交通车辆结构分析的步骤有哪些？	

1.1 城市轨道车辆的类型及发展

1.1.1 城市轨道交通车辆的类型与组成

1. 城市轨道交通车辆的基本类型

按照车辆宽度的不同，城市轨道交通车辆可分为车辆宽度为 3m 的 A 型车、车辆宽度为 2.8m 的 B 型车、车辆宽度为 2.6m 的 C 型车，以及结构改进的低地板轻轨车。其中，低地板轻轨车又可分为 70% 低地板和 100% 低地板两种。各城市采用什么车型，要根据城市自身的客流状态、经济实力等综合因素决定。

1）车辆类型

每列地铁车都由多辆车以一定的方式连接而成，按照其有无动力及车辆上安装的设备不同，一般可分为三种类型，即 A 车、B 车和 C 车。

① A 车：为拖车，自身无动力，依靠有动力的车辆推动和拖动；一端设有驾驶室。

② B 车：为动力车，其转向架上装有牵引电动机，无驾驶室，车顶上装有受电弓。

③ C 车：为动力车，其转向架上装有牵引电动机，无驾驶室，车底下装有一组空气压缩机组。

2）车钩形式

车辆之间的连接使用车钩，地铁车辆的车钩一般有三种形式，即全自动车钩、半自动车钩和半永久车钩。

① 全自动车钩：电气部分和机械部分的连接及分离都为自动的，其表示符号为 "—"。

② 半自动车钩：机械部分的连接及分离都是自动的，而电气部分的连接及分离都是人工的，其表示符号为 " ="。

③ 半永久车钩：电气部分和机械部分的连接及分离都是人工的，其表示符号为 "※"。

2. 城市轨道交通车辆的组成

一般城市轨道交通车辆可分为以下七部分，如图 1 - 1 所示。

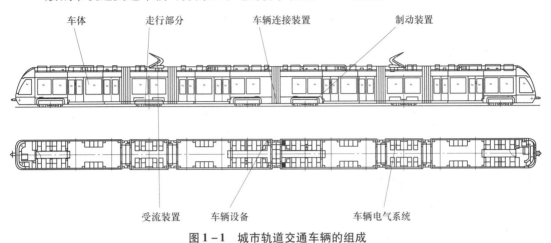

图 1 - 1　城市轨道交通车辆的组成

（1）车体　车体分有驾驶室车体和无驾驶室车体两种。车体是容纳乘客和司机（对于有驾驶室的车辆）的地方，又是安装与连接其他设备和部件的基础。近代城市轨道交通车辆车体均采用整体承载的钢结构或轻金属结构，以达到在最轻的自重下满足强度的要求。一般有底架、端墙、侧墙及车顶等。

城市轨道交通车辆的车体与一般铁路客车有许多相似之处，但在某方面具有独特的功能及特征。如一般电动车组有动车和拖车之分，服务于市内公共交通，在车内布置的座位少，车门多且开度大。

（2）走行部分（动力转向架和非动力转向架）　走行部分装置于车体与轨道之间，用来牵引和引导车辆沿着轨道行驶并承受和传递来自车体及线路的各种载荷，缓和其动力作用，它是车辆运行保障的关键部件。转向架一般由构架、弹性悬架装置、轮对轴箱装置和制动装置等组成。对于动力转向架还装有牵引电动机及传动装置。

车体和转向架之间的连接部位为空气弹簧和纵向牵引杆，并传递垂向载荷和纵向载荷。

（3）牵引缓冲连接装置　车辆编组成列车运行必须借助于连接装置，即所谓车钩。为了改善列车纵向平稳性，一般在车钩的后部装设缓冲装置，以缓和列车冲动。另外还必须连接车辆之间的电气和空气的管路。

（4）制动装置　制动装置是保证列车安全运行必不可少的装置。不仅在动车上设制动装置，在拖车上也要设制动装置，这样才能使运行中的车辆按需要减速或在规定的距离内停车。城市轨道交通车辆制动装置除常规的空气制动装置外，还有再生制动、电阻制动和磁轨制动等。

（5）受流装置　从接触导线（接触网）或导电轨（第三轨）将电流引入动车的装置称为受流装置或受流器。受流装置按其受流方式可分为以下五种形式：

① 杆形受流器：外形为两根平行杆，上部有两个受电轨（导线），广泛用于城市无轨电车。

② 弓形受流器：形状如弓，属上部受流，弓可升可降，其上部有一根接触导线，下面有导轨构成电路，用于城市有轨电车。

③ 侧面受流器：在车顶的侧面受流，又称为"旁弓"，多用在矿山装货物的电力机车上。

④ 轨道式受流器：从底部导电轨受流，又称第三轨受流，空间可得到充分利用，多用于速度较高的隧道列车。北京地铁及目前欧美大部分城市地铁均采用这种受流方式。

⑤ 受电弓受流器：属上部受流，形状如弓，可升可降，适用于列车速度较高的干线电力机车。上海地铁也采用这种方式。在受电制式上，目前世界上地铁发展较早的城市大多数采用直流 750V，少数采用 600V。在中国，北京地铁为直流 750V，而上海地铁则采用直流 1 500V，它与直流 750V 比较有以下优点：可提高牵引电网供电质量，降低迷流数值，增加牵引供电距离，从而减少牵引变电所数量；便于地铁线路实现地下、地面和高架的联动。

⑥ 车辆内部设备　车辆内部设备包括服务于乘客的车体内的固定附属装置和服务于车辆运行的设备装置。属于前者的有车内照明、通风、取暖、空调、座椅、拉手等；后者大多吊挂于车底架，如蓄电池箱、继电器箱、主控制箱、电动空气压缩机组、总风缸、电源变压器及各种电气开关和接触器箱等。

⑦ 车辆电气系统　车辆电气系统包括车辆上的各种电气设备及其控制电路。按其作用和功能可分为主电路系统、辅助电路系统和电子与控制电路系统三个部分。

1.1.2　城市轨道交通车辆的基本技术特点

大部分城市轨道交通系统项目所采购并使用的车辆都是企业根据本地具体情况、传统习惯、项目的设计需要、投资预算等提出技术要求，向车辆制造商定制的。由于技术的发展很快，各项目所定制的车辆就差别很大，不仅是不同的城市之间，就是同一城市的各项目之间也有很大差别。这个特点与绝大多数铁路车辆可在全国大部分地区通行使用有很大不同。不同类型的城轨车辆有其自身的技术特点，但是，车辆的总体技术朝着轻量化、节能化、少维修、低噪声、舒适型、高可靠性和安全性以及低寿命周期成本的方向发展是大势所趋。城轨车辆的基本特点如下：

① 由于城市轨道交通系统属于特种大中运量快速交通系统，所以特别强调车辆的安全性能，加上受列车运行环境（城区、地下）条件的限制，对车辆噪声、振动和防火均有严格要求。

② 城市轨道交通系统的线路都是全封闭的专用线路，双向单线运行，行车密度大（最小行车间隔小于 2min）。如果因故障列车不能正常运行，便会阻塞线路，对整个系统的运转将产生很大的影响。因此，对车辆运行的可靠性提出了很高的要求，一些系统部件都必须是冗余设置的，如低压直流控制电源、空气压缩机组、蓄电池、列车控制单元等。

③ 运营中即使发生了列车不能启动的故障，也要预先制定简便的临时处理方案，使列车能凭自身的动力启动离开而进入最近的存车线，以疏通线路。如果列车确实无法启动，一般是安排就近的另一列车前往救援，两列车连、挂、拖、推至最近的存车线。特别是对在地下运行的车辆，必须保证在失去外来供电的情况下，仍能提供最低限度的照明、广播和通风能力。在万一发生意外事故的情况下，列车必须有使旅客快速离车疏散的通道。

④ 车体朝轻量化方向发展，采用大断面铝合金型材或不锈钢材焊接车体的整体承载结构，最大限度地减少车重。

⑤ 除电气系统的一些人工操作控制开关装在驾驶室和客室的电气设备柜内外，其他设

备都分散安装在全列车的车底下，空调机组装在车顶，不占用客室空间。

⑥ 车辆间采用封闭式全贯通通道，便于乘客走动及分布均匀。

⑦ 车辆采用密接式车钩进行机械、电气、气路的贯通连接。

⑧ 为了在列车停站时能使大量的上下车客流交换在尽可能短的时间内完成，车门数量比较多，每节车厢单侧车门数量有 3~5 个。

⑨ 调频调压交流传动，采用电气（再生制动和电阻制动）和空气的混合制动，节省能耗。

⑩ 列车控制和主要子系统的运行控制实现计算机和网络化，信息播放实现多样化、实时化和分层集中化。

⑪ 车辆系统部件的设计、材料的选用都以列车运行和乘客的安全为首要原则，设备正常功能失效时，其响应将以安全为导向目标。

⑫ 为了适应高密度行车组织的运营需要，实现信号控制和行车控制自动化，在车辆运行正常的情况下，采用列车自动控制（ATC）、列车自动驾驶（ATO）和列车自动保护（ATP），车辆上也配备了相应的车载设备。

1.1.3 国外城市轨道交通车辆的发展概况

国外城市轨道交通车辆已投入运营的主要有三种类型：地铁车辆、轻轨车辆和高架独轨车辆。

1. 地铁车辆

国外地铁车辆发展方向有以下几个特点：

（1）提高车辆最高运行速度 如巴黎地铁车辆初期最高运行速度为 80km/h，平均运行速度为 23.7km/h，近年来已将通过地面时地铁车辆的最高速度提高到 100km/h，平均运行速度达到 50km/h。莫斯科地铁车辆最高运行速度由 90km/h 提高到 100km/h，平均运行速度达到 41km/h。纽约地铁车辆最高运行速度由 70km/h 逐步提高到通过地面时的 130km/h。1974 年 R-44 型的地铁车辆的最高速度达到 133km/h。日本地铁车辆在地下的最高速度为 70~80km/h，到地面行驶的最高速度已达到 120km/h，如东京地铁 3000 系、5000 系车辆的最高速度都是 120km/h。

（2）发展交流传动车辆 早期地铁车辆是蒸汽牵引，1890 年改为电气牵引后一直采用直流电动机牵引，由凸轮变阻调速控制，后来发展到斩波器调速控制。20 世纪 90 年代，由于电力电子技术和微机控制技术的迅猛发展，大功率自关断元器件（GTO、IGBT、IPM）走向产品和实用化，变频变压调速控制（VVVF）技术迅速发展，交流传动车辆广泛应用于城市轨道交通。日本东京、大阪、名古屋等城市地铁从 1991 年开始，新造地铁车辆全部采用 IGBT 或 IPM 的 VVVF 交流传动装置。法国巴黎地铁和德国法兰克福地铁新造车辆也开始采用交流传动车辆。英国、俄罗斯、美国、韩国、墨西哥、西班牙等国家城市轨道交通都在订购交流传动车辆。

（3）发展不锈钢车和铝合金车 美国最早由巴德公司生产了不锈钢车，纽约地铁大部分是不锈钢车。20 世纪 60 年代初，日本从美国引进不锈钢车体技术，从 1962 年开始生产日本最早的南海电铁 6000 系、京王电铁 3000 系和东急电铁 7000 系地铁车辆，截至 1998

年，日本不锈钢车辆占总车辆的60%左右。加拿大、韩国等国家地铁也都使用了不锈钢车。

铝合金车于20世纪初开始生产，法国于1896年将铝合金用于铁路客车车窗上，1905年英国铁路电动车的外墙板采用了铝合金，美国在1923—1932年间有700辆电动车和客车的侧墙和车顶采用铝合金材料。20世纪60年代以来，德国科隆、波恩市郊电动车和慕尼黑地铁车体也采用了铝合金。日本从20世纪80年代先后在6000系、7000系、8000系等地铁车辆上采用了铝合金；意大利米兰地铁、奥地利维也纳地铁和新加坡地铁都应用了铝合金车辆。

（4）发展空调车辆　纽约地铁自1976年第一列装有空调的R－38型地铁列车投入使用以来，到1992年95%的地铁列车都安装了空调。到1997年，东京地铁车辆中空调车占全部车辆总数的50%左右。

（5）车辆的模块化设计和生产　世界上生产地铁车辆和轻轨车辆的主要制造商是西门子公司、阿尔斯通公司、庞巴迪公司及日本的东急等公司。它们从20世纪90年代开始进行车辆模块化的设计和生产。庞巴迪公司为香港地铁生产了模块化车辆，阿尔斯通公司和西门子公司生产了模块化的低地板轻轨车辆。

（6）广泛采用微机控制与诊断和通信网络技术　自20世纪90年代以来，各国城市轨道交通车辆新造车在牵引和制动控制中都采用了微机控制和诊断技术，由单微机控制发展为多微机控制。同时，积极发展和采用通信网络控制技术，实现了列车设备运行控制和故障诊断、旅客信息的传递和服务。

（7）发展模拟式电气控制制动系统　世界各国地铁和轻轨车辆都选用了模拟式电气控制制动系统，主要制造商是克诺尔公司、韦斯汀豪斯公司和日本NABCO公司。该系统能满足城轨车辆制动频繁、制动距离短和停车精度高的要求。

2. 轻轨车辆

自1888年美国弗吉尼亚市第一条有轨电车投入商业运行以来，有轨电车虽有较大发展，但由于其速度慢、噪声大、运量小、安全性差、正点率低等原因，20世纪50年代各国城市都纷纷拆除有轨电车线路，发展地铁交通。到20世纪八九十年代，由于地铁造价高、能耗大、噪声大等原因，在建设地铁的同时又发展了新型轻轨交通。据统计，已有50个国家建设了360条轻轨铁路。这些车辆大部分都是100%或70%的低地板车辆。

1）低地板轻轨交通的发展优势

（1）环境污染小　轻轨交通车辆采用电力牵引，不产生废气污染，车辆和轨道的良好动力性能使其运行时的轮轨振动及噪声进一步减弱。另外，轨道两侧的绿化带也有助于美化环境，减少噪声污染。

（2）节约能源　从每人每公里能耗看，轨道交通、道路公共汽车、私人小汽车的能耗比为1∶1.8∶5.9，可见轨道交通运输方式是最节能的。而轻轨交通的能耗又低于地铁系统。

（3）投资少　轻轨与地铁的单位社会成本比汽车低，而轻轨又比地铁低。轻轨交通每公里造价为1.5～3.5亿元人民币，仅为地铁造价的1/4～1/2。

（4）乘坐舒适　低地板轻轨系统的车辆减振性能和轨道稳定性能，可保证其运行平稳流畅。此外，较低的车辆地板以及无缝登车踏板，使乘客乘坐舒适。

（5）塑造良好的城市形象　低地板轻轨车辆为乘客提供了足够的座位，有着美观的外形设计。在许多国家，轻轨交通已成为城市的一大景观。

2）低地板轻轨车辆的主要类型

1984 年，Duewag 公司为日内瓦制造的低地板车揭开了低地板车发展的序幕。1986 年，法国车辆制造厂商为南特市第 2 条轻轨线路制造的 3 节编组的轻轨车辆，由 3 节铰接车体组成，两端是 870mm 的高地板面动车，中间为 350mm 的低地板面拖车。这样，病残人和幼儿可坐在轮椅或小车上从站台直接进入车内。这种结构的车辆问世后，很受用户和乘客的欢迎，标志着轻轨车辆由高、中地板向低地板迈出了关键一步。按技术的复杂程度，现在世界上已经出现了三代低地板轻轨车辆。

（1）第一代低地板轻轨车　中间部分有一个低地板进口，低地板占车长的 10%～15%；随后该车经过改进可得到占车长 50% 左右的低地板。这种类型的车辆采用常规转向架、分段式低地板，车内需要台阶过渡。例如，庞巴迪为荷兰阿姆斯特丹制造的轻轨车辆，低地板部分的地板高度为 277mm，占整个地板长度的 13.5%。

（2）第二代低地板轻轨车辆　有较长的低地板部分，占整车的 60%～70%，但车内还需要台阶向高地板区过渡。这种轻轨车辆的中间走行部分需要一种全新的安装方式，主要有 3 种方法：小车轮拖车走行部分、独立车轮走行部分和独立旋转车轮走行部分。例如，瑞士 Vevey 公司为贝尔纳制造的轻轨车就采用了车轮直径为 410m 的小车轮拖车走行部分，低地板高度为 350mm，占整个地板长度的 72%。

（3）第三代低地板轻轨车辆　为全低地板式；如果动力转向架也采用独立车轮，取消车轴，则动力转向架上方的中间通道也可以做成低地板，两侧车轮凸起部分可设置座椅，从而实现 100% 地板，地板面距轨面通常仅为 350mm。如西门子公司研制的 Combino 模块组合式轻轨车辆，就属于全低地板轻轨车辆。

3. 高架独轨车辆

高架独轨车辆具有线路占地少、构造简单、投资少（是地铁的 1/3）、能爬大坡（6%）和过小半径曲线（50m）、噪声低（胶轮）、乘坐舒适、视野广等优势，受到各国中小城市交通的欢迎。

自 1980 年法国建立了世界上第一条蒸汽牵引的跨座式独轨交通以来，特别是 20 世纪 50 年代以后，在日本、美国、瑞典、法国、德国、意大利都先后建立了独轨铁路，一般线长 10km 左右。日本自 1955 年将独轨铁路列为城市轨道交通的重要工具以来，已发展了 20 多条高架独轨铁路，生产了独轨车辆。高架独轨车辆的主要特点是用橡胶轮胎支持和导向、电力驱动、空气弹簧支持车体等。

4. 发展趋势

随着世界经济和科学技术的不断发展，轨道交通在投资、建设、运营和管理等方面不断发展并走向成熟和完善。世界城市轨道交通主要呈现以下三大发展趋势：

① 世界发达城市轨道交通投资多元化趋势——多元化的投资共同推动轨道交通。投资和建设城市轨道交通发展之初，其投资主体比较单一，有的由私人主体来投资，有的由政府财政直接投资。随着轨道交通规模的越来越大，为了解决资金问题和提高轨道交通的效率，很多城市轨道交通都由政府和社会资本等共同投资。投资主体的多元化已成为世界轨道交通的发展趋势。

② 世界发达城市轨道交通经营市场化趋势——充分发挥市场作用以提高轨道交通的运行能力。在轨道交通的历史发展过程中，有的采取完全的国有垄断经营模式，有的采取市场化经营模式，有的介于这两者之间。现在，很多城市充分发挥市场作用以提高轨道交通的运行效率。在轨道交通运营上引入市场机制已成为一种发展趋势。

③ 世界发达城市轨道交通管理法制化趋势——实行全面法制化管理以规范轨道交通投资、建设、运营和管理行为。限于当时的社会、政治和经济条件，规范轨道交通管理的法制起初并不够完善，现在，很多城市轨道交通实行全面法制化管理以规范各方行为和维护各方利益，以法制化的管理来保障轨道交通持续、稳定和高效的运行。轨道交通的全面法制化管理也是世界轨道交通发展的重要趋势。

1.1.4 我国城市轨道交通车辆的发展概况

1. 我国城市轨道交通车辆发展历程

为了解决城市交通拥挤问题，早在 20 世纪 50 年代，我国就决定在北京修建地铁，由于当时与国外技术交流非常少，只能参考极其有限的国外资料进行自力更生的开发。铁道部组织了长春轨道客车股份有限公司、南车株洲电力机车研究所有限公司、唐山铁道学院（现西南交通大学）、中国北车集团四方车辆研究所、大连机车车辆厂、湘潭电动机厂等单位进行了方案设计。在方案设计的基础上，长春轨道客车股份有限公司和有关单位一起完成了施工设计和工艺准备，于 1976 年完全利用国产材料和配件生产出 2 辆 DK1 型地铁样车，填补了国内空白。之后，我国开始批量生产地铁车辆，并不断改进设计、工艺，相应改变型号，技术水平不断提高。

我国城市轨道交通车辆制造发展历程：我国最早研制的地铁车为凸轮变阻车，其型号为 DK1～DK4、DK8A、DK8、DK16、DK19、DK20，其中生产数量较多的是 DK2～DK4、DK8、DK16 和 DK20。

应用斩波调压和数字式电控制动机等新技术的应用生产斩波调压（或调阻）地铁车辆，唐山机车车辆厂、大连机车车辆厂、大连机车研究所有限公司等企业相继成功开发了北京城市铁路不锈钢地铁车、天津滨海不锈钢城轨车、武汉铝合金城轨车、高档次 70% 低地板轻轨车、城市快速轨道车辆、DL6W 型现代轻轨电车、DL4W 型仿古轻轨电车等新型城轨地铁客车。这些产品在设计制造中采用了多项自主创新技术，填补了多项国内空白，整车技术属国内领先水平，多项技术指标达到国际先进水平。

1）北京城市轨道交通不锈钢地铁车

北京轨道交通不锈钢地铁车是长春轨道客车股份有限公司近年来成功开发的新型地铁车辆，如图 1-2 所示。该车体钢结构在国内首次采用轻量化无涂装不锈钢鼓形车体，侧墙窗采用视野开阔的 1.6m 大窗，车顶内装铝型材结构。车辆采用先进的矢量控制 VVVF 交流传动系统、模拟式电控制系统、列车自动防护（ATP）车载设备、车载无线通信设备和列车监控系统等。无摇枕转向架的牵引装置采用无间隙的 "Z" 拉杆结构。基础制动采用维修工作量少的单元制动。采用降噪车轮，显著地降低了轮轨噪声。北京轨道交通不锈钢地铁车的成功研制，填补了国内轻量化不锈钢车的空白，整车技术属国内领先水平，其多项技术指标达到国际先进水平。在 30 年使用寿命内，基本无须维修。在北京经过两年的运营考验，车辆的各项性能指标良好。在不远的将来，北京将有 1 000 余辆采用轻量化无涂装不锈钢的地铁车。

图 1-2　北京城市轨道交通不锈钢地铁车

2）天津滨海不锈钢城轨车

天津滨海 110km/h 不锈钢城轨车，是长春轨道客车股份有限公司为天津滨海线研制的一种整体承载筒形点焊结构的轻量化车辆，如图 1-3 所示。这是国内首批不锈钢城轨客车，它创造了多项全国第一，填补了多项城轨车的技术空白。

图 1-3　天津滨海不锈钢城轨车

该车在设计制造中采用了多项自主创新技术。车体采用高强度的不锈钢、铝蜂窝降噪隔声地板。外观为流线型造型，连续窗带样式。首次研制成功的 110km/h 无摇枕转向架在此车上的运用，使车辆平稳性更好，故障率更低。降噪车轮使车内外噪声明显降低。该车采用国际先进的 IGBT 元件，VVVF 矢量控制交流传动技术和大功率牵引电动机。该车首次采用动态地图广播报站系统，实现了卫星定位自动报站功能。该车采用大开度双开电动塞拉门，既安全又可靠。该车多项技术指标达到国际先进水平。

3）武汉铝合金城轨车

武汉城轨车是我国首次自主研发设计的 B 型铝合金车体结构城轨车辆，如图 1-4 所示。该列车采用了轻量化铝合金车体；具有预制冷、制冷、通风、紧急通风功能的大功率空调系统；大容量无预压力冲击新型车钩装置及车端吸能结构；新颖、实用的内装与低噪声设计；密封性好的电动塞拉门侧门；超过 50 万 km 运营考验的无摇枕转向架及降噪车轮。该车采用了品质优良的 VVVF 交流传动牵引系统，技术先进、成熟、性能可靠的辅助供电系统，智能化列车监控系统，自动驾驶、无人驾驶及移动闭塞式车载信号控制系统，模拟式电控制动系统等 10 余项新技术，最高运行速度为 80km/h。其综合技术性能在目前国内设计的城轨车辆中处于领先水平，列车自动控制性能达到了国际水平。

图 1-4　武汉铝合金城轨车

4) DLW 系列轻轨电车

DLW 系列轻轨电车包括 DL6W 型现代轻轨电车和 DL4W 型仿古轻轨电车，由中国北车集团大连机车研究所与大连现代轨道交通公司联合研制，是大连市城市轨道交通线路改造配套的轻轨电车，如图 1-5 所示。

图 1-5　大连 DLW 系列轻轨电车

DL6W 型现代轻轨电车作为国内首台自行设计和制造的具有自主知识产权的 70% 低地板交流传动轻轨电车，技术水平已达到国际上 20 世纪 90 年代先进水平。该车于 2001 年 7 月通过建设部技术成果鉴定（该成果排名第一），2003 年荣获第五届辽宁省优秀新产品二等奖。目前已批量生产 25 台，大连市轻轨 202 号线上全面运用，至今已成功运行近 6 年，累计安全运行 300 多万 km，单车最高累计运行超过 20 万 km。DL4W 型仿古轻轨电车是双驾驶室双向行驶单节电动轻轨电车。该车的外观及车体内装饰采用仿古设计，首台样车于 2004 年 7 月 1 日正式剪彩上线试运，并于 2005 年 3 月完成线路性能试验，现正在大连市城市轨道交通 202 号线路上载客运行。DLW 系列轻轨电车在大连市城市轻轨交通线路上的成功运行，标志着我国低地板轻轨电车综合技术水平已接近世界先进水平，开拓了低地板轻轨电车在国内应用的先河，对我国低地板轻轨电车的发展起到了示范和样板作用。

5）高档次 70% 低地板轻轨车

高档次 70% 低地板轻轨车由中国北车集团唐山机车车辆厂研制。该车是目前国内首辆与发达国家具有同等档次和水平的 70% 低地板轻轨车，如图 1-6 所示。

图 1-6　70% 低地板轻轨车

该车构造速度为 70km/h，额定载客达 246 人。该车采用了铝质蜂窝状地板，实现了车体轻量化。车辆走行部分采用自主设计的全新无摇枕空气弹簧悬挂的动力转向架，中间部位则采用了新型独立轮转向架。弹性车轮装置起到了降低噪声、减少振动的作用。车辆制动采用了微机控制的模拟直通制动系统，确保了车辆安全运行。车辆的微机控制系统实现了对车辆牵引、制动、状态、单元空调等信息的最优控制。该车外形采用了鼓形结构和流线型驾驶室，车辆内部各种设施简洁、实用，基本达到了欧美发达国家的档次和水平。该车于 2005年 11 月在长春投入载客运营。

6）大连城市快速轨道车辆

城市快速轨道车辆由中国北车集团大连机车车辆有限公司研制。该车拥有完全自主知识产权，国产化率达 70% 以上，目前已经制造 15 列，在大连市区至金石滩快轨交通线投入运营。该车编组为两动两拖，全列座席 176 个，总载客量 784 人，超员状态可达 1 054 人，最大设计速度为 100km/h，起动后 13.4s 速度可达 40km/h，1min 内即可达到最大设计速度并以同样时间顺利停车。

该车采用大量国内外最新技术，牵引传动系统采用当今国际最先进的 VVVF 交流传动系统；车上安设 GPS 卫星定位系统，广播、信息显示系统，车内监控系统及多项目自动保护装置，实现对各部件的实时监控。车窗为密封式结构，选择的是高档轿车使用的浅绿色中空玻璃，能有效隔离紫外线。车门选用目前国际流行的电动塞拉门并采取多项安全保护装置。车厢内部安有空调及良好的通风装置，装饰采用国内外流行的 PC 合金板或耐力板等环保型材料嵌装，全部无钉，自然接缝，并具有良好的阻燃性。

7）各大城市其他新型国产城轨车辆

由南车集团四方机车车辆股份有限公司生产的北京地铁 1 号线新型地铁车辆在安全性能和人性化设计方面，较之此前在北京地铁 1 号线上运行的部分陈旧车型均有较大突破和改观，如图 1-7 所示。为确保乘客的安全，新型地铁车内设有闭路电视监控、烟雾预警等系统，其防火标准达到了世界上最严格的英国 BS6853 标准，防火性能大大提高。新型地铁车辆的人性化设计也极为细致周到，为方便残疾人上下车，新车首次增设了自动伸缩的轮椅渡板。此外，新型地铁车辆还配有 LED 显示电子系统、液晶电视、电子地图、空调、即时广播等系统。

图 1-7 北京地铁 1 号线新型地铁车辆

深圳地铁 1 号线车辆由中国南车股份株洲电力机车有限公司承制。这是首个由中国企业自主知识产权的 A 型地铁车辆项目。它的下线标志着我国成功实现了世界最高端地铁车辆技术的自主化生产，体现了"五自"：自主投标、自主设计、自主制造、自主采购、自主管理。该车车体美观、坚固、节能、环保，创造了国内 A 型地铁车辆的轻量化记录，如图 1-8 所示。该车采用最先进的铝合金全焊接技术，整车车体自重不到 52t，比同类型地铁车辆轻 2t 以上，因此每辆列车每年可减少运营耗电 12 万 kW·h 以上。车体呈鼓形，车身更为流畅美观，宽达 3.1m，大大增加了乘客乘坐的舒适度，最大载客量可达 2 502 人。该车静强度试验超过国际标准。同时，该列车具有完备的乘客信息系统，具备自动报站、电子地图、媒体播放功能，具有先进的视频监控系统、火灾探测系统、紧急疏散门系统。

图 1-8 深圳地铁 1 号线国产车辆

上海轨道交通 3 号线的 AC-03 型电动客车，由法国阿尔斯通公司、南京浦镇车辆厂制造，如图 1-9 所示。其中 301 和 302 号列车从法国进口，其余 26 列在南京浦镇车辆厂完成生产。该车速度 80km/h，6 节编组，铝合金贯通式厢体，整列车最大载客量 2 460 人，国产化率大于 70%。

图 1-9　上海地铁新型车辆

成都地铁 1 号线地铁车辆由中国南车青岛四方机车车辆股份有限公司制造，如图 1-10 所示。成都地铁车辆突出了先进、成熟、环保、人性化等设计理念，采用国际先进的交流传动牵引系统。车体采用先进的轻量化不锈钢车体，耐腐蚀性强，耐高温，寿命周期长。车体外表免涂漆处理，既绿色环保又降低了对车体外表面的维护成本。车顶内装结构采用模块化结构，使列车更趋轻量化，节能环保性能更加突出。成都地铁 1 号线车辆为 4 动 2 拖 6 辆编组形式，最高运营速度为 80km/h，每列车定员为 1 468 人，最多可载客 1 880 人。

图 1-10　成都地铁 1 号线车辆

2. 我国城市轨道交通车辆发展的差距

目前，我国城市轨道交通车辆发展的现状，与我国各城市轨道交通发展规划的要求及与世界城市轨道交通车辆的发展水平尚有一定差距，主要表现在以下几个方面：

1）城市轨道交通车辆品种还不能满足城市轨道交通快速发展的需要

目前我国百万人口以上大城市有 36 座，50 万~100 万人口的城市有 43 座。现在很多大中城市为了改善城市交通拥堵状态，引导城市经济发展，减少环境污染，保护城市环境，都在积极发展城市轨道交通。由于各城市的需求和发展的差异，城市轨道交通的类型呈现多元化，城轨车辆的品种要求多样化。因此，我国城轨车辆的品种必须满足城市轨道交通发展多元化的需求。

2）交流传动车辆还不能满足城市轨道交通发展的需求

在 2003 年 8 月经专家审定通过的《地铁车辆通用技术条件》（GB/T 7928—2003）中规定，今后我国新造地铁车辆全部采用交流传动车辆。因此，必须大力发展交流传动城轨车辆，满足城市交通发展的需要。

3）铝合金和不锈钢城轨车辆不能满足城市轨道交通的需要

目前北京地铁、天津地铁和大连快轨的运营公司拥有车辆的车体材料全部采用普通钢和耐候钢。上海地铁车辆和广州地铁车辆都采用铝合金车体。天津滨海快速轨道车辆采用了轻量化不锈钢车体。必须加大发展不锈钢和铝合金车辆力度，满足城市轨道交通发展的需要。

4）空调车辆还不能满足城市轨道交通发展的需求

目前，北京和天津地铁大部分车辆都没有安装空调装置，上海地铁、广州地铁和大连快速轨道车辆装有空调。为提高乘客的舒适度，新造车辆都应安装空调装置，同时要加快非空调车辆的改造。

5）车辆的交流传动装置、制动装置、微机控制及诊断系统还没有完全实现国产化

交流传动装置、制动装置、微机控制及诊断是城市轨道交通车辆的核心技术和关键部件。目前，我国城市轨道交通车辆的交流传动装置，包括辅助电源供电设备以及微机控制与诊断系统，全部由国外的西门子公司、阿尔斯通公司、庞巴迪公司和东芝公司等提供产品与软件。由株洲电力机车研究所自主开发的城市轨道交通车辆交流传动装置至今还没有装车投入运行，所以目前还没有自主品牌的交流传动系统。制动装置基本上由克诺尔公司和日本NABCO公司提供产品，由四方车辆研究所和铁科院机辆所负责开发的城轨车辆制动装置仍处于样品阶段，还没有装车投入运用考核。因此，加速上述关键部件的国产化是当务之急。

6）城轨车辆制造质量和技术水平有待提高

目前我国已经生产城轨车辆的工厂有长春轨道客车股份有限公司、中国南车集团南京浦镇车辆厂、南车株洲电力机车有限公司、南车四方机车车辆有限公司和中国北车集团大连机车车辆有限公司。长春轨道客车股份有限公司和中国南车集团南京浦镇厂通过合资或合作方式生产了铝合金车，但最初两列车全部在国外造好后运到国内，验收合格后投入运用，后续车辆在国内组装，而铝合金型材、交流传动装置和制动系统也都是在国外采购后运到国内组装。长春轨道客车股份有限公司为天津滨海快速轨道交通生产的不锈钢车、不锈钢型材全部从日本进口。中国北车集团大连机车车辆有限公司生产的快速轨道车辆的交流传动系统和制动装置由日本东芝公司提供产品。上述工厂正在逐步掌握交流车、铝合金和不锈钢车的制造工艺，并逐步掌握车辆模块化生产技术、线性电动机车辆的关键技术等，以不断提高城轨车辆的技术水平和产品质量。

3. 我国城市轨道交通车辆发展战略

为适应未来20年城市轨道交通大发展的要求，城市轨道交通车辆发展战略应是：大城市应大力发展A型或B型地铁车辆，中等城市应兼顾发展B型地铁车辆和中运量的轻轨车辆，小城市应积极发展小运量的低地板轻轨车辆。

城市有特殊需求时，可适当发展高架独轨车辆或直线电动机车辆。因为A型或B型地铁车辆单向高峰小时客运量可达3.0万人次以上，能够满足大城市大运量运送旅客的要求；中运量的轻轨车辆单向高峰小时客运量为0.6~0.8万人次，能够满足小城市运能的要求。当城市要求线路占地少、车辆能在大坡度（6%以上）和小半径曲线（50m）上运行，且噪声低、视野广阔和乘坐舒适时，可适当发展高架独轨车辆或直线电动机车辆。

1）发展交流传动车辆，逐步取代直流传动车辆

发展交流传动车辆是当今世界城市轨道车辆发展的方向。据日本京城电铁统计，采用交流传动后与变阻控制车相比，交流传动车每万公里的用电量减少50%左右，再生制动率达到30%以上，每辆车闸瓦用量减少一半，车轮磨耗少，使用寿命提高50%；电动机维修量

大大减少，三年内不用检修。因此，必须大力发展交流传动车辆。

2）大力发展不锈钢车辆，适当发展铝合金车辆

目前，我国的不锈钢新车价格便宜，是铝合金的 70% 左右。铝合金熔点低，发生火灾时车体熔化速度比不锈钢车体快，安全性差，因此国外有些城市地铁不采用铝合金车辆。铝合金车体长时间运用后表面发生点蚀、面蚀和变色现象，维修量和维修费比不锈钢车体高。因采用铝合金和不锈钢材料而使车辆自重减轻所带来的节能经济效果不明显。因此，城市交通应大力发展不锈钢车辆。

3）发展空调车辆，取代机械通风车辆

车辆空调装置是提高乘客舒适度的重要设备，是城轨车辆的发展方向。我国城市大都处于热带或温湿带，春夏秋季气温都较高，近几年各地气温甚至达到 35℃ 以上，城轨车辆安装空调势在必行。因此，今后新造城轨车辆都应是空调车，旧车应加快安装空调的改造步伐。

4）加快实现车辆交流传动系统、微机控制诊断系统、制动系统的国产化步伐

交流传动系统、微机控制诊断系统、制动系统是城轨车辆的三大关键技术，长期依靠进口不是长久之计，应有自主的知识产权。国家对城市轨道交通技术装备国产化很重视，专门成立了国产化领导小组和专家小组，加强指导，制定了国产化政策。目前国内有关工厂和科研单位正在联合开发新一代地铁车辆，三大关键技术已掌握，已经生产了样机产品。城轨车辆应加快国产化步伐，尽快取代进口，创造国内品牌，形成新产业，成为国民经济新的增长点。

5）发展低地板轻轨车辆

用低地板轻轨车辆取代有轨电车已成为世界小城市轨道交通的发展方向，成为城市公共交通一条鲜亮的风景线。由于该型车辆噪声低、上下车方便、视野宽阔、乘坐舒适、造价低，深受政府和市民的欢迎。我国应加快发展低地板轻轨车辆。

1.2 城轨车辆的编组及标识

1.2.1 上海地铁列车编组及标识

1. 列车编组

列车是不同类型的车辆通过两个相对的同型号车钩相连而组成的车组。其中 B 车和 C 车为固定搭配，若再与 A 车相连，则称为一个单元。

例如，上海地铁列车根据客流预测，设计成在开通时为六节编组成一列车；而在远期客流量增加后，则增至八节车编组为一列车。

六节编组的列车其编组形式为

$$- A = B ※ C = B ※ C = A -$$

八节编组的列车其编组形式为

$$- A = B ※ C = B ※ C = B ※ C = A -$$

2. 车端、车侧、车门、座位的标识定义

1）车辆车端、车侧的定义

（1）车端　在车辆两端的车钩一般都不为同一类型的车钩，我们将车钩自动化程度

较高的一端定义为 1 位端，而自动化程度较低的一端则定义为 2 位端，如图 1 - 11（a）所示。

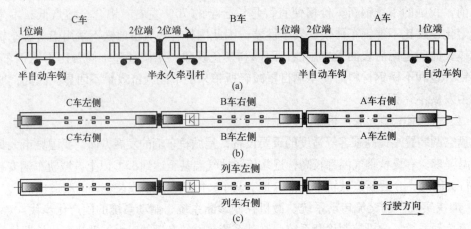

图 1 - 11　车端、车辆两侧及列车两侧的识别

（a）车端识别；（b）车辆车侧的识别；（c）列车车侧的定义

（2）车侧　若某人站立在某车辆的 1 位端，面向 2 位端，则该人的右侧就称为该车辆的右侧，该人的左侧则称为该车辆的左侧，如图 1 - 11（b）所示。

2）列车车侧的定义

列车车侧的定义与车辆车侧是不同的。它是以司机坐在列车的驾驶端座位上驾驶列车的方位来定义的，此时司机的右侧即为列车的右侧，司机的左侧即为列车的左侧。换句话说，是按列车的行驶的方向来定义的。这与公路上汽车按行驶方向定义左、右侧是相同的，如图 1 - 11（c）所示。

3）车门的编号

上海地铁车辆的客室车门是采用内藏式对开滑动门，车辆每侧设有五扇门，每扇门为两片门叶。为了便于维修，需给每片门叶编号。根据制造商在设计时定义的编号［图 1 - 12（a）］：自 1 位端到 2 位端，右侧为由小到大的连续奇数，即 1/3、5/7、9/11……17/19；左侧为由小到大为连续偶数，即 2/4、6/8、10/12……18/20。

4）座椅编号

座椅编号的方式与车门类同，如图 1 - 12（b）所示。

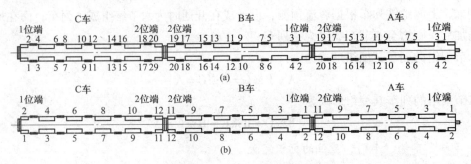

图 1 - 12　车门、座椅编号

（a）车门编号；（b）座椅编号

1.2.2 长春轻轨列车编组及标识

1. 车辆编组

长春轻铁二、三期工程长编组低地板轻轨列车，是由两辆固定编组（共六节，全长54.62m）组成的70%低地板轻轨列车。列车可满足长春市快速轨道交通3号线和4号线路运营条件（见图1-1）。

全列车单元为三辆编组（—MC+TP+M=M+TP+MC—）。其中，

MC表示安装动车转向架和有驾驶室的动车模块；

TP表示安装受电弓和拖车转向架的拖车模块；

M表示安装动车转向架和无驾驶室的动车模块；

+表示风挡铰接及油压减振器装置；

—表示救援车钩装置；

=表示半永久车钩装置。

长春轻轨车辆的总体标识为CCQG，由长春轻轨汉语拼音首个字母组成，在车头两端上方分别印有CCQGⅠ和CCQGⅡ的符号，用于区分两端车头，意思为长春轻轨车辆MC1模块和MC2模块，如图1-13所示。

图1-13 长春轻轨车辆标识

1.3 城轨车辆的技术参数及限界

1.3.1 城市轨道交通车辆的技术参数

车辆技术参数是概括地介绍车辆技术规格的某些指标，是从总体上表征车辆性能及结构的一些参数。一般分为性能参数和主要尺寸两大类。

1. 车辆性能参数

（1）自重、载重及容积 自重为车辆本身的全部质量；载重为车辆允许的正常最大装载质量，均以t为单位；容积以m³为单位。

（2）构造速度 构造速度指在设计车辆时，按安全及结构强度等要求设计的允许车辆最高行驶速度。车辆实际运行速度一般不允许超过构造速度。

（3）轴重 轴重指按车轴形式，在某个运行速度范围内，该轴允许负担的并包括轮对自身在内的最大总质量。轴重的选择与线路、桥梁及车辆走行部分的设计标准有关。

（4）每延米轨道载重 这是车辆设计中与桥梁、线路强度密切相关的一个指标，同时又是能否充分利用站线长度、提高运输能力的一个指标，其数值是车辆总质量与车辆全长之

比。城市轨道交通车辆中该参数按设计任务书的规定选取。

(5) 通过最小曲线半径 这是指配用某种形式转向架的车辆在站场或厂、段内调车时所能安全通过的最小曲线半径。当车辆在此曲线区段上行驶时不得出现脱轨、倾覆等危及行车安全的事故,也不允许转向架与车体底架或车下其他悬挂物相碰。

(6) 轴配置或轴列数 若是4轴动车,设两台动力转向架,则轴配置记为 B – B;若是6轴单铰轻轨车,两端为动力转向架,中间为非动力铰接转向架,则其配置记为 B – 2 – B。

(7) 最大起动加速度 这是列车以最大牵引力起动时列车的加速度。

(8) 平均起动加速度 这是列车以各级牵引力起动列车的平均加速度。

(9) 最大制动减速度 这是列车以最大制动力制动时列车的减速度。

(10) 每吨自重功率指标 一般为 10 ~ 15kW/t。

(11) 供电电压 一般采用 DV1 500V 或 DV750V。

(12) 最大网电流 指最大负荷时网测电流,由牵引电动机功率决定。

(13) 牵引电动机功率 牵引电动机功率为 180 ~ 300kW。

(14) 制动形式 制动有摩擦制动、再生制动、电阻制动以及磁轨制动等多种形式。

(15) 座席数及每平方米地板面积站立人数 地铁车辆由于其短途高流动性的运载特点,座席数较少,一般为 55 ~ 65 座,站立人数一般为 250 人,超载时乘客总数按 7 ~ 9 人/m² 计算。

2. 车辆的主要尺寸

车辆的主要尺寸除车辆全长、车辆定距及转向架固定轴距外还有以下几项:

(1) 车辆最大宽度、最大高度 车辆最大宽度指车体最宽部分的尺寸;车辆最大高度指车辆顶部最高点与钢轨水平面之间的距离。这两个尺寸均须符合车辆限界的要求。

(2) 车体长、宽、高 该尺寸有车体外部与内部之别,但车体内部的长、宽、高必须满足货物装载或旅客乘坐等要求。

(3) 车钩中心线距轨面高度 简称车钩高,指车钩钩舌外侧面的中心线至轨面的高度。列车中机车与各车辆的车钩高基本一致,以保证正常传递牵引力及列车运行时不发生脱钩的事故。我国铁路规定新造或修竣后的空车标准车钩高为 880mm,其他国家根据各自的历史条件决定了其使用的车钩高,如苏联及欧洲各国的车钩高(或盘形缓冲的中心线高)为 1 060mm。城市轨道交通车辆的车钩高无统一的标准,上海地铁车辆定为 720mm,北京地铁车辆为 670mm。

(4) 地板面高度 地板面距轨面的高度与车钩高一样,均指新造或修竣后空车的数值。它将受到两方面的制约:一方面是车辆本身某些结构高度的限制,如车钩高及转向架下心盘面的高度;另一方面与站台高度的标准有关,例如,上海地铁车辆地板面高为 1.13m,北京地铁车辆为 1.053m。

(5) 车辆定距 车辆两相邻转向架中心之间的距离。

1.3.2 城市轨道交通车辆的限界

1. 概念

城市轨道交通车辆限界规定了轨道交通车辆和隧道的断面形状与净空尺寸及高架与地面建筑物的净空尺寸,同时也规定了设备安装位置及预留空间,是构成城市轨道交通安全运输的基本保证之一，也是城市轨道交通设计的基础。相对于高架与地面上车辆，隧道内车辆在城市地下运行，由于隧道断面直径小，设备安装空间紧凑，轨道曲线半径小，旅客乘坐舒适性高等特点，给城市轨道交通车辆限界和设备限界提出更高要求。

城市轨道交通车辆限界不仅制约车辆外形尺寸，还关系到诸如隧道等各种建筑物的内部轮廓，对轨道交通系统的建设规模及其投入和产出有重大影响。

在设计地铁车辆时，其横断面的形状和尺寸要与隧道或线路上所留出的空间相适应，为此就要对车辆横断面轮廓尺寸有一个限制。车辆限界就是一个限制车辆横断面及长度最大允许尺寸的轮廓图形，无论空车或重车在水平直线上时，该车所有凸出部分和悬架部分、车辆运行磨耗产生的位移及其他原因产生的偏移都应容纳在限界之内。规定限界的目的主要是防止车辆在直线或曲线上运动时与各种建筑物及设备发生接触碰撞。

2. 车辆限界计算

以前车辆限界计算采用国际联盟颁布的 UIC 505 国际标准，该标准是用于跨国界铁路运输的国际标准。其车辆限界计算是在车辆基准轮廓线的基础上计算出动态包络线，再推算出设备限界。该标准中车辆限界计算考虑的因素较少，不能完全满足城市轨道交通发展要求。因此德国于 1997 年颁布了适用于城市轨道交通的 Bostrab 国家标准。该标准中车辆限界直接由车辆制造轮廓线计算得出，考虑了从轨枕到车辆顶部可能的全部偏移，在线路和车辆得到正常维修保养的前提下，无须考虑安全距离。德国 Bostrab 标准计算方法比 UIC 505 国际标准更适合城市轨道交通，更适用于城市轨道交通车辆限界的确定。基于以上两种标准，确定了适合我国轨道交通建设和车辆实际运营情况的限界计算方法。

1）车辆限界计算原则

① 限界是确定行走轨道周围构筑物净空的大小，以及管线和设备安装相互位置的依据，是行业间共同遵守的技术规定，应经济、合理、安全可靠。

② 限界应依据车辆的轮廓尺寸、技术参数、轨道特性、受电方式、施工方法和设备安装等综合因素进行分析计算确定。

③ 车辆限界的计算是以平直线上混凝土整体道床和碎石道床的线路为基本条件，根据隧道内及地面运行环境不同，分为隧道内和高架线（含地面线）车辆限界两种基本类型。

④ 曲线地段不同于上述两种情况，附加因素是应在设备限界内考虑加宽与加高。

⑤ 车辆限界的计算要素（偏移量），按其概率性质统一分为两大类，即随机因素和非随机因素。对于非随机因素按线性相加合成，而对随机因素按高斯概率分布采取均力值合成。将以上两大类相加形成车辆的动态偏移量。

⑥ 所有侧倾角度引起的偏移量合成后其大小受限于车辆结构上的竖向止挡。横向位移量和竖向位移量的大小受限于车辆结构上的横向止挡及竖向止挡。

⑦ 对于隧道内平直线、高架线（含地面线）两类车辆限界，均采用统一的计算公式。计算操作时应根据不同类别情况合理选用不同的计算参数。

⑧ 车辆限界偏移量计算分为车体、转向架和受电弓（第三轨受流器），这三部分分别计算。

⑨ 车辆限界一经制定，属限界标准中重要的部分。车辆运行安全与否，必须根据计算结果而确定车辆动态包络线是否超越车辆限界。

⑩ 计算中涉及的计算车辆轮廓线及计算参数仅供限界制动时使用，并非对车辆规格和

参数做强制性规定。实际制造的车辆应以实际参数按基本规定验算是否符合车辆限界。

2）车辆限界的计算要素

① 车辆的制造误差。

② 车辆的维修限度。

③ 转向架轮对处于轨道上的最不利运行位置。

④ 轮对相对于构架的横向振动量。

⑤ 转向架构架相对于车体的横向位移量。

⑥ 车辆的空车、重车挠度差及垂向位移量。

⑦ 轨道线路的几何偏差（含维修限度）。

⑧ 一系悬架侧滚位移量。

⑨ 二系悬架侧滚位移量。

⑩ 因车辆制造中设备安装不对称、乘客分布不对称、轨道水平不平顺等引起的偏斜。

3）车辆在曲线上的偏倚

车辆通过曲线时，车体的中心线与线路的中心线不能重合而发生偏离的现象叫做车辆偏倚。

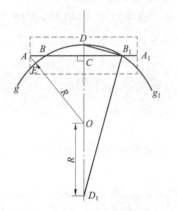

车辆在曲线上运行时，车体的中央部分偏向线路中心线的内方；两端偏向线路中心线的外方，偏倚的多少称为偏倚量。车辆在曲线上的偏倚量与曲线半径的大小和车辆的长度有关，曲线半径越小或车体越长，则偏倚量越大。车辆偏倚量过大时，车体有可能侵入建筑接近限界，并使车钩互相摩擦，或引起车钩自动分离以及不能摘钩等现象。在实际工作中，主要应用在监装超限货物上，这时需要计算通过曲线时的偏倚量，核查能否保证安全运行。

图 1 – 14　二轴车辆在曲线上的
偏倚量计算简图

车辆在曲线上偏倚量的计算方法如下。

ⅰ 二轴车辆在曲线上偏倚量的计算。如图 1 – 14 所示为二轴车辆在曲线上的车辆偏倚量计算简图。为简化计算，假定轮对与车体之间没有任何游隙，而车轴与车体垂直，并且假定这两个轮对的中心与线路的中心线相重合。

设 $CD = \alpha_1$，为车辆中央部分向内偏倚量；$AE = \beta_1$，为车辆端部向外偏倚量（忽略夹角影响，将 AE 视作 β_1）；$AA_1 + L$ 为车体长度；$BB_1 = S$ 为二轴车辆的固定轴距；R 为线路曲线半径；$\overset{\frown}{gg_1}$ 弧为曲线线路中心线。

由 $\triangle D_1CB_1 \backsim \triangle B_1CD$

得

$$\frac{D_1C}{CB_1} = \frac{CB_1}{CD}$$

因

$$D_1C = DD_1 - DC = 2R - \alpha_1$$

$$CB_1 = BB_1 - \frac{S}{2}$$

故

$$\frac{2R - \alpha_1}{\frac{S}{2}} = \frac{\frac{S}{2}}{\alpha_1}$$

因 α_1^2 的数值很小，可略去不计，故得

$$\alpha_1 = \frac{S^2}{8R} \qquad (1-1)$$

在 $\triangle AOC$ 中 $\qquad AO^2 = AC^2 + CO^2$

即 $\qquad (R + \beta_1)^2 = \left(\frac{L}{2}\right)^2 + (R - \alpha_1)^2$

展开后得 $\qquad R^2 + 2R\beta_1 + \beta_1^2 = \frac{L^2}{2} + R^2 - 2R\alpha_1 + \alpha_1^2$

因 α_1^2 及 β_1^2 的数值很小，可略去不计，故得

$$2R\beta_1 = \frac{L^4}{2} - 2R\alpha_1$$

$$\beta_1 = \frac{L^2 - 8R\alpha_1}{8R}$$

将式（1-1）值代入，得

$$\beta_1 = \frac{L^2 - S^2}{8R} \qquad (1-2)$$

在车体长度、固定轴距和线路曲线半径已知的条件下，由式（1-1）和式（1-2）可分别求得二轴车辆在曲线上时，其中央部分的内向偏倚量和两端的向外偏倚量。

为了充分利用限界，在设计车辆时希望 $\alpha_1 = \beta_1$，即

$$\frac{S^2}{8R} = \frac{L^2 - S^2}{8R}$$

$$\frac{L}{S} = \sqrt{2} \approx 1.4$$

上式说明车体长度与其定距之比等于 1.4 时，利用限界较为合理。

ⅱ 有转向架的车辆在曲线上偏倚量的计算。有转向架的车辆在曲线上的偏倚量计算简图如图 1-15 所示。有转向架的车辆在曲线上运行时，由于转向架心盘的中心向线路曲线内方偏倚，带动车体都向曲线中心移动。因此，车辆中部的偏倚量增加，两端的偏倚量减少。

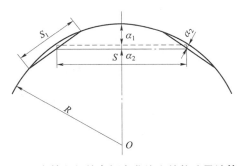

图 1-15 有转向架的车辆在曲线上的偏移量计算简图

由图 1-15 可见，转向架下心盘中心向线路曲线中心内方偏倚量 α_2 可根据式（1-1）求得

$$\alpha_2 = \frac{S_1^2}{8R}$$

式中，S_1 为转向架固定轴距。

因为曲线半径很大，故 α_2 可视为整个车辆向曲线中心的移动量。于是，具有转向架的车辆中央部分的内偏倚量为

$$\alpha = \alpha_1 + \alpha_2 = \frac{S^2}{8R} + \frac{S_1^2}{8R} = \frac{S^2 + S_1^2}{8R} \qquad (1-3)$$

式中，S 为有转向架车辆两心盘中心线间的水平距离，即车辆定距。

有转向架的车辆端部的外偏倚量为

$$\beta = \beta_1 + \alpha_2 = \frac{L^2 - S^2}{8R} = \frac{S_1^2}{8R} = \frac{L^2 - S^2 - S_1^2}{8R}$$

式中，L 为车体长度。

3. A 型车隧道内直线地段车辆限界与设备限界

A 型车隧道内直线地段车辆限界与设备限界如图 1-16 所示。

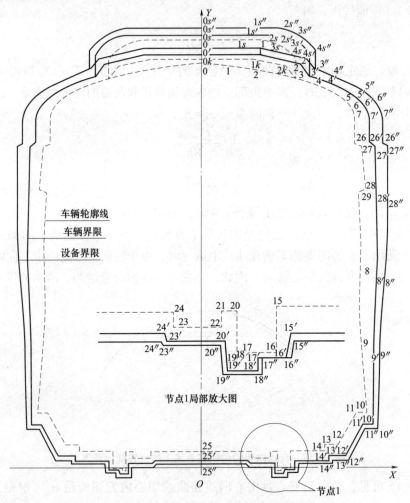

图 1-16 A 型车隧道内直线地段车辆限界与设备限界

1.4 车辆维修概述

1.4.1 预防性维修

1. 预防性维修规程制定的依据

预防性维修是在故障率没有超过事先确定的指标之前，为了限制故障的产生而对设备采取的维修措施。预防性维修规程制定的依据主要有以下几点：

① 车辆运行时间。

② 车辆走行千米数。

③ 车辆制造者所提供的基础信息及建议。

④ 设备当时的运行情况。如果系统的可靠性比较高，那么维修的周期可以相对延长，维修的内容增加；反之则要相对缩短维修周期。

⑤ 系统运行的可靠性或故障率要求。

2. 预防性维修的分类

预防性维修具体可以分为以下两种形式：

1）计划修

计划修是根据事先制定的计划，当达到一个事先确定的时间或者车辆运行的千米数时，对相关设备进行的检查和处理。对故障发生与工作时间有密切关系且无法监控的零部件，可以采用计划修方式。各种车型的计划修要求内容不大相同，下面以广州地铁二号线 A 型车辆为例进行介绍。该车辆计划修主要包括日检、双周检、三月检、年检、架修、大修等修程，相关指标见表 1 – 1。

表 1 – 1 车辆计划修相关指标

修程	检修周期		扣修时间	维修地点
	里程（万千米）	时间		
日检	—	1 天	1.5h	各线车厂或停车场
双周检	0.4	两周	3 ~ 4h	同上
三月检	3	3 月	3d	同上
年检	12	1 年	5d	车厂
架修	60	约 5 年	约 30d	维修基地
大修	120	约 10 年	约 40d	综合维修基地

根据列车的实际运行情况，综合考虑维修停时、提高车辆利用率，车辆维修人员可合理编制相关修程的内容，各修程具体内容如下：

（1）日检　对与列车行车安全相关的部件进行外观检查和车辆有电功能检查。这种检查一般是在列车运营结束回车库后进行。

（2）双周检　对车辆走行部分检查；对主逆变器相关接触器进行检查和清洁；对受电

弓、空调系统检查并更换空调滤网等。为了提高车辆利用率，可安排在运营早晚高峰之间的时间段进行。

（3）三月检　对车辆主要部件及系统进行清洁和功能检查，特别是对车门、车钩的清洁、润滑等。

（4）年检　对车辆的各系统进行状态检查、检测和功能调整；对各部件进行全面检查、清洁、润滑，对部分部件如空调机组、继电器等进行清洁、测试和修理，以及对列车进行全面调试。为了减少维修停时和保证周末上线用车，可合理安排在5天内完成。

（5）架修　目的是恢复车辆的性能。对转向架、轮对、通道、车钩、制动装置、牵引电动机、牵引逆变器、辅助逆变器、蓄电池等主要部件解体后进行全面和仔细的检修，转向架及轮对还需探伤；更换一些密封橡胶件、磨耗件、一次性使用件和工作寿命到期的零部件；最后对车辆各系统进行全面检测、调试及试验。为了缩短车辆架修的停时，提高车辆上线利用率，架修尽可能采用部件互换的修理方式，即从车辆上拆下待修部件整件，用地面上预先修理好的备件装车，使整车能在较短时间内完成修程，重新投入运营。专业班组再对拆下的系统部件进行分解维修，作为下一列车架修的更换备件。

（6）大修　目的是全面恢复车辆的尺寸和性能，是实现车辆设计寿命周期内保持车辆表现稳定的重要的维修形式。在架修的基础上，需要对整列车进行分解、检查、修复，进行全面清洗（包括部件及空气管道等）、压力密封检测、车体重新油漆等；结合技术改造对部分系统进行全面的升级或更换；对车辆各系统进行全面检测、调试及试验。此类维修需在综合维修基地进行。

除以上修程外，对一些进行过特殊检修后的列车，如镟轮后，更换过轮对和转向架或进行过试验的列车，还可按照特殊检修的要求安排特殊的检查，主要是对列车走行部分等进行外观检查，以保证列车安全运行。另外，节假日到来前，还可安排对列车的一些重要零部件，如车底紧固件、车门、牵引/制动回路继电器等进行普查，以保证假日期间列车性能稳定。

各地铁公司可根据所选的不同车型和车辆利用率的不同要求，灵活制定各种修程。另外，有些地铁还采用均衡修的方式，即将架修、大修内容分解到年检各修程中去，以减少列车的停时，提高车辆利用率。

2）状态修

在对设备进行检测的基础上，一旦某一参数超过了事先确定的限定警戒值，则需要介入维修，并根据参数的变化趋势及情况对设备进行检修。对故障发生能以参数或标准进行状态检查的零部件，也可以采用状态修方式。

从一定程度上来说，状态修是对计划修的一种探索和尝试，当对状态修的尝试达到一定程度积累之后，经过总结归纳，可将其列为计划修的一部分，以此循序渐进，优化维护检修体系。一个好的维护检修模式既能保持和修复列车的工作能力和状态，又能使总费用减至最小。实施灵活的计划修和状态修相结合的方式，能有效克服状态修带来的"维修不足"，减少计划修引起的"过剩维修"，保证城轨车辆的维修质量，同时减少车辆维修停时，从而提高车辆利用率。

1.4.2　故障性维修

故障性维修是在某个部件出现故障之后所采取的维修方式，即人们所说的临修（临时维修）。故障性维修的工作负荷一般是无法预计和评价的，总是由使用者（运营者）发现故障之后报告，维修就此展开。故障性维修可以是彻底的维修，也可以是临时性的维修，设备在临时维修之后仍然可以投入运营，并等待彻底维修。在这些不同的维修程序结束之后，可以认为设备恢复了可使用状态，可以投入正常的运营。在故障性维修中，目前一般是通过换件来快速处理故障。对不危及安全的故障，且通过连续监控可以在故障发生后进行维修的零部件，或者发生事故后的修理，可以采用故障性维修方式进行。这种维修一般是在各线车辆段或停车场进行。

1.4.3 城市轨道交通车辆检修制度

1. 城市轨道交通车辆的检修制度综述

城市轨道交通车辆采用定期维修方式。按预防性维修的原则，从车辆的技术水平出发，综合考虑车辆各部件的维修周期、寿命周期，确定车辆检修修程，并针对车辆的各级修程制定车辆的检修技术管理规程及车辆部件的检修工艺文件。

当车辆运营公里（时间）达到规定范围，符合检修要求时，根据车辆检修技术管理规程、按照车辆部件检修工艺标准，对车辆及部件进行检查、维护或修理。这就是通常所讲的城市轨道交通车辆检修制度。

2. 城市轨道交通车辆的检修制度

车辆检修制度是城市轨道交通车辆可靠运行基本而重要的保障，也是确定车辆检修体制、保证车辆检修工作顺利进行的基础。车辆检修制度对车辆修程、检修等级、实施检修的车辆运营公里（时间）、修竣车辆的停运时间均作出具体规定。

车辆定期预防性维修的依据是车辆零、部件产生磨损与发生故障的规律。车辆零、部件产生磨损和发生故障的规律与车辆的技术标准、运营条件、检修技术密切相关。

车辆设计和生产的模块化、集成化程度，车辆设备及零、部件良好的互换性，部件互换修方式的采用，降低了车辆检修量，缩短了车辆检修的停运时间，使车辆运行的可靠性得以提高。同时，车辆零、部件的少维修、免维修发展，也延长了它们的维修周期。

计算机控制和故障诊断技术的应用以及对车辆一些部件进行在线自动测试技术的应用，又促进了一些部件的检修逐步朝着状态修的目标发展。

通过对车辆零、部件磨损，车辆设备及部件的故障记录、统计、分析，在总结车辆检修实践经验的基础上，对车辆的修程、检修周期、停运时间进行优化，改革现有检修制度，创新车辆修程，使车辆检修向均衡计划维修方式过渡。

案例：上海地铁车辆检修修程改革

上海地铁 1 号线自 1993 年投入运营至今，其运营车辆都已通过了各级修程；上海地铁 2 号线车辆于 1998 年开始运营，所属车辆也已进行了架修以下等级修程的检修。上海地铁及时记录车辆运营状况等技术数据，定时统计、分析车辆发生故障的频次及原因，总结车辆检修工作的经验与教训。在充分掌握车辆设备及零、部件的最小检修周期和使用寿命的基础上，对车辆检修所需设施、设备和车辆检修的组织与管理方式不断进行完善和革新，进行了定修以下等级修程的检修内容调整。

在调整定修以下等级修程检修内容的基础上，进行了车辆定修以下等级的修程改革。

第一次改革是用月检（A）、月检（B）代替原有的双周检、双月检。第二次改革是综合调整了定修以下修程的车辆检修内容，即用月检1、月检2代替原有的定修、月检（A）、月检（B）；同时，利用车辆运营间隙时间进行车辆的检修工作，使列车检修停运时间缩短，提高了列车的运用投入率。

车辆的修程确定之后，根据车辆主要设备及零、部件技术标准、运用等要求，结合检修等级、检修范围和检修周期，同时兼顾相关的检修条件与检修要求，制定车辆各级修程的检修技术管理规程。

检修技术管理规程中规定了车辆设备及零、部件的检修范围，并规定了相应的技术要求。技术要求包括：电气设备的整定值、磨耗件使用限度、零件间几何间隙允差、紧固件的紧固力矩等。为使检修后的车辆设备及零、部件符合技术标准与技术要求，检修规程还对检修工、量、器具的使用及作业的方法做出了具体规定。

3. 城市轨道交通车辆的检修工艺

检修工艺是保证车辆设备及零、部件质量，提高检修效率的根本途径。检修工艺要根据检修技术管理规程要求，结合检修技术标准与要求，参照检修设备及检测设备技术特点，制定作业者的岗位标准，合理地安排生产工艺过程。检修工艺尽量使生产工序保持持续性，生产时间紧密衔接，设备使用保持均衡，人力资源的工作量与工作节奏保持均匀。

检修工艺的内容应包括：

① 从检修准备、分解、检查、修理、组装到检查、试验的工作程序。

② 每道工序的具体作业方法，操作者必须遵循的操作标准。

③ 使用的工具、量具、设备，及其型号、规格、精度要求。

④ 使用的材料及其型号、规格。

⑤ 每道工序的质量标准及其检验方法。

必要时，须制定出具体的安全注意事项，并对运输等检修辅助工作做出具体的规定。

1.4.4　城市轨道交通车辆检修生产过程

城市轨道交通车辆的检修过程是一项系统工程。在这个系统中，车辆检修生产过程的主要组成、性质及其作用如下。

1. 生产计划调度过程

以满足城市轨道交通运营的需求为目标，根据车辆修程的规定、检修的资源情况、运营车辆的技术状况，制定车辆检修计划；根据车辆检修计划确定人力资源、检修设备、配件、材料等使用计划。在检修过程中，根据检修具体情况对以上生产要素进行有序调整、合理调度，以保证车辆检修计划的实施。

2. 生产技术准备过程

在车辆检修动工前进行生产技术准备工作主要有：检修技术管理规程、检修工艺、检修工艺装备、材料消耗定额及工时消耗定额的设计与制定；出台与车辆运用技术要求相关的列车操作标准、列车故障处理办法等规章制度。

3. 基本生产过程

基本生产过程是车辆检修生产的直接活动，是车辆检修生产过程中最主要的组成部分。

4. 辅助生产过程

为保证车辆检修的基本生产过程正常开展所进行的各种辅助性生产活动，如车辆设备及零、部件的检修，车辆检修设备、设施的维护、保养等。

5. 生产服务过程

为车辆检修的基本生产和辅助生产活动提供保障的各种生产服务活动，如材料、工具、配件的保管，设备及零、部件的运输、供应、理化检验等。

按照车辆的检修模式及车辆检修生产过程的主要组成，相应地成立技术部门、生产部门、辅助部门、服务部门和必要的管理部门，形成车辆检修的组织架构。车辆检修系统生产及相应部门既分工明确，又密切联系。明确岗位工作责任制的同时，规范各项规章制度，形成积极有效的工作程序，建立有力的车辆检修生产组织、质量、进度、成本、安全控制体系，来保证按检修计划，高质量、高效地完成车辆检修工作。

1.4.5　城市轨道交通车辆的修程

国内地铁车辆检修制度基本沿用了传统的城市轨道交通车辆的检修经验，虽然车辆检修采用了新技术，检修周期也不断延长，但车辆检修制度仍然是按照车辆运营千米数（运营时间）来制定。符合车辆检修要求时，根据车辆检修技术管理规程，采用预防性"计划检修"方式和发生列车故障后的"状态维修"方式。

通常车辆的检修修程分日常检修和定期检修。日检、双周检、月（三月）检属于日常检修范畴，大修、架修、定修（年修）属于定期检修范畴。

1. 日检

于每日运营列车入库后在整备线上进行，主要进行车辆外部检查，以保证次日列车的正常运营。检查项目：车体、车辆走行装置、车辆制动系统、车门传动装置、受电弓、照明等装置。

2. 双周检

对主要部件运用状态进行技术标准检查，如轮对运用尺寸、蓄电池电解液浓度、牵引电动机电刷长度、制动闸瓦厚度等。

3. 月（三月）检

对列车进行全面、细致检查；更换接近使用限度的易损、易耗件；对主要部件的技术状态进行检查、测试和保养。

4. 定修（年修）

对主要设备及零、部件运用状态进行检查；对不良的设备及零、部件进行更换或维修，保证技术标准符合运用要求；对电气部分技术整定值进行检测及调整。

5. 架修

架修是将车辆予以解体，进行设备及零、部件的检查、测定、修复及更换等检修。对重要部件，如转向架、车钩、车门传动装置、制动装置、牵引电动机、受电弓等，进行测试、

检查、修复,恢复车辆设备及零、部件的运用性能。

6. 大修

对车辆进行全面分解,整体修复,修竣后性能、标准应达到新造车的技术水平。车辆通过定期检修修程后,要对车辆进行静态调试、试运转运行及动态调试。

上述修程中,高等级修程都涵盖低等级修程中的检修内容。

北京城市轨道交通车辆检修修程、广州城市轨道交通车辆检修修程和天津城市轨道交通车辆检修修程见表1-2~表1-4。

表1-2 北京城市轨道交通车辆检修修程

修程	检修周期		停修时间/天
	运营时间	走行里程/万 km	
月修	1 月	0.9~1.1	2
定修	13~15 月	13~15	16
架修	26~30 月	26~30	24
厂修	78~90 月	78~90	36

表1-3 广州城市轨道交通车辆检修修程

修程	检修周期		停修时间	
	运营时间	走行里程/万 km	近期	远期
日检	1 天	0.02~0.04	90min	60min
双周检	2 周	0.35~0.5	1d	4h
三月检	3 月	2.5~3.5	3d	2d
半年检	6 月	6.5~8.0	3d	2d
一年检	1 年	12.5~15.0	8d	6d
二年检	2 年	23~28	8d	6d
三年检	3 年	34~40	8d	6d
架修	6 年	62~75	24d	18d
大修	12 年	125~150	36d	30d

表1-4 天津城市轨道交通车辆检修修程

修程	检修周期	停修时间
日检	每日	90min
月检	1.25 万 km	1d
定修	12.5 万~15 万 km	10d(4节)或 15d(6节)
架修	50 万~60 万	18d
厂修	100 万~120 万 km	32d

操作训练

实训项目一：长春轻轨车辆结构分析

实训装置：长春轻轨车辆

实训目的：掌握长春轻轨现有车辆的结构组成，能够结合所学识别长春轻轨车辆的各部分结构

实训方法：见表1-5。

表1-5　长春城轨车辆结构分析方法及步骤

实训内容	工作步骤	检验标准
查看图纸	1. 找出长春轻轨车辆总体的图纸 2. 在图纸上分析车辆的组成结构	1. 车辆图纸正确对应车辆的车型 2. 在图纸中正确识别出车辆的各部分结构
分析车辆结构	1. 将手中的图纸与车辆实体相对照 2. 分析车辆的类型 3. 分析车辆的编组 4. 识别车辆的各组成模块以及各组成模块之间的连接结构 5. 分别认识各模块车辆上配备的设备 6. 认识各组成模块的标识 7. 认识车辆车端、车门、车侧的标识	1. 能够正确分析车辆的类型及分组 2. 准确识读车辆各模块配备的设备 3. 正确识读车辆各模块的标识 4. 按照企业对于车端、车门、车侧的识别方法，正确识别车辆的车端、车门、车侧
信息汇总	1. 将车辆图纸的信息与现场实训所得信息进行汇总 2. 形成实训报告	详细、准确地完成车辆的结构分析报告

实训项目二：长春轻轨车辆修程分析

实训装置：长春轻轨车辆检修修程

实训目的：掌握长春轻轨现有车辆的检修修程类别及内容，能够结合所学简单分析长春轻轨检修修程

实训方法：见表1-6。

表1-6　长春城轨车辆检修修程分析方法及步骤

实训内容	工作步骤	检验标准
查看检修修程的工艺文件	1. 仔细阅读长春轻轨车辆检修修程的工艺文件 2. 学习研究长春轻轨车辆检修修程的可视化规程	掌握长春轻轨车辆检修修程的工艺文件内容
分析车辆检修修程	1. 区分各检修修程的工艺文件 2. 分析各检修修程的检修内容及检修方法 3. 利用可视化规程完成车辆简单的修程检修内容 4. 对照所学内容分析现有修程的分类以及各修程的内容是否完备 5. 结合所学分析现有修程的优缺点	1. 能够正确区分车辆现有各修程 2. 准确说出需要补充和完善的修程名称及内容 3. 合理区分现有修程的优缺点

续表

实训内容	工作步骤	检验标准
分析车辆 检修修程	6. 认识各组成模块的标识 7. 认识车辆车端、车门、车侧的标识	
信息汇总	1. 将企业工艺指导文件与现场实训所得信息进行汇总 2. 形成实训报告	详细、准确地完成车辆修程分析报告

思考题

1. 城轨车辆有哪些基本种类？其结构如何？
2. 城轨车辆是如何进行标识的？为什么要对车辆进行标识？
3. 车门调整都要调整哪些项目？其检验标准是什么？
4. 什么是限界？有哪几种限界？
5. 城轨车辆的检修工艺内容有哪些？
6. 简述城轨车辆检修生产过程的主要组成、性质及其作用。
7. 什么叫检修修程？修程分为哪几类？

实做题

1. 谈谈你对城轨车辆结构的整体认识。
2. 针对城轨车辆进行车辆标识、编号。

项目2
车体检修

1. 掌握车体的作用与分类
2. 掌握车体的基本特征
3. 掌握车体的基本结构
4. 掌握车体的常用材料及特点
5. 理解模块车体的概念及特点
6. 能完成车体的调整

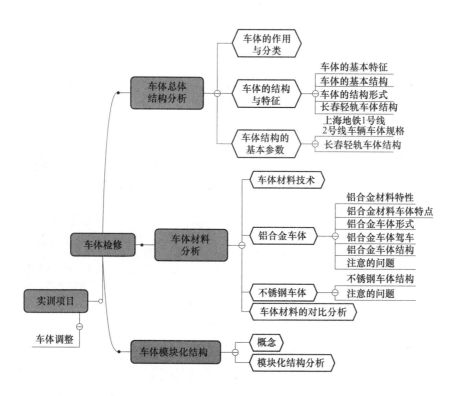

任务名称	车体调整	建议学时：8 学时
任务描述	在城市轨道交通车辆中，车体是车辆的重要组成部分，是容纳乘客的地方，现代城市交通拥堵，选择乘坐城轨交通的人员多，城轨交通运营压力巨大，因此对于车体的损伤较大，本任务要求通过对车体相关知识的学习，能够在教师指导下完成城轨车辆车体调整。	
任务要求	熟练掌握本项目的相关理论知识及实训项目的操作步骤，完成学习任务。	
任务准备	1. 场地：车辆结构实训室或企业车辆维修段 2. 设备：城轨车辆车体 3. 工具：活扳手、棘轮扳手、扭力扳手、橡皮锤、铅垂 4. 资料：实训指导书、实训报告	
引导问题	1. 城市轨道交通车辆车车体都有哪些作用？如何进行分类？ 2. 车体由哪些基本结构组成？ 3. 车体有哪些基本特征？ 4. 铝合金车体与不锈钢车体各自的优缺点有哪些？ 5. 什么是车体模块化结构？ 6. 车体模块化有哪些优缺点？	

2.1　车体的总体结构分析

2.1.1　车体的作用与分类

车体是容纳乘客和司机（对于有驾驶室的车辆）的部分，又是安装和连接其他设备及组件的基础，如图 2 − 1 所示。

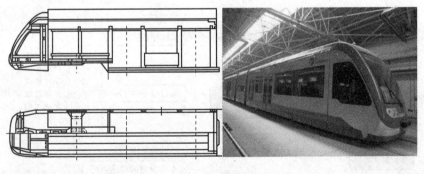

图 2 − 1　车体

按照所使用的材料不同，车体可分为碳素钢车体、铝合金车体和不锈钢车体三种。早期的城轨交通车辆车体材料基本上是碳素钢（包括普通低碳钢和耐候钢），目前主要使用铝合金和不锈钢。

按照有无驾驶室分类，车体可分为带驾驶室车体和无驾驶室车体两种。

按照尺寸不同，车体可分为 A 型车车体、B 型车车体和 C 型车车体，如广州地铁 1 号线、2 号线和深圳地铁车辆采用了 A 型车车体；昆明 1 号线、广州地铁 3 号线、4 号线和天津滨海轻轨采用了 B 型车车体。

按照车体结构工艺不同，分为一体化结构和模块化结构。一体化结构就是将车体的总构架焊接完成后再进行其他部件、功能的组装，如广州地铁 1 号线车辆采用的是一体化结构。模块化结构就是将车体分为各个模块进行制造、部件组装后，再对各个模块进行拼装，广州地铁 2 号线车辆采用的是模块化结构。

2.1.2　车体的特征与结构

1. 车体的基本特征

1）城市轨道交通一般为电动车组，有单节、双节、三节式等；有头车（即带有驾驶室的车辆）和中间车，以及动车与拖车之分，其车体结构也就有其多样性。

2）由于城市轨道交通车辆是服务于城市内的公共交通，乘客数量多，旅行时间短，上下车频繁，因此车内设置的座位数量少，车门数量多而且开度大，服务于乘客的车内设备简单。

3）对车辆的质量限制较为严格，特别是高架轻轨，要求列车质量轻，轴重小，以降低线路设施的工程投资。

4）为减轻列车自重，车辆必须轻量化，对于车体承载结构一般采用大型中空截面挤压铝型材、高强度复合材料或不锈钢等，采用整体承载筒形车体结构，车辆的其他辅助设施也尽量采用轻型材料和轻量化结构。

5）城市轨道交通车辆一般运营于城市人口稠密地区，并用于乘载旅客，所以对车辆的防火要求严格，特别是地铁车辆。通常车体的结构采用防火设计，材料需经过阻燃处理。

6）对车辆的隔声和噪声有严格要求，以最大限度降低噪声对乘客和沿线居民的影响。

7）城市轨道交通车辆主要用于城市内交通，所以车辆外观造型和色彩必须考虑城市文化，环境美化，与城市景观相协调。

2. 车体的基本结构

近代城市轨道交通车辆车体均承载的钢结构或轻金属结构，以达到满足强度和刚度要求的同时降低车辆自重。我国地铁车辆的车体结构从 20 世纪 80 年代就开始采用耐候钢无中梁整体承载结构，车体侧墙、车顶的梁柱与蒙皮结合后与底架构成封闭断面，以增强车体的强度和刚度。到 20 世纪 90 年代又生产了断面为鼓形的地铁车辆，使其能更好地利用限界。GB/T 7928—2003《地铁车辆通用技术条件》规定我国地铁车辆车体采用整体承载结构。

地铁车辆整体承载结构车体包括由若干纵向、横向梁和立柱组成的钢骨架（也称钢结构），以及内饰板、外蒙皮、地板、顶板、隔热材料、隔声材料、车窗、车门及采光设施等组成部件。车体一般包括底架、端墙、侧墙、车顶、车窗、车门、贯通道和车内设施等部分，如图 2-2 所示。

图 2-2 车体的组成

车体一般由缓冲梁（端梁）、枕梁、小横梁、大横梁、中梁、倒梁、门柱、侧立柱、上侧梁、角柱、车顶弯梁、顶端弯梁、端立柱和端斜撑等结构形式组成，如图 2-3 所示。底架是车体结构和设施的安装基础，承受主要的动、静载荷，因此底架必须具有足够的强度和刚度，是检修作业的重点。在底架中部，断面较大并沿其纵向中心线贯通全车的梁称为中梁，它是底架的骨干。底架两侧边沿的纵向梁称为侧梁，侧墙固定其上。底架两端部的横向梁称缓冲梁（或称为端梁），端墙固定其上。在转向架的支承处设有枕梁，为横向梁中断面最大的梁。在两枕梁之间设有两根以上的大横梁。为了吊挂设备，铺设地板，底架上还设有若干小横梁和纵向辅助梁，同时达到了增强底架强度和刚度的目的。上述梁件构成底架的一般结构，其中中梁和枕梁承担载荷最大，因而最为重要。

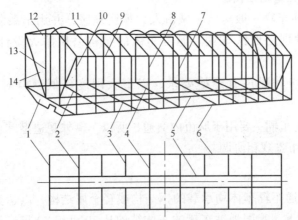

图 2-3 车体的一般结构形式

1—缓冲梁（端梁）；2—枕梁；3—小横梁；4—大横梁；5—中梁；6—倒梁；7—门柱；8—侧立柱；
9—上侧梁；10—角柱；11—车顶弯梁；12—顶端弯梁；13—端立柱；14—端斜撑

侧墙由杆件、墙板和门窗组成。杆件包括侧立柱、端立柱、上弦梁、大横梁、小横梁和其他辅助杆件，它们与底架的上侧梁、倒梁构成一体。

墙板有蒙皮和内饰板，蒙皮是用钢板、不锈钢板和铝合金板制成，内饰板具有车内装饰的功能，经过阻燃处理。

端墙结构与侧墙基本相同，除端梁外，还设有角柱、端立柱、上端梁和地板等。

车顶结构包括车顶弯梁、车顶横梁、车顶端弯梁及车顶板等。

3. 车体的结构形式

按照车体结构承受载荷的方式不同，车体可分为底架承载结构、侧墙和底架共同承载结构及整体承载结构三类。

1）底架承载结构

全部载荷由底架来承担的车体结构，称底架承载结构，也称自由承载结构。

2）侧墙和底架共同承载结构

由侧墙、端墙与底架共同承担载荷的车体和底架共同承载结构，也称侧墙承载结构。其侧、端墙与底架等通过固接形成一个整体，具有较高的强度和刚度。

3）整体承载结构

在板梁式侧、端墙上固接由金属板、金属梁组焊接而成的车顶，使车体的底架、侧墙、端墙、车顶连接成一个整体，成为开口或闭口箱形结构，此时车体各部分结构均参与承受载荷，因而称这种结构为整体承载结构，如图 2 - 4 所示。

为满足安全运载旅客的需要，车体钢结构必须有足够的强度。为提高乘坐舒适度，车体必须有足够的刚度，保证车体的自振频率与转向架的自振频率不一致，避免产生共振现象而降低乘坐舒适度。试验表明，转向架采用空气弹簧时，车体钢结构的自振频率应达到 8Hz 以上。

4. 长春轻轨车体结构

1）车体承载结构组成

长春轻轨车辆每列车的车体承载结构由两节有驾驶室动车体模块、两节无驾驶室动车体模块、两节拖车体模块组成，共三种类型。

有驾驶室动车体模块：铝合金前端骨架、有驾驶室动车铝合金车体主体承载结构、铝合金枕梁结构及碳素钢牵缓结构，如图 2 - 1 所示。

无驾驶室动车体模块：无驾驶室动车车体主体承载铝合金型材结构、铝合金枕梁结构及碳素钢牵缓结构，如图 2 - 5 所示。

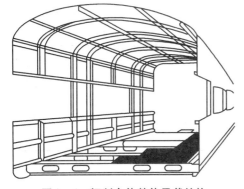

图 2 - 4　钢制车体整体承载结构

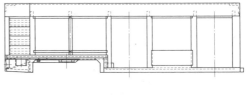
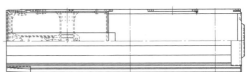

图 2 - 5　无驾驶室动车体模块

拖车体模块：拖车铝合金车体主体承载结构、铝合金枕梁结构，如图 2 - 6 所示。

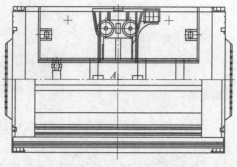

图 2 - 6　拖车体模块

2）车体承载结构材料

用于一般车体承载结构的铝型材材料：6005A T6。

用于枕梁车体承载结构的铝型材材料：7020 T6、6082 T6。

用于牵缓车体承载结构的碳素钢材料：09CuPNi、Q235。

2.1.3　车体结构的基本参数

1. 上海地铁 1 号线、2 号线车辆车体规格

上海地铁 1 号线、2 号线车辆车体规格见表 2 - 1（括号内为交流传动车辆的参数）。

表 2 - 1　上海地铁 1 号线、2 号线车辆车体规格　　（单位：mm）

两端车钩连接中心线长度	有驾驶室	24 140
	无驾驶室	22 800
车体最大宽度		3 000
车顶中心线距轨面高度		3 800
客室地板面距轨面高度		1 130（1 500）
车门高		1 800（1 860）
车门宽		1 300（1 400）
两转向架中心距（定距）		15 700

2. 长春轻轨车辆车体规格

长春轻轨车辆车体规格见表 2 - 2。

表 2 - 2　长春轻轨车辆车体规格

车体长度/mm	54 620
车体最大宽度/mm	2 650
车辆高度（轨面到车顶高度、新轮、不含受电弓）/mm	3 600
转向架中心距（定距）/mm	10 310
转向架固定轴距/mm	1 850

车辆内高/mm	低地板区	2 015
	高地板区	2 440
可承受纵向压缩载荷/kN		300
最大纵向拉伸载荷/kN		25

2.2　车体材料分析

2.2.1　车体材料技术

1. 车体材料的应用情况

车体的结构形式、性能和技术经济指标主要取决于车体材料，因此，对车体构件和内部装饰所使用的材料应考虑的主要因素如下：

① 具有构件所要求的高强度和刚度。

② 质量轻。

③ 具有耐老化、耐污染、耐磨耗及耐光照等特性。

④ 耐火、阻燃。

⑤ 施工容易且价格便宜。

⑥ 易于维修。

⑦ 有利于环境的改善（隔热、隔声性能提高）。

⑧ 有利于提高舒适度（减振等）。

2. 车体材料

车体结构按使用的主要材料可分为普通碳素钢车体、高耐候结构钢车体、不锈钢车体和铝合金车体。

1）钢制车体

20世纪80年代以前的钢制车体主要采用普通碳素钢，自重较大，使用过程中易受腐蚀，其强度由于腐蚀而降低，增大了维修工作量和维修成本。后来采用了含有铜或镍、铬等金属元素的耐大气腐蚀的低合金钢系列，使车体钢结构的自重减轻了10%～15%，同时在工艺上也采取了一些防腐措施，使车体的寿命有所延长，但在减轻车体自重和防腐蚀等方面仍然不能尽如人意。

2）不锈钢车体

不锈钢车体的耐腐蚀性较好，强度高。在保证强度和刚度的前提下，车体钢板的厚度可以减薄，其结构形式与钢制车体相似，从而实现了车体的薄壁化和轻量化，使车体的质量比钢制车体减轻20%～25%。另外，车顶板、侧墙板和底板一般都采用成形的波纹板制成，克服了薄板平整度难于保证的缺点，同时满足了强度要求。

3）铝合金车体

为了进一步实现车体的轻量化，国外许多国家充分利用铝合金密度小、耐腐蚀、容易挤压成形的优点，在解决了铝合金焊接的难点后，尤其是大型空心铝型材研制成功后，使利用铝合金制造车体成为可能。采用铝合金车体，其自重相比钢制车体可减轻30%~40%。但铝合金在积水状态下的耐腐蚀性能将降低，这是铝合金的一个缺点。因此，在车辆的维护和维修过程中要注意采取排水措施，避免积水。

2.2.2 铝合金车体

铝合金车体是一种轻型整体承载结构，主体材料是铝合金型材，通常采用模块化结构或全焊接组装，是一种新型的车体结构。铝合金材料密度小，强度大。铝合金材料构造的车体在满足车体强度和刚度的同时，大幅度减轻了车体的质量。

1. 铝合金材料特性

1）质轻且柔软。铝合金密度为2.71g/cm³，约为钢密度（7.87g/cm³）的1/3，杨氏模量也约为钢的1/3。

2）强度好。纯铝的抗拉强度约为80MPa，是低碳钢的1/5。但经过热处理强化及合金化强化，其强度会大幅增加。如铝合金车体常用的材质6005A-T6，最低抗拉强度为360MPa，能达到低碳钢的强度值。

3）耐蚀性能好。铝合金的特性之一是接触空气时表面会形成一层致密的氧化膜，这层膜能防止腐蚀，所以耐蚀性能好。若再实施"氧化铝膜处理法"，就可以全面防止腐蚀。

4）加工性能好。车辆用型材挤压性能好，二次机加工、弯曲加工也较容易。

5）易于再生。铝的熔点低（660℃），再生简单。在废弃处理时也无公害，有利于环保，符合可持续发展战略。

根据铝合金车体结构及制造、运用情况，选择材料时应遵循以下原则：一是从轻量化方面考虑，要求强度、刚度高，而质量轻；二是从寿命方面考虑，要求耐蚀性、表面处理性、维护保养性好；三是从制造工艺方面考虑，要求焊接性、挤压加工性、成形加工性高。

根据以上原则，铝合金车体主要使用5000系列、6000系列、7000系列的铝合金。3个系列铝合金材料的特性及用途见表2-3。

表2-3 车辆常用铝合金材料的特性及用途

铝合金种类	主要成分（质量分数）	特性	主要用途
5000系列	AL Mg（0.2%~5.6%）	耐蚀性、焊接性、成形性良好，强度也较高，代表合金有5052、5083、5066、5N01等	建筑、船舶、车辆机械部件、饮料罐等
6000系列	AL Mg（0.45%~1.5%） Si（0.2%~1.2%）	耐蚀性、强度好，有的挤压加工性也较好，代表合金有6005A、6061、6063、6N01等	车辆结构材、结构杆件、建筑用框架、螺栓、铆钉等
7000系列	AL Zn（0.5%~6.1%） Mg（0.1%~2.9%） Cu（0.1%~2.0%）	焊接性、耐蚀性差、强度最高。Al-Zn-Mg合金的焊接接头效率高，代表合金有7005A、7005、7178、7N01、7003等	车辆结构材、飞机杆件、体育用品

2. 铝合金材料车体的特点

世界上最早的铝合金车体是1952年英国研制的伦敦地铁电动车组。铝合金车体的发展经历了板梁期、开口型材期和现在的大型中空挤压型材期三个发展阶段，现在逐渐走向成熟。

铝合金车体具有如下优点：

1）能大幅度降低车辆自重，在车辆长度相同的条件下，与碳素钢车体相比，铝合金车体的自重降低30%~35%，强度质量比约为碳素钢车体的2倍。碳素钢车体、不锈钢车体、铝合金车体的质量之比约为10：8：6。

2）具有较小的密度及杨氏模量，所以铝合金对冲击载荷有较高的能量吸收能力，可降低振动，减少噪声。

3）可运用大型中空挤压型材进行气密性设计，提高车辆密封性能，提高乘坐舒适性。

4）采用大型中空挤压型材制造的板块式结构，可减少连接件的数量和质量。

5）减少维修费用，延长使用寿命。

3. 铝合金车体形式

1）纯铝合金车体

纯铝合金车体大约可分四种形式：

第一种，车体由铝合板和实心型材制成，铝板和型材通过铝制铆钉、连续焊接和金属惰性气体点焊等进行连接。除了车钩部分及车体内的螺钉座使用碳素钢外，其他部位都使用密度仅为碳素钢1/3的铝合金，实现了车体的轻量化。这些铝板和型材等多为拉延材料（板材、挤压型材、锻造材料）。最近，很多地方使用大型挤压型材，进行热处理后，其力学性能有很大的提高。大型挤压型材的组合使车辆制造时焊接大量减少，但制造成本增大。

第二种，车体结构是板条骨架结构，用气体保护的熔焊体为连接方法。

第三种，在车体结构中应用整体结构，板皮和纵向加固件构成高强度大型开口型材。

第四种，车体采用空心截面的大型整体型材，结构更加简单。型材平行放置并总是在车体的全部长度上延伸，通过自动连续焊接进行连接。该车体结构以具有多种多样截面的型材为基础，并充分利用铝合金良好的力学性能。

2）混合结构铝合金车体

除了上述纯铝合金车体外，还有钢底架的混合结构铝合金车体。这种车体侧墙与底架的连接基本都采用铆接或螺栓连接的方式。其作用有两点：一是可避免热胀冷缩带来的问题；二是取消了成本很高的车体校正工序。

采用铝合金材料制造车体可最大限度地减轻车体自重，从而带来提高车辆的加速度、降低运能消耗、降低牵引及制动能耗、减轻对线路的磨耗及冲击、扩大输送能力等诸多好处。此外铝合金车体还有以下优点：耐腐蚀性好，外墙板可不涂漆，不仅节能，还节省涂装费，而且不需设置油漆场地，缩短制造周期，并可延长检修周期；可以采用长大宽幅挤压型材，与一般钢结构相比，人工费节省约40%，车辆质量减少约30%。

4. 铝合金车体架车

车体采用铝合金焊接结构，车体碳素钢结构容易产生变形，因此在日常架车检修工作中应特别注意使用合适的顶车位置，以防车体翘曲变形。为此制造商制定了顶车位置，并在外墙下沿标有顶车标记，其标记为"▲"。

按不同的修程规定其架车点。架车点如图2－7所示。

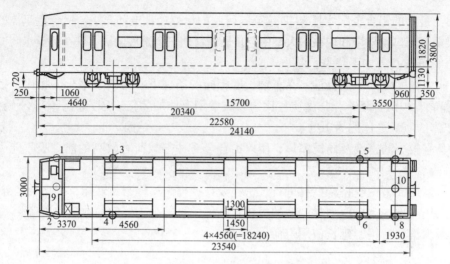

图2－7　上海地铁车辆（A型）架车点

1）整车架起（带转向架）顶车点号为3、4、5、6。

2）无转向架架车的顶车点号可为1、2、7、8或1、2、5、6或3、4、7、8或3、4、5、6；也可用三点架车，其顶点号为1、2、10或3、4、10或7、8、9或5、6、9。

5. 铝合金车体结构

如图2－8所示为上海地铁车辆铝合金车体的断面，其形状类似鼓形。这种外形可以使车辆在圆形隧道内获得最大截面积（或称之为充塞比），增大车内空间；另外有利于提高车辆在圆形隧道内的活塞效应，加强隧道的自然通风能力。它是由底板、侧墙、车顶、端墙等组成整体承载的薄壳型结构。

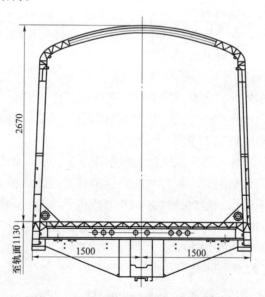

图2－8　上海地铁车辆铝合金车体的断面

车底板由地板、侧梁、枕梁、小横梁和牵引梁组成，五块宽度为520mm、高度为70mm

与车体等长的地板梁通过两侧的接口拼焊成车体地板，每块地板梁由上下翼板、腹板和六块肋板组成，中梁由上下翼板、腹板和六块肋板组成，中空截面挤压铝型材，各板厚度仅为2.5mm。底板侧梁为宽度200mm、宽度324mm，与车体等长的薄壁中空截面挤压铝型材，壁厚4~6mm。A车底板的前端设有撞击能量耗散区，其上开有三排椭圆孔，当车辆受到意外撞击时，它能产生较大的塑性变形，从而吸收纵向冲击能量，起到保护司机、乘客和车辆的作用。底板的两端还设有牵引梁和横向承载梁、用来安装车钩牵引缓冲装置和传递车辆间的牵引和冲击力。车顶、侧墙、端墙中部填充有玻璃纤维或矿物棉，以起到隔热作用。同时车顶、侧墙及其地板下涂有隔声及防水涂料，转向架对应区域的地板下部黏结有隔声材料，起到隔绝噪声的作用。下面介绍一下车体结构各大部件的结构特点。

1）车顶

车外顶板两侧小圆弧部分采用形状复杂的中空截面挤压铝型材，中部大圆弧部分为带有纵向加强杆件的挤压成型的车顶板，其长度与车顶等长，车顶组装时仅留下几条与车顶等长的纵向长焊缝。

客室内顶板由三部分组成，中间为平板，平板两侧为多孔的通风口平板，最外侧为客室照明灯的灯箱。平板安装在悬挂的车顶吊架上。

2）侧墙、端墙

车体的侧墙，由于左右各有5扇车门和多个车窗，侧墙被分隔成6块带窗框、窗下间壁、左右窗间壁或门间隙的分部件，全车共12块，在组装时各自与底板、车顶拼接，各块分部件也为整体的挤压铝型材。

客室内的侧墙、端墙都采用阻燃的密胺树脂胶合板。因为在组装焊接的侧墙、端墙的铝合金材料的内侧涂抹阻尼浆并敷贴保温材料，所以侧墙、端墙都具有隔热保暖的功能。

3）地板

直流传动车与交流传动车的客室地板结构是不同的。直流传动车的地板是先在底板上纵向布置4mm厚的橡胶条，再铺设16mm厚的多层夹板，用螺钉将多层夹板固定在底架上，然后在多层夹板上黏结2.5mm厚的灰色PVC材料地板。这是一种理想的具有耐磨、阻燃和防滑功能的地板面材料，但黏结塑料地板的黏结剂在潮湿的环境中很容易丧失黏性，因此多层夹板一旦受潮，塑料地板就很容易起泡，甚至脱落。因而制造商在生产交流传动车时做了改进，将多层夹板改换成表面很平坦的铝合金轻型型材，然后在铝型材表面直接粘贴PVC塑料地板，这就避免了塑料地板起泡和脱落的弊病。

6. 铝合金材料使用中应注意的问题

铝合金车体有许多的优点，但在设计、制造中尚需注意许多问题。如铝合金选材、大型铝型材料成型技术、铝合金结构焊接工艺的研究、铝合金材料疲劳特性和寿命的试验、结构优化设计、刚度的问题及防腐的问题等。

1）铝合金材料的合理选择

使用铝合金材料的车体多为焊接结构，且在大气条件下工作，因此要求铝合金材料不仅应具有适当的强度和刚度，而且要求有良好的焊接性能，特别是焊缝性能要接近母材性能水平。最好在焊后的自然时效状态即能达到固熔处理加人工时效状态的性能水平。此外还要求材料的抗腐能力和抗应力腐蚀能力强，应力集中敏感性低，焊接接头处的抗脆断能力和抗疲劳能力高。

参照国外成熟的应用经验，对于大型挤压型材的车体的受力结构件建议选用6005A的铝合金材料，主要是该种铝合金焊接后，焊缝强度恢复较大。该种材料虽然国内无相应牌号，但西南铝加工厂已研制出该铝合金。板材建议采用5083（国内牌号为LF4）。

2）铝合金车体的组装

铝合金的密度只相当于钢的1/3，弹性模量也只有钢的1/3。材料的刚度与弹性模量有关，因此，铝合金车体的设计不能采用钢质车体的结构形式，而应该充分利用新型铝合金性能的特点，采用大型中空挤压型材，使大多数焊缝接头位于长度方向上，因此可以集中焊接；与板梁结构相比较变形大量减少，并且机械化程度高，大大减少了人工，提高了劳动效率。整体结构的铝合金车体有着非常好的耐冲击性能，因为其工作断面面积与碳钢结构车体相比增大2~3倍，零件的长细比也明显地减小。

车体基本由六大部件即地板、车顶、两个侧墙及两个端墙装配而成。而铝型材的边缘设有通长的成形槽，即可供组合整个车体用。当型材沿边缘连接时，能自动形成适宜的焊接坡。

端墙完全采用板材，梁采用焊接结构，四角立柱及端顶弯梁采用弯曲型材，端顶横梁采用矩形铝合金型材，外端板选用厚5mm的铝合金，并考虑大小风挡结构的需要。

底架各梁应设置座椅安装滑槽、侧门滑槽及底架吊挂滑槽，滑槽为T形。底架与转向架的连接件、铝合金车钩安装座使用铝合金锻件，锻件与底架型材开坡口焊接。

车顶边梁拟采用大型挤压型材，中间部分采用两种开口铝合金挤压型材，车顶上边梁与侧墙共用，并考虑边梁自带雨檐。组焊时，边梁焊在侧墙上，并由矩形横梁将两边梁连接，保证车顶有足够的刚度。车顶开口型材在总装时组焊即可。铝合金车体框架如图2-9所示，铝合金车体组装如图2-10所示。

图2-9 铝合金车体框架

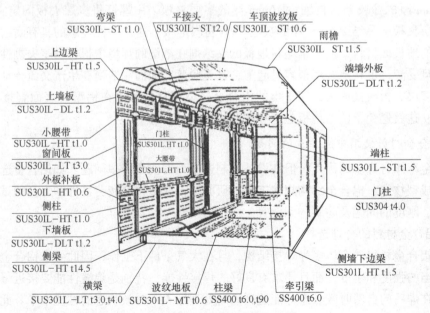

图2-10 铝合金车体组装

2.2.3　不锈钢车体

不锈钢车体的制造始于美国，1934 年美国首次在车辆车体上采用不锈钢材料。但使这项技术得到发展的是日本。日本从 1950 年开始，在车辆上采用不锈钢材料，但使用量很少，仅用于有室内装饰作用的管道等处。此后，于 1958 年，为了使车体外表面不用涂漆，仅外墙板使用不锈钢材料，称为蒙皮不锈钢车体，也叫半不锈钢车体，所用不锈钢材料是 SUS304。这种车体的制造一直延续到 1980 年，在日本一共制造了 1800 辆。这种蒙皮不锈钢车体，其内部梁、柱、骨架仍采用普通碳素钢，这样的车体不能达到轻量化的目的。经过运用发现，车体表面维护减少，但普通碳素钢部分腐蚀依然严重，特别是门口、窗有缝隙处需要大量维修，因此费用还是无法降下来。日本于 1962 年开发出了所有零部件均为不锈钢材料的车体钢结构，称为全不锈钢车，此时所用的材料为 SUS301 和 SUS302。此后，随着制造焊接及材料加工技术的不断提高，日本于 1978 年开发出轻量化不锈钢车辆，所有材料为 SUS301L。轻量化不锈钢车体的开发，使车体钢结构的质量降为碳素钢车体的 1/2，在节能和降低维修费用方面的优越性得到了用户的肯定，越来越多的国家开始使用不锈钢车。

我国于 1987 年开始在地面客车上使用不锈钢材料，主要用于外墙板及易腐蚀的梁柱。1996 年我国与韩国合作，开发出了点焊结构的不锈钢车体。但真正意义上的轻量化不锈钢车体的制造是 2002 年制造完成的北京城市轨道交通两列轻量化不锈钢样车。天津滨海轻轨也使用我国生产制造的轻量化结构不锈钢车辆。

1. 不锈钢车体的结构

如图 2 - 11 所示为天津滨海轻轨车辆的车体，除底架端部采用碳素钢材料外，其余部分均采用 SUS301L 高强度不锈钢材料。梁、柱间通过连接板相连接，各部件间采用点焊连接，形成不锈钢骨架结构。整体玻璃钢车头、金刚砂地板布直接黏结在铝蜂窝地板上，头车的顶板、圆头、间壁做成一体，与贯通道连接，达到整体美观的效果。

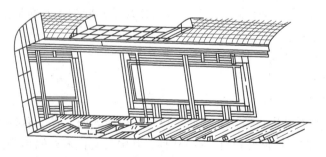

图 2 - 11　天津滨海轻轨车辆车体模型

1）车顶

车顶由波纹顶板、车顶弯梁、车顶边梁、侧顶板、空调机组平台等几部分组成。

车顶采用波纹顶板无纵向梁结构，顶板间搭接缝焊连接，与车顶弯梁点焊在一起。空调机组平台由纵梁、弯梁、顶板点焊组成部件，再与车顶通过点焊及塞焊组成一体。车顶是无纵梁结构，波纹顶板要传递车体纵向力，因此选择强度较高的 SUS301LMT 材料，厚度为 0.6mm。

车顶弯梁采用 SUS30IL - ST 材料，厚度为 1.5mm。

车顶边梁是车顶也是整车主要承载部件，所以选用强度最高的 HT 材料，整体冷弯成形，材料厚度为 1.5mm。

2）侧墙

侧墙须选用塞拉门、连续窗结构。为适应该要求，侧墙钢结构部分采取了比较特殊的方法，一扇连续窗全长 4 070mm，在此范围内，钢结构必须便于车窗的安装、固定，不得有任何与车窗相干涉的结构。同时工艺性要好，结构上必须可实现点焊。设计中，将窗间有玻璃通过的侧立柱压出凹形，再通过窗带过渡与窗框相连接。为便于加工，压出凹形的立柱采用了强度较低的 SUS301L–ST 材料，同时为保证该处强度，在其背面加了一根补强梁。为保证窗口及侧墙的平面度，窗口周围所有梁柱、补强部分均为点焊结构。

车门开口（宽 1 550mm、高 2 012mm）对钢结构的强度和刚度影响很大，因此须采取补强措施，比如加长门上框翻边长度、在门上加补强板、将底架碳素钢边梁延长过车门口等。为消除门角应力集中的问题，采用在门口外围进行补强及加过渡圆弧，在门角内加门角补强铁的方法。通常采用上述这些措施来增加车体刚度及强度。

3）端墙

端墙的板、梁均采用点焊结构。

4）底架

碳素钢端底架与不锈钢底架采用塞焊连接，主横梁与边梁利用过渡连接板实现点焊接，底架边梁采用 4mm SUS301L–HT 材料，以提高底架的整体强度和刚度。

2. 不锈钢材料使用中应注意的问题

不锈钢车体由于具有耐腐蚀性较好、不用修补、使用寿命长等优点，在保证强度、刚度的条件下，板厚可以大大减少，从而实现车体的轻量化。但设计、制造中尚需注意许多问题，如不锈钢选材、不锈钢制造技术、不锈钢结构焊接工艺研究、不锈钢材料疲劳性和寿命的试验、结构优化设计、刚度的问题、防腐的问题等。

1）不锈钢材料的合理选择

根据城轨车辆的结构特点、制造工艺以及使用环境，同时考虑到制造成本，要求车体使用的不锈钢材料必须具有如下性能：

① 价格便宜，通用性高，容易购买。

② 耐腐蚀性好。

③ 具有足够的强度。

④ 加工性好，在对其进行剪切、弯曲、拉延、焊接等加工时，不会产生缺陷。

能满足以上条件的不锈钢材料有 30 ~ 40 种，其中具有代表性的是 SUS304（S30400）和 SUS301。1983 年开发出的低碳不锈钢 SUS301L（L 表示低碳），其碳的质量分数在 0.03% 以下，目前的城轨车辆都在使用这种强度高、耐腐性好的不锈钢材料。

SUS301L 这种不锈钢材料在进行冷压延加工时，一般分为 5 个强度等级。

① SUS301L–LT：不进行冷压加工，其特点是强度较低，与 SUS304 基本相同，多用于强度要求不高处，拉伸加工料件。

② SUS301L–DLT（1/4H）：其特点是压延加工度低，板的平面度在几种调质材料中最好，多用于外板。

③ SUS301L–ST（1/2H）：其特点是强度较高，同时拉伸性良好，多用于车顶弯梁、侧

立柱、端立柱等处。

④ SUS301L－MT（3/4H）：其特点是强度很高，但不易进行弧焊加工，加热至600℃以上时，强度会大幅降低，系冷弯型钢用料。

⑤ SUS301L－HT（H）：其特点是屈服强度和强度极限在几种调质材料中都是最大的，与MT相同，加热至600℃以上时，强度会大幅下降，多用于底架边梁、主横梁、侧立柱等对强度要求很高的部位。

2）不锈钢材料的焊接

碳素钢车体采用弧焊组装钢结构，靠电弧产生的热量熔化填充金属，使两个构件熔敷接合。弧焊所产生的热量很大，对构件的热输入量也很大，这种焊接方法对于焊接不锈钢材料是很不利的。

不锈钢导热系数只有碳素钢的1/3，而线膨胀系数是碳素钢的1.5倍，热量输入后散热慢而变形大，不利于构件尺寸及形状的控制，但由于不锈钢材料的电阻较大，所以对不锈钢材料的焊接一般都采用电阻焊（即点焊）。点焊就是将两个或两个以上相叠加的金属用电极加压，通过电流，利用金属的电阻产生高热，使叠加的金属在加压区产生熔合，使金属连接到一起。点焊的特点是构件的热输入量小，容易实现自动控制，焊接时技能要求不高，不是很熟练的操作者也可以保证焊接质量。

不锈钢车体采用点焊结构，这就决定了不锈钢车体必须采用很多与以往碳素钢车体不同的特殊结构，才能实现点焊连接的目的。不锈钢车体在组合外板、梁、柱时为了减少热量的输入，采用点焊代替弧焊，梁、柱的结合部位采用连接板传递载荷。但由于受到设备、工装、工序等各方面的限制，有些部位无法实现点焊，可以采用塞焊来减小热影响区。

轻量化不锈钢车体中几乎所有的零、部件都是通过点焊连接的，所以焊点的质量将直接影响车体钢结构的质量和强度。为保证车体质量，在日常生产中，控制焊点质量是必需的。

现在采取的方法是在每次作业前进行点焊拉伸试验和切片试验，检验合格后再按照试验的焊接规范进行作业。

2.2.4 铝合金材料车体与不锈钢车体材料的对比分析

1. 轻量化与价格

以16t/14t轴重的A、B型车体为例，轻量化方面：不锈钢与中空铝型材相比，铝合金车体每节减轻1t左右。价格方面：SUS304不锈钢和6063铝合金两者的原材料单价相差无几，但是由于薄板不锈钢车体是板梁结构，需大量工装、模具、夹具、样板和中间检查手段，生产工艺极其复杂，费工费料，产品价格还是不锈钢车体偏高。

2. 制造工艺

不锈钢车体采用板梁组合整体承载全焊接结构，为了不降低板材强度和减小变形，应尽量采用点焊。特别是高强度的材料不允许任何形式的弧焊。采用接触焊代替弧焊是不锈钢车体的又一特征和技术关键。

铝合金车体目前普遍采用大型桁架式中空型材组焊形式。中空铝型材是制造厂一次轧制而成，车辆制造厂只需下料、拼装、氩弧焊接，工艺简单、省工省料；而薄板不锈钢车体是板梁结构，需大量工装、模具、夹具、样板和中间检查手段，生产工艺极其复杂，费工费料。

3. 外观质量

不锈钢车体制造过程中虽然不必进行防腐保护，也无须涂漆，为了提高装饰性，板材自带线条或梨皮点状装饰。车辆制造厂家可进行适当修饰，或用彩色胶膜装修。车体表面装饰大多是原材料带有的，因此在焊接前的加工过程中要贴膜保护。由于外墙板很薄（一般为1.5mm）、很光滑，只要有0.2mm的凹凸，经反光折射，人眼就会感到不舒服；尤其是薄板的点焊印子更是无法消除，密密麻麻的焊点是设计确定、工艺保证的，焊点的排列、深度、大小的一致性都有严格的要求。

相比之下，虽然铝合金车体的耐腐蚀性能较差，但中空铝型材平整、挺拔，又可根据用户要求选择不同的装饰和颜色，因此给人的感觉是庄重、美观，广大乘客容易接受。

4. 抵御磕碰、防划伤能力

相比之下，铝合金较优，且伤痕可以修复；不锈钢由于是薄板且为拉丝板，容易划伤，更忌讳异向划痕，出现划痕又难以消除。至于触摸的手印，都是可以清洗掉的。

5. 车下设备的安装空间和布置方式

中空铝型材车体，车下空间大，适应大线槽布线和空气管路预装配，可以整体吊装，实现模块化结构要求。

不锈钢车体由于板薄（底架边梁最厚采用4mm厚的钢板轧制而成），板梁为点焊结构，车下空间小，设备布置分散，只能用传统的预留线槽线道、现车穿线工艺，线路、管路布置零乱（目前日本车型和北京地铁5号线都是采用不锈钢车体）。

6. 使用寿命

腐蚀介质主要是水、盐分、二氧化硫等，特别在沿海地区和某些重工业区，湿度大，盐分高，污染重，因此，不同材料车体的抗腐蚀能力对于车体的使用寿命起着重要的作用。在这方面，不锈钢优势比较明显。不锈钢熔点在1 400℃以上，而铝合金只有630℃~650℃，且到300℃以上就发软变形，因此，不锈钢车体的防火性能也远优于铝合金车体。从这方面考虑，不锈钢车体的使用寿命优于铝合金车体。

目前使用不锈钢车体的有天津滨海线轻轨，北京4、5、10号线。使用铝合金车体的有上海1、2、3、4及明珠2号线，广州1、2号线及深圳1号线等所有地铁的A型车；B型车有广州3号线、直线电动机牵引的4、5号线等。

2.3 车体模块化结构

2.3.1 车体模块化结构概念

就车体结构形式而言，几十年来国内外都是采用全组焊结构，即底架、侧墙、车顶和端墙均为焊接而成，然后这四大部件组装时也采用焊接工艺。这种车体结构称为整体焊接结构，也称为一体化结构，这种结构是大家比较熟悉的。随着技术的发展，近几年来，国外研制了一种模块化车体结构，我国深圳和广州地铁2号线车辆采用了模块化结构。

模块化车体结构与整体焊接结构车体相比，最显著的特点就在于将模块化的概念引入车体设计、制造与生产管理的各个环节之中。整体焊接结构车体是先制造车体结构的车顶、侧墙、底架、端墙、驾驶室等部件，然后进行整个车体总成焊接，车体总成后再进行内装、布管、布线。模块化车体设计是将整个车体分为若干个模块，如图 2 – 12 所示。

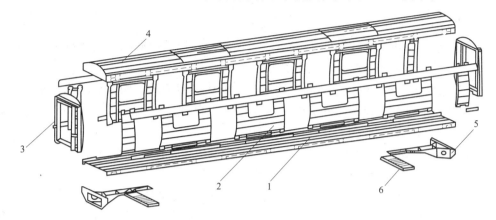

图 2 – 12　车体模块组成

1—底架模块；2—侧墙模块；3—端部模块；4—车顶模块；5—牵引梁模块；6—整梁模块

在每个模块的制造过程中完成整车需要的内装、布管与布线的预组装（车顶模块如图 2 – 13所示），并解决相互之间的接口问题。各模块完成后即可进行整车组装。每一模块的结构部分本身采用焊接，而各模块之间的总成采用机械连接，如图 2 – 14 所示。

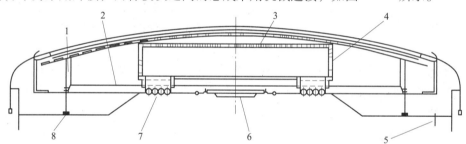

图 2 – 13　车顶模块

1—顶板吊架；2—顶板槽梁；3—空调风道；4—隔声、隔热材料；5—内部装饰；6—灯带；7—出风口；8—顶板悬挂

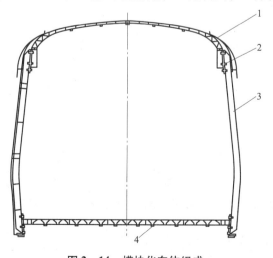

图 2 – 14　模块化车体组成

1—车顶模块；2—螺栓；3—侧墙模块；4—底架模块

2.3.2 车体模块化结构分析

1. 模块化结构的优点

① 在每个模块的制造过程中均注意验证其质量。模块制成后均须进行试验，从而保证整车总装后试验比较简单，整车质量也容易保证。

② 每个模块的制造可以独立进行，并解决了模块之间的接口问题，因此，复杂的和技术难度大的模块和部件可以从国外引进，其余模块和部件在用户本地生产。另外，对总装生产线要求不高，这均有利于国产化的逐步实施。

③ 可以改善劳动条件，降低施工难度，提高劳动效率，保证整车质量。

④ 可以减少工装设备，简化施工程序，降低生产成本。

⑤ 在车辆检修中，可采用更换模块的方式进行，方便维修。国外在模块化车体的设计、制造、试验与生产管理过程中已形成了整套的经验，从而保证了批量生产的质量。

2. 模块化车体结构存在的缺点

① 对于模块化结构的个别部件（如驾驶室框架），有的采用了部分钢材制造，各部件之间又采用了钢制螺栓连接，所以车体自重要比全焊结构稍重。

② 由于车体是容纳旅客的场所，就车辆结构而言，其强度是保证旅客安全的关键特性，因此在设计过程必须进行详细的强度、刚度计算，在此理论的指导下进行设计。试制完成后，必须进行相应的试验，证实确实满足要求，才能投入批量生产。

③ 为保证隔热、隔声性能，在车体组装后，在内部需喷涂隔声阻尼浆，安装玻璃棉或其他隔热、隔声材料。

④ 车体结构在使用中一般仅对表面涂装进行必要的维修，就结构自身而言，在正常工况下可以满足使用寿命 30 年的要求。如果由于事故和大修中需对车体某部位进行检修时，可以采用更换模块的方式进行，以减少维修工作量。

实训项目：车体调整

实训装置：长春轻轨车辆车体

实训目的：掌握车体调整的方法；能够熟练使用工具对车体进行简单调整。

实训方法：见表 2 - 4。

表 2 - 4 车体调整工作步骤及检验标准

实训内容	工作步骤	检验标准
基本检查	1. 目测车体是否平行，如有倾斜，在倾斜处使用铅锤进行测量。 2. 将铅锤自由下垂，目测铅锤与车体的距离	1. 铅锤放置位置正确。 2. 准确目测铅锤与车体的距离

实训内容	工作步骤	检验标准
车体调整	如图所示：图中上侧与动车相连，下侧与拖车相连，面对MC1在车体左侧，目测动车上方车体向内凹陷。 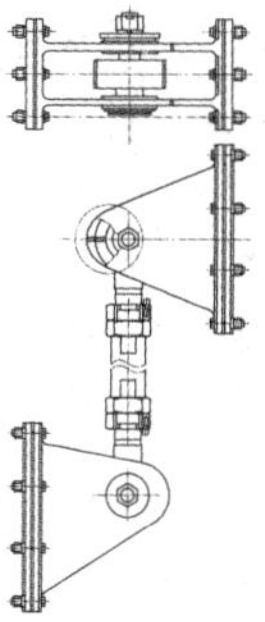 1. 在MC1车体左侧设立铅锤。 2. 目测铅锤与车体的距离。 3. 分别用棘轮和开口扳手，松动下侧M5六角螺母和M56螺母。 4. 调节M50拉杆向下侧移动，时刻观察车体与铅锤的距离，直至车体与铅锤平行。 5. 调节上侧M56螺母，使自由铰宽度方向两铰座中心口间距为700mm。 6. 紧固M56螺母和M5的六角。 7. 在各螺栓上标记防松位移线	1. 正确选择检修工具。 2. 严格按照调整步骤进行车体调整。 3. 自由铰宽度方向两铰座中心口间距为700mm。 4. 紧固各螺栓，并标记位移线

思考题

1. 简述车体的作用与分类。
2. 简述车体基本结构的组成。
3. 试述铝合金材料使用中应注意的问题。
4. 试述不锈钢材料使用中应注意的问题。
5. 什么是车体模块化结构？
6. 车体模块化有什么优缺点？

实做题

1. 分析现有车体材料的优缺点。
2. 在实训室或企业维修段，完成车体的一项调整内容。

项目 2

车体检修

项目3

车门保养

学习目标

1. 掌握车门的类型及功能，理解主要技术参数
2. 理解不同车门的控制方法
3. 掌握车门系统的结构组成
4. 掌握客室车门常见故障的处理方法
5. 完成车门系统的调整与保养

学习指南

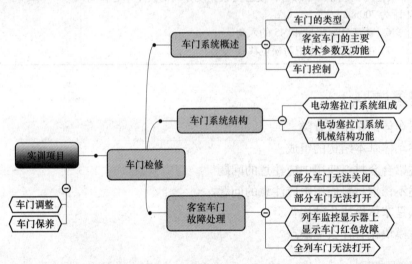

任务名称	车门调整与保养	建议学时：6学时
任务描述	在城市轨道交通车辆中，车门系统的故障率一直居车辆故障首位。因此在城市轨道交通运营公司的维修段，车门维修、调整与保养是一项重要工作。本任务要求通过对车门相关知识的学习，能够在教师指导下完成城轨车辆车门的调整与保养	
任务要求	熟练掌握本项目的相关理论知识及实训项目的操作步骤，完成学习任务	
任务准备	1. 场地：车辆结构实训室或企业车辆维修段 2. 设备：电动塞拉门	

任务名称	车门调整与保养	建议学时：6 学时
任务准备	3. 工具：活扳手、水平尺、棘轮扳手（可逆式）、扭力扳手、橡皮锤、卡簧钳 4. 资料：实训指导书、实训报告	
引导问题	1. 城市轨道交通车辆车门都有哪些类型？ 2. 客室车门的主要技术参数有哪些？ 3. 客室车门应具有哪些功能？ 4. 以一种门系统为例，说明门系统由哪些部分组成？ 5. 门系统中的驱动装置由哪些部分组成？其工作原理是怎样的？ 6. 车门各部件的调整顺序是怎样的？ 7. 怎样进行车门保养？	

理论知识

3.1 门系统概述

城市轨道交通车辆门系统是乘客及驾驶员上下车的通道，是车辆车体的一个组成部分，它不仅与车辆的动力性、经济性、综合性能密切相关，而且对协调车辆的整体造型起着重要的作用。门系统的外形设计、开合方式以及加工制造与控制方式都影响客车外形的美观与动感，而且直接影响城市轨道车辆的安全运营状况。因此，车辆门系统的重要地位是其他任何部件所不能取代的。

3.1.1 车门的类型

1. 按驱动方式不同分类

1）电控风动式车门

风动式车门由压缩空气驱动传动气缸，再通过机械传动系统和电气控制系统完成车门的开关动作。机械传动系统的作用是将传动气缸活塞杆的运动传递至车门，使车门动作。电气控制系统包括气动门控制、再开门控制、车门动作监视和列车控制电路联锁等内容。其作用是为了保证车门动作可靠和行车安全。

车门的电气控制系统一般采用电子控制技术，可根据乘客和驾驶员的不同要求编制程序修改操作过程，自动监控装置具有全方位监控车门的系统、自动故障报警和记录等功能。为了防止车门夹伤乘客，车门一般都具有防夹功能，例如长春轻轨车门探测最小障碍物尺寸为 $30\text{mm} \times 60\text{mm}$。

2）电动式车门

电气驱动车门由电动机、传动装置、控制器、闭锁装置和紧急开门装置组成。传动装置有齿形带传动和螺杆螺母传动等形式，如图 3-1 所示。在齿形带传动中，齿形带与两个门翼相固定，闭锁和解锁所需的扭矩由电动机提供；在螺杆螺母传动中，电动机通过一根左、右同步的螺杆和球面支承螺母驱动滚珠摆动导向件和与其固定的门翼。

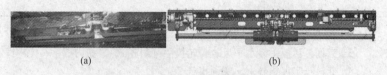

（a） （b）

图 3 – 1　电动式车门的驱动机构

（a）齿形带驱动；（b）螺杆螺母驱动

2. 按开启方式不同分类

1）内藏嵌入式车门

开关车门时，门翼在车辆侧墙的外墙与内护板之间的夹层内移动，传动装置设于车厢内侧车门的顶部，装有导轮的门翼可在导轨上移动并与传动装置的钢丝绳或传动带相连接，借助气缸或电动机驱动传动机构，使钢丝绳或传动带带动门翼动作。车门机械装置如图 3 – 2 所示。

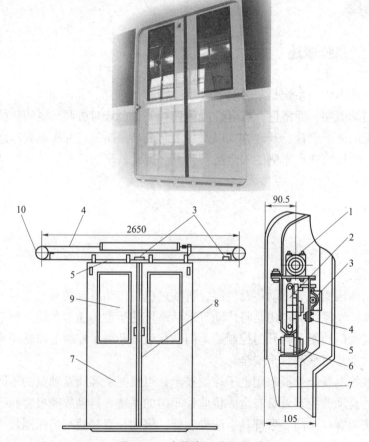

图 3 – 2　内藏嵌入式车门

1—气缸；2—滚轮；3—行程开关；4—钢丝绳；5—导轨；6—小滚轮；7—门页；
8—橡胶密封条；9—车门玻璃；10—定滑轮

2）外挂式车门

与上述内藏嵌入式车门的主要区别仅在于开、关车门时，门页和悬挂机构始终处于侧墙的外侧，车门驱动机构的工作原理与内藏嵌入式车门相同。外挂式车门如图 3 – 3 所示。

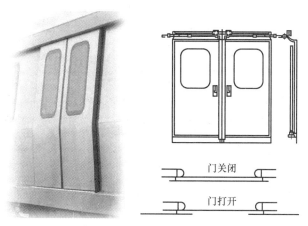

图3-3 外挂式车门

3）塞拉门

借助于车门上端的传动机构和导轨，车门在开启状态时，门翼贴靠在侧墙的外侧；车门在关闭状态时，门翼外表面与车体外墙成一平面。这不仅使外表美观，而且也有利于在高速行驶时减少空气阻力，车门不会因空气而产生涡流和噪声，也便于自动洗车装置对车体的清洗。塞拉门如图3-4所示。

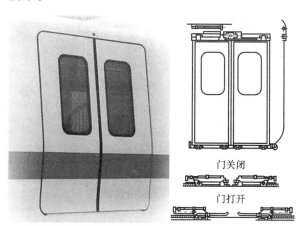

图3-4 塞拉门

3. 按车门功能不同分类

对城市轨道交通车辆而言，按照功能不同，车门可分为客室侧门、驾驶室侧门、驾驶室后端门和紧急疏散门四类，各类车门的位置如图3-5所示。

1）驾驶室侧门

驾驶室侧门多采用一扇单叶的内藏式手动移动门，在驾驶室两侧墙上分别设置。驾驶室侧门由人工控制，没有气动或电动驱动装置，以供乘务人员上下车。地铁驾驶室门系统依照运动方式不同一般分为三类：塞拉门（手动、电动、气动、单扇）、内藏门（手动、电动、气动、单扇）和折页门（手动、单扇）。内藏平移式驾驶室门，如图3-6所示，是当前主流的驾驶室门型式，在地铁和轻轨列车普遍采用。这种车门通常采用无动力源的手动开启、关闭方式，具有结构简洁、安全可靠、不占用地铁车辆与站台之间的空间，增大站台的有效使用面积等优点。

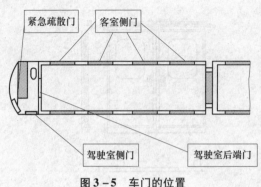

图 3 - 5　车门的位置

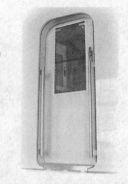

图 3 - 6　内藏平移式司机室门

2）驾驶室后端门

驾驶室后端门是在驾驶室后端墙中间设有一个与客室相通的通道门。驾驶员可以由后端门进入客室车厢，并通过客室车厢、后端门，进入另一端驾驶室。在客室一侧没有开门把手，但设置了紧急开门装置，正常情况下不允许乘客开启，当乘客发现危险性事故的特殊情况时，可以起用紧急拉手，开启后端门。驾驶室后端门如图 3 - 7 所示。

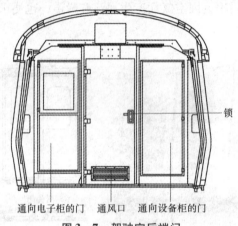

图 3 - 7　驾驶室后端门

3）紧急疏散门

紧急疏散前门和紧急疏散坡道如图 3 - 8 所示，是轨道车辆必须配备的紧急备用装置，安装在轨道车辆最端头部位置。列车在隧道内运行时，一旦发生火灾等危险事故，驾驶员可打开紧急疏散门，释放紧急疏散梯，引导乘客通过紧急疏散梯走向路基中央，然后向两端的车站疏散。

图 3 - 8　紧急疏散门和紧急疏散坡道

4）客室侧门

城市轨道交通车辆客室车门在每节车厢两侧，呈对称布置。一般应满足以下要求：

① 要有足够有效宽度（一般为 1 300 ～ 1 400mm）。

② 要均匀分布，以方便乘客上、下车。

③ 要有足够数量的车门。

④ 车门附近要有足够的空间和面积，方便上、下车乘客的周转。

⑤ 要确保乘客的安全。

长春轻轨三期车辆，客室侧门采用双扇电控电动齿带传动塞拉门，全列车共 16 扇车门。车门的电控电动装置采用微处理器控制的电动机驱动装置，具有自诊断功能和故障记录功能，具有与列车总线网络进行通信的功能，采用硬连线控制。传动方式采用齿带传动，上部导向装置、驱动装置和锁闭装置集成为一个紧凑的功能单元，便于用户安装和维修。

3.1.2 客室车门的主要技术参数及功能

1. 客室车门的主要技术参数

① 长春轻轨三期车辆客室车门主要技术参数见表 3 - 1。

表 3 - 1　长春轻轨车门主要技术参数

塞拉门系统数量	每辆车每侧 8 对门扇
净开宽度	（1 300 ± 5） mm
净开高度	1 890mm（根据车体顶罩板确定）
供电电压	DC24V；波动范围：DC17 ～ 29.5V
开门时间	（3 ± 0.5） s（电气可调）
关门时间	（3 ± 0.5） s（电气可调）
开、关门延时时间	0 ～ 3.0s 可调
车门关紧力	≤150N
探测最小障碍物	30mm × 60mm
平均开关门噪声级别	≤68dBA
车门隔音量	≥33.8dB（A）
车门的隔热量	$K \leqslant 2.9\text{W/m}^2$

② 南京地铁客室车门主要技术参数见表 3 - 2。

表 3 - 2　南京地铁车门主要技术参数

净开宽度	1 400mm
净开高度	1 950mm
供电电压	DC110V，波动范围：DC77 ～ 137.5V
开门时间	$3_0^{+0.5}$s（可调）

续表

关门时间	$3_0^{+0.5}$ s（可调）
温度范围	$-25℃ \sim 70℃$
平均电流消耗	1A
最大电流消耗	4A
门框宽	1 690mm
门框高	2 155mm

2. 客室车门的主要功能

① 开/关门功能，包括车门开、关状态显示。

② 整列车车门开、关由驾驶员在操纵端通过按钮控制或者车载 ATO 控制，每次仅能开、关一侧车门。

③ 未关闭好车门的再开闭功能，已关好的车门不再打开。

④ 开关车门的二次缓冲功能。

⑤ 防夹人/物功能（障碍物探测重开门功能）。

⑥ 车门故障切除功能。

⑦ 车门内部紧急解锁功能。

⑧ 乘务员钥匙开关功能（每辆车两个车门，位于车外）。

⑨ 车门旁路功能。

⑩ 故障指示、自诊断和记录功能，并可通过读出器读出记录数据。

⑪ 零速保护，车辆控制系统检测到车速度为零时，车门才能开启。

⑫ 车门须具有编号标识。

3.1.3 车门控制

1. 客室侧门控制

客室侧门的工作可靠性直接影响到客运服务质量及乘客的安全，因此，除了正常情况的控制外，对于客室车门还设置了对应紧急情况的控制方法。

1）客室侧门的正常控制方式

在正常驾驶情况下，客室侧门有"自动"和"人工"两种控制模式。通过"门选择开关"来选择自动或是人工控制。"自动"控制模式下，列车可实现站台自动开门操作；当发车条件具备时，由驾驶员按压相应站台侧"关门"按钮，实现关门操作。在"人工"控制模式下，在驾驶员确认列车已停准、确定有开门信号后，由驾驶员按压相应站台侧的"开门"按钮，实现开门操作；在完成站台乘、落客操作后、列车具备发车条件时，由驾驶员按压相应站台侧"关门"按钮，实现关门操作。

2）客室侧门的隔离方法

每套车门均设有机械隔离装置，如图 3-9 所示。隔离锁装置安装在门框侧立柱上（单侧），当门系统出现故障后，首先须手动将门扇关闭到位，用三角钥匙操作隔离锁实现门系统的机械隔离；同时隔离锁的锁舌将触发隔离锁开关，隔离开关的触点向电子门控器发出一个信号，电子门控器会关闭门的所有运动功能，该门系统退出服务。

3）车门紧急解锁功能（内部）

每套车门在客室内均设有车内紧急解锁装置，在紧急情况下可由乘务人员或站务人员通过专用三角钥匙进行解锁操作，如图3-10所示。紧急解锁后，该门的开启不受开关门命令的控制。操作紧急解锁装置后，可以实现以下功能：

① 当车辆处于零速状态时，紧急操作是可以通过钢丝绳实现门的机械解锁并可手动开门，手动开门力≤150N。

② 紧急操作后，信号传给列车监控系统，并能在驾驶室监视显示器上显示哪个门的紧急解锁装置被启动。

③ 内部紧急解锁装置将被定位在操作状态，并可以手动复位。根据给定的信号，内部紧急解锁装置的复位将激活门的操作。

④ 当车辆处于非零速状态时，车门允许以紧急解锁方式打开。

操作步骤：用三角钥匙将装置转到解锁位置，再转下，用手推开车门。

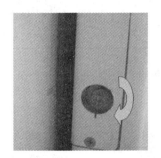

图3-9　客室侧门机械隔离装置

图3-10　客室侧门紧急解锁装置

4）外部紧急解锁开关

每辆车的A3和B2车门均设置外部紧急解锁开关（或乘务员钥匙开关），该钥匙开关具有复位、解锁两个位置，如图3-11所示。在紧急情况下可由乘务人员或被授权的专业人员通过专用三角钥匙进行解锁操作。紧急操作时可以通过钢丝绳实现门的机械解锁并可手动开门，手动开门力≤150N。外部紧急解锁开关只能在车辆处于零速状态时于车外操作，且必须手动复位。

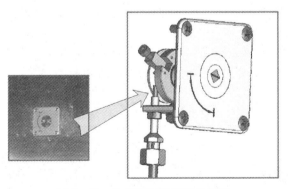

图3-11　外部紧急解锁开关装置

2. 紧急疏散门的操作方法

北京地铁紧急疏散门开门方式为：紧急疏散门门锁在驾驶室内或室外都可手动开启，一旦门锁开启，通过气簧执行机构机械动作，车门能自动倒向路基。紧急疏散门开启操作见表3-3。

表3-3　紧急疏散门开启步骤

第一步	利用三角钥匙将紧急疏散门锁闭装置打到释放准备位置	
第二步	推动紧急疏散门上的门锁，门扇必须推动到约20°时，松开把手。如提前松开把手，门扇有可能往回运动	
第三步	及时松开把手，释放紧急疏散梯，扣住紧急疏散梯上的四个安全扣件，进行乘客紧急疏散	

在车上乘客疏散完毕后，须由驾驶员或站务人员配合回收紧急疏散梯。紧急疏散梯的回收操作见表3-4。

表3-4　紧急疏散门关闭步骤

第一步	利用三角钥匙将紧急疏散门锁闭装置打到回收准备位置	
第二步	扳起紧急疏散梯上的四个安全扣件	
第三步	用棘轮扳手通过紧急疏散门两侧的螺栓手动回收紧急疏散梯	
第四步	左手握住解锁手柄，右手握住下摆杆向车内方向拉动门扇，结合车门惯性将锁叉卡到轴上。处在二级啮合位置时，确认紧急疏散门完全锁闭到位	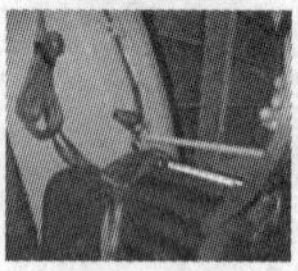

3.2　车门系统

3.2.1　电动塞拉门系统的组成

对于不同类型的车门系统，其组成略有不同，但都包括车门悬挂及导向机构、车门驱动装置、左右门叶、内部紧急解锁装置、乘务员钥匙开关（或称为外部紧急解锁开关、紧急入口装置）、一套安装在车体上的密封型材（上、左和右）等机械部件，以及电子门控单元（或气动控制单元）、电气连接、负责监测的各类行程开关、指示灯等电气或气动部件，如图3-12所示。

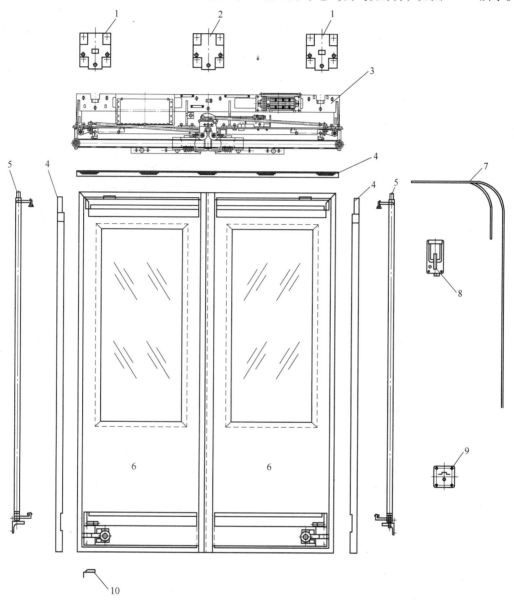

图 3 - 12　电动塞拉门系统组成

1—吊装架；2—吊架；3—驱动机构组成；4—密封框组成（上、左、右三边）；5—旋转立柱组成（分左、右件）；
6—门板总成（分左、右门板）；7—钢丝绳组成；8—内紧急解锁组成；
9—外紧急解锁组成；10—隔离锁开关组成

3.2.2　电动塞拉门系统机械结构功能

1. 驱动装置

如图3-12所示，电动塞拉门系统驱动装置为中置直流驱动电动机驱动、齿带传动、辊

项目 **3** 车门保养

式滑车组成导向的动力装置。

驱动装置安装于车体，如图 3－13 所示，起到连接和承载门扇重量并带动门扇实现开关门动作的作用。同时门扇的锁闭和紧急解锁也由驱动装置内的零部件实现。电动塞拉门的传动部分主要由两个滑车构成。每一滑车均在一根导向光轴上运行并通过一组平行转向装置与各自的门扇连接，平行转向装置使门扇向外摆动，同时这一运动又受到导向轨的控制。滑车与电动机一组减速机系统相连接。

在门扇解锁后的开启动作中，摆动臂和导向臂均向外摆。这一外摆运动受到导向轮的控制，导向轮与摆动臂相连接，在外摆运动中导向轮的运动范围是导轨的弯曲段。

当导向轮到达导轨的直段时，外摆运动过程结束。此时门扇开始与列车外壁平行运动。两个滑车在导向光轴上作推移运动。

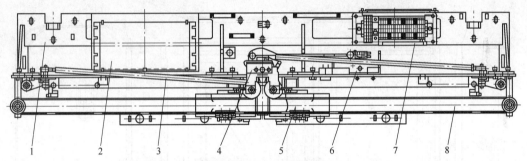

图 3－13　驱动装置组成

1—机构吊架组成；2—门控器；3—拉杆组成及锁闭部件；4—电动机及电动机旋转架组成；5—辊式滑车连接组成；
6—解锁旋转架及解锁拉杆组成；7—端子排组成；8—光轴

1）机构吊架组成

机构吊架组成是驱动装置组成与车体连接部件，如图 3－14 所示。其主要作用是连接驱动装置架与车体，承载驱动装置重量，调节驱动装置与车体的相对位置。机构吊架的焊接结构使驱动装置底板抗扭抗弯的能力得到非常有效的加强，机构吊架组成的形式、外形尺寸和安装尺寸根据车体要求适当变化。

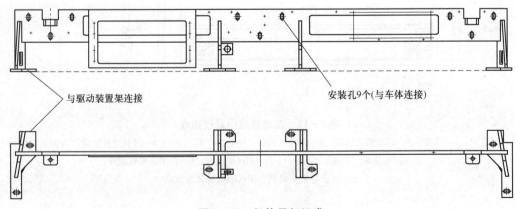

与驱动装置架连接

安装孔9个(与车体连接)

图 3－14　机构吊架组成

2）拉杆组成及锁闭部件

拉杆组成及锁闭部件一端与电动机旋转架组成连接，另一端与安装底板连接。该部分利用机械原理组成了博得电动塞拉门系统的机械锁，如图 3 – 15 所示。

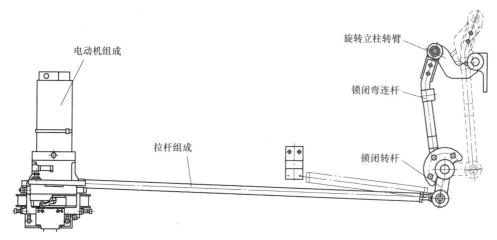

图 3 – 15　机械原理锁

锁闭装置的工作原理：利用连杆系统的"死点"锁闭门系统。在开关门时，当连杆系统的锁闭转杆与锁闭弯连杆重合时，铰链位置即为"死点"，如图 3 – 16 所示。

开门动作时，电动机因转子转矩大首先外壳转动，推动拉杆组成（解锁拉杆）。拉杆组成推动锁闭转杆，将其推过死点解锁。锁闭转杆达到极限位置使电动机外壳转矩增大，转子开始转动，通过齿带传动完成开门动作。关门动作与此相反，电动机转子转动使门扇关闭，然后电动机外壳转动拉动拉杆组成使锁闭转杆通过死点，锁闭门扇。

3）门控器

门控系统的作用：对门系统进行控制、监视和保护，当出现故障时还要由门控器进行识别。门控系统在门控器中配备有相应软件。在每一门的驱动装置范围内均配备一门控器，这样

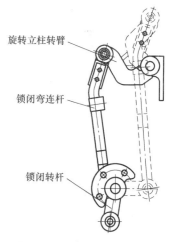

图 3 – 16　锁闭位与解锁位

即可实现对每一门的单独控制。在整个车厢内所有控制装置与车厢的中央计算机相连接。

每一博得电动塞拉门均有一控制装置，该控制装置安装在驱动系统范围内。这种控制装置能够识别出某些需要在一定时间过后才能被确认的故障。

门控装置的作用是控制、监督、保障门系统，并发现故障。门控装置以软件的形式置于门控器中。每个门都在传动装置内装有自己的门控器，这样可以进行单个控制。在整辆车内，所有的门控器都和列车的中央计算机相联。

门控装置通过对按钮的操作或中央计算机来记录开/关门指令，并控制整个开关动作。在开关动作时，门扇的开关方向会受到监控，这样可以有效防止出现夹人的情况。

门控器能够发现在门系统中出现的、需以后查明的特定故障。出现的故障将会被存储起来，通过诊断软件读取，并以此作为故障分析的基础。

4）辊式滑车组成

辊式滑车连接组成是门系统中连接门扇和驱动装置的主要运动部件和承载部件，通过其

运动及内部零件的运动实现门扇的塞拉动作。

辊式滑车连接组成有连接板组成、摆杆组成、辊式滑车体和转臂架组成，四个主要部件。其装配关系如图 3 – 17 所示。四部件的装配关系形成了几何中的平行四边形。当只有一边固定时，其相邻两边可以以与固定边交点为圆心做相关联的转动。

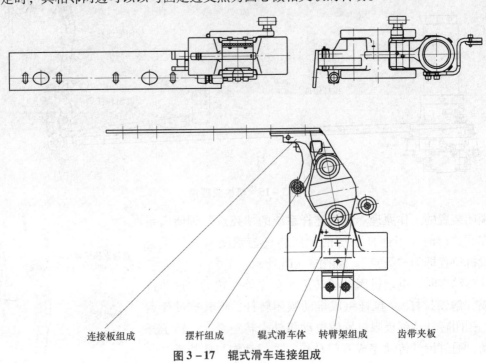

连接板组成　　摆杆组成　　辊式滑车体　转臂架组成　　齿带夹板

图 3 – 17　辊式滑车连接组成

5）电动机及电动机旋转架组成

电动机及电动机旋转架组成作为整体模块安装于驱动装置组成，提供电动塞拉门系统的动力和开关门信号，如图 3 – 18 所示。电动机旋转架安装 3 个齿带轮。中间上部与电动机减速箱相连为主动轮，提供驱动力。下部两平行安装轮为从动轮，导向外并可调整齿带张紧力。

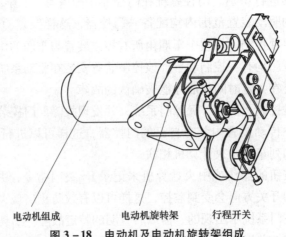

电动机组成　　　电动机旋转架　　行程开关

图 3 – 18　电动机及电动机旋转架组成

6）解锁旋转架及解锁拉杆组成

解锁旋转架组成和解锁拉杆组成是电动塞拉门系统紧急解锁结构的一个组成部分。解锁拉杆分别与电动机旋转架和解锁旋转架相连,解锁旋转架与内、外紧急解锁操作部分通过钢丝绳相连。如图 3-19 所示。紧急解锁操作时,驾乘人员或乘客操作内或外紧急解锁装置拉动钢丝绳,钢丝绳拉动解锁旋转架转臂和解锁拉杆组成运动。解锁拉杆拉动电动机外壳转动,使锁闭结构解锁操作。驾乘人员或乘客便可手动开启门扇离开车辆。紧急解锁动作时,解锁旋转架上的行程开关组成触发,给电气系统提供电信号。

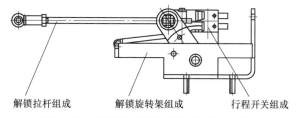

解锁拉杆组成　　　解锁旋转架组成　　　行程开关组成

图 3-19　解锁旋转架组成及解锁拉杆组成

7) 端子排组成

端子排组成安装于机构吊架组成上,使系统各电气件电线、电缆与车辆电线、电缆相连。同时端子排组成接有短路开关,可以在门系统出现故障的情况下切断门系统电源,停止门系统工作。

8) 光轴

光轴通过光轴吊座安装在驱动机构上,为辊式滑车连接组成的直线运动导向,并承载辊式滑车连接组成和门扇的重量。每套驱动机构安装有两根光轴,对称布置。

2. 门扇

电动塞拉门系统的门扇结构采用复合蜂窝夹层结构,内部采用铝合金型材焊接骨架,填充阻燃浸渍处理蜂窝,门窗玻璃为双层中空钢化安全玻璃。门扇主要分为外门皮、门板骨架、内门皮、玻璃组成、纸蜂窝,以及门板密封胶条和门板上、下导轨等几个主要部分,如图 3-20 所示。

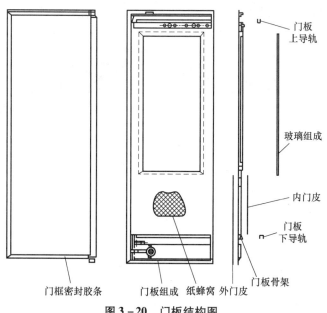

门板上导轨

玻璃组成

内门皮

门板下导轨

门板骨架

门框密封胶条　　门板组成　纸蜂窝　外门皮

图 3-20　门板结构图

3. 旋转立柱

双扇电动塞拉门在每个门扇的框架侧面安装一旋转立柱。旋转立柱下端与车体通过关节轴承连接，上端与驱动装置组成连接。旋转立柱焊接上、下两个转臂，转臂随机构动作以立柱为轴心做主动转动。转臂上装有导轮，上、下导向轮在门扇的上、下导轨内运动。其组成如图3-21所示。

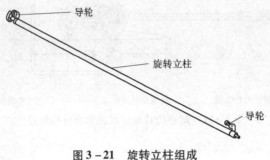

图3-21　旋转立柱组成

4. 紧急解锁

紧急解锁分为内紧急解锁和外紧急解锁。

（1）内紧急解锁（图3-22）一般安装于车辆内装罩板上，使用钢丝绳与驱动装置上解锁旋转架连接，为乘客在紧急状况下手动开启门系统使用。使用时只需要拉下解锁手柄，就可进行解锁。操作后手柄限位，使手柄处于拉开位置，系统始终处于解锁状态。复位时，需要架乘人员使用专用钥匙操作进行复位。

（2）外紧急解锁（图3-23）安装于车体外侧，同样使用钢丝绳与驱动机构连接。外紧急解锁是在紧急状态下，为架乘人员在车体外部手动开启门扇使用，需要专用钥匙进行操作。该结构同样在解锁操作后限位，复位需要专用钥匙。

图3-22　内紧急解锁

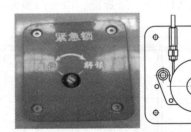

图3-23　外紧急解锁

⤵ 3.3　客室车门的故障处理

车门的故障复杂繁多，但运行中最常见的是车门开关故障。此时需要列车驾驶员、站务员、值班站长分工合作，对故障进行正确处理。

3.3.1　部分车门无法关闭

1. 驾驶员

当驾驶员发现一对或一对以上车门无法关闭时，可以尝试把车门开、关三次，如果不成功，会上报行车调度员，并把所有安全门/车门重新打开，等候站务人员来处理，同时，用广播通知乘客列车有所延误。

2. 站务人员

① 收到值班站长的通知后，复述故障车门位置和状态，把手台调到"正线组"，通知其立即携带处理工具备品（钥匙、门故障帘和告示），赶往现场。

② 到现场，马上用手台报告行车调度员，如果不能与行车调度员联络上，应先处理事故。

③ 确定故障车门位置，检查有没有异物。

a. 具体情况1——有异物，且能取出。

发现有异物，马上取出，通知驾驶员按"关门按钮"一次。如果驾驶员确认车门关门成功，通知行车调度员；如果车门仍然不能关闭，应用力把车门关上并进行反向试拉一次，确认车门已关闭，通知驾驶员再按一次"关门按钮"，如果驾驶员确认列车监控显示器上显示车门关闭成功，再把车门隔离，并检查门侧面的门缝，确认锁止门闩落入门扇锁止卡槽（听到两声"咔"）后，通知行车调度员隔离成功。把告示贴上车门内侧，跟车到下一个车站再返回原站。

如果手动也不能关闭门体，则上报行车调度员。当只有一对车门关不上时，张贴车门事故指示，通知驾驶员车门处理完毕、发车，跟车监护，提醒乘客远离故障车门，确认无误后回原工作岗位。两对或两对以上车门关不上时，应上报行车调度员，等候行车调度员命令清客。

b. 具体情况2——有异物，但不能取出。

发现有异物，经尝试无法取出，应尝试将故障门拉一半，若可以拉动，则再尝试能否取出异物；若仍无法取出，则上报行车调度员，听候调度命令。若可以取出，则按照情况1程序处理。若尝试将故障门拉一半，仍无法拉动，则报行车调度员，听候调度员的命令。

c. 具体情况3——无异物。

照情况1程序处理。

3.3.2 部分车门无法打开

在列车站台作业过程中，当发现一对或一对以上车门无法打开时，应遵循以下操作程序：

1. 驾驶员

驾驶员发现车门无法打开时把车门开关三次，如果不成功，则采用车门旁路开关（门控开关，DBPS）进行开门操作，具体步骤如下：

① 确认列车已停稳。

② 确认列车监控显示屏，车门没有故障。

③ 将"门模式选择开关"打到"手动"位置。

④ 将要开门侧的"门旁路开关"，打到"旁路"位置。

⑤ 按相应开门按钮开门。

如果仍不能打开车门，则上报行车调度员，并把所有安全门/车门重新打开，等候站务人员来处理，同时，用广播通知乘客列车有所延误。

2. 站务人员

到达现场后，若除了故障门外，所有车门、安全门都处于打开状态，则需要从故障门旁边的车门上车，赶到故障门处处理。

① 收到值班站长的通知后，复述故障车门位置和状态，把手台调到"正线组"，立即携带处理工具备品（钥匙、门故障帘和告示），赶往现场。

② 到达现场后，马上用手台报告行调，如果不能与行调联络上，则应先处理事故。

③ 到达现场用手反拉车门，确认不能拉开后，将车门隔离。检查门侧面的门缝，确认锁止门闩落入门扇锁止卡槽，通知行车调度员，把告示贴上车门内侧。

3.3.3 列车监控显示器上显示车门红色故障

列车运营时，驾驶员可以通过列车监控显示器查看列车的状态，包含网压、速度、时间日期等主要信息，及车门、制动、牵引、空调等设备的状态。在正常情况下，车门在关闭状态下显示为绿色，开启状态时显示为黄色，故障状态时显示为红色。当列车监控显示器上显示车门为红色故障时，工作人员应按如下方式处理：

1. 值班站长

① 接到行车调度员通知列车车门红色故障（如判别故障车门是列车的非乘降侧时，与行车调度员再次确认），复述故障车门位置和状态，把相关处理事故员工的"手台呼号"告诉行车调度员。

② 派站务员马上到现场处理和提醒把手台调到"正线组"，如故障车门为非乘降侧时，值班站长须向站务员强调是非乘降侧车门故障并要求复诵。

2. 站务员

① 接到值班站长通知后，复述故障车门位置及用笔记录相关资料，把手台调到"正线组"赶往现场。

② 到达现场，查看车门状态马上用手台报行调。

③ 用手反拉车门，确认车门无法打开后直接将故障车门隔离。检查门侧面的门缝，确认锁止门闩落入门扇锁止卡槽。通知行车调度员。把告示贴上车门内侧。

如该车门为无法关闭时，按照"单对车门无法关闭"执行。

3.3.4 全列车门无法打开

在列车站台作业时，当全列车车门均无法打开时，站务人员应遵循下列指示：

1. 值班站长

前往站台列车后端驾驶室控制车门。

2. 站务员

接到综控室通知后将手台调正线，做好清人准备。

如整列车门开启，则进行清人作业。

如整列车门无法开启，则接到进行人工解锁车门通知后，听从值班站长安排从车厢内部解锁车门。

清人完毕通知行车调度员。

实训项目一：车门调整

实训装置： 长春轻轨客室电动塞拉门

实训目的： 掌握电动塞拉门系统的结构及工作原理；能够熟练使用工具对电动塞拉门进行调整

实训方法： 见表 3 - 5

表 3 - 5　电动塞拉门的调整内容、工作步骤及检验标准

实训内容	工作步骤	检验标准
横向于车体调整门扇	调整的方法：在上部通过移动驱动装置底板调整；在下部通过移动旋转立柱在门架上的固定部件调整。 工作步骤： 上部： ① 松开所有将驱动装置底板固定在驱动装置托梁上的 M10 六角螺栓。 ② 横向移动驱动装置。 ③ 再紧固所有 M10 六角螺栓。 下部： ① 松开 M8 的圆柱头螺栓。 ② 横向移动旋转立柱固定部件，在移动时要注意使齿带的背面正确咬合。 ③ 再将圆柱头螺栓紧固	在"关闭"位置上，门扇应与车体外壁处同一平面
门扇高度和平行度的调整	调整的方法：门扇平行度与高度的调整均通过门扇内的偏心销来进行。 工作步骤： ① 手动关闭门扇。 ② 松开上部 M8 的螺栓。 ③ 松开偏心销中心的止动螺钉。 ④ 通过旋转两个偏心销来调整门扇的高度和平行度。 ⑤ 拧紧六角螺栓。 ⑥ 拧紧偏心销的止动螺钉锁定调整位置。 ⑦ 松开 M16 的锁紧螺母。 ⑧ 通过转动螺栓来调整旋转立柱的高度。 ⑨ 再拧紧锁紧螺母（最小的拧紧力矩为 55Nm）。	在门关闭以后，门边缘与门架边缘之间的间隙必须符合以下要求： 门的上边缘与门架上边缘之间：（15 + 2）mm 门与门架侧柱之间：（15 ± 2）mm

续表

实训内容	工作步骤	检验标准
门扇高度和平行度的调整	注意：在调整时，使门扇对准门架结构开口的中心并应通过门扇中间的密封胶条以及主关闭边缘的密封胶条来保证密封 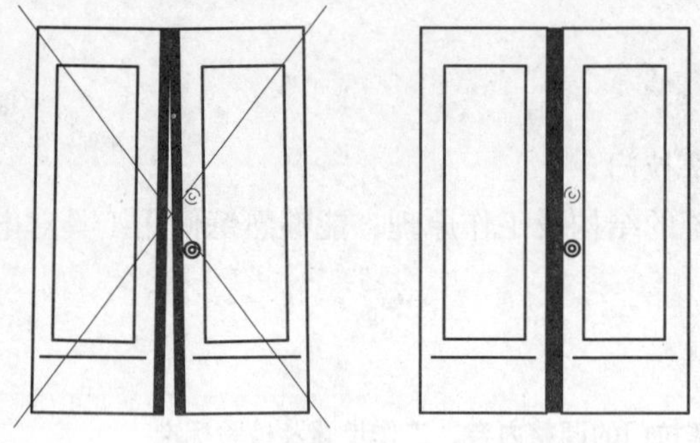	
纵向于车体调整门扇	通过移动上导轨（驱动装置）和调整下导向轮，可对门扇进行纵向（对于车体）的调整	保证门扇中间的密封性能。应注意使驱动装置位于门架开口的中心
调整净开度	调整方法：通过滑车止动缓冲挡块进行调整 工作步骤： ① 手动将门推开。 ② 松开锁紧螺母，按尺寸要求调整挡块，用锁紧螺母锁定调整位置	双扇门：（1 300 ± 10）mm

实训项目二：车门保养

实训装置：长春轻轨客室电动塞拉门

实训目的：掌握电动塞拉门系统的结构及工作原理；能够熟练使用工具对电动塞拉门进行保养

实训方法：见表3-6

表3-6 电动塞拉门的保养内容、工作步骤及检验标准

实训内容	工作步骤	检验标准
基本检查	① 检查各种安装螺钉是否松动，损坏垫片更换（观察螺钉上的防松标记）。 ② 门扇上下导轨是否变形、运动是否良好。 ③ 检测齿带张紧力，除尘。 ④ 检查转臂架体滚轮运动灵活性。 ⑤ 检查旋转立柱滚轮是否灵活转动。 ⑥ 检查旋转立柱螺母是否松动。 ⑦ 检查侧密封框安装螺钉。 ⑧ 检查侧密封框外观（是否变形）	① 各种螺钉无松动，垫片无缺失、无损坏  防松标记 ② 门扇无变形、无卡滞；齿带张紧良好，表面无灰尘；各运动部位运动良好

实训内容	工作步骤	检验标准
检查车门外观、车门门板中缝，调整无缝	① 手动关闭门扇。 ② 松开上部 M8 的螺栓。 ③ 松开偏心销上的止动螺钉。 ④ 通过旋转两个偏心销来调整门扇的高度和平行度。 ⑤ 拧紧六角螺栓。 ⑥ 拧紧偏心销的止动螺钉锁定调整位置。 ⑦ 松开 M16 的锁紧螺母。 ⑧ 通过转动螺栓来调整旋转力柱的高度。 ⑨ 再拧紧锁紧螺母	门扇密封条形状规则并无缺损，关门后，门板无缝隙错位，无漏光 缝隙均匀
确保车门运动无卡滞，工作正常	① 手动平缓运动，观察门扇动作是否平稳，有无卡滞，机构有无异响 ② 按动电动按钮，观察电动开关门过程中门扇动作是否平稳，有无卡滞、机构有无异响	① 开关门动作平稳 ② 无卡滞，无冲击 ③ 机构无异响

思考题

1. 按驱动方式不同，车门可以分为哪几类？按开启方式不同，车门可以分为哪几类？

2. 按作用不同，车门可以分为哪几类？画图说明各类车门在车辆中的位置。

3. 车门调整都要调整哪些项目？其检验标准是什么？

4. 车门保养一般都要保养哪些项目？其检验标准是什么？

实做题

1. 收集外挂式车门、内藏式车门、塞拉门的性能资料，从气密性、关门时间、外观、维修、隔噪能力、可靠性、质量等方面进行性能比较。

2. 在实训室或企业维修段，完成电动塞门的一项调整内容。

3. 在车辆结构实训室，完成电动塞拉门的拆装。

项目 3 车门保养

项目4
转向架检修

 学习目标

1. 掌握转向架的类型、作用、结构组成
2. 掌握构架的作用、结构及附件检修方法
3. 掌握轮对轴箱装置的结构及检修方法
4. 掌握空气弹簧系统的组成，了解弹簧的类型及特性，理解弹簧减振装置的检修
5. 掌握牵引连接装置的类型、结构及检修方法
6. 掌握传动装置的布置形式、结构及检修方法
7. 能分析城市轨道交通车辆转向架结构
8. 能对实际转向架进行分解及组装

学习指南

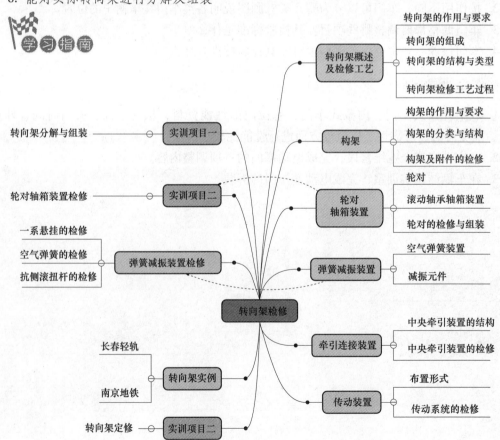

任务名称	转向架定修	建议学时：32 学时
任务描述	转向架是城市轨道交通车辆的重要组成部分，起着支承车体、负担走行任务，以及承受和传递与车体、轨道间各种力的作用。因此在城市轨道交通运营公司的维修段，转向架检查与定期维修是一项重要工作。本任务要求通过对转向架相关知识的学习，能够在教师指导下完成转向架的分解、组装并掌握转向架定修工艺流程	
任务要求	熟练掌握本项目的相关理论知识及实训项目的操作步骤，完成学习任务	
任务准备	1. 场地：车辆结构实训室、企业车辆维修段 2. 设备：转向架 3. 工具：活扳手、水平尺、棘轮扳手（可逆式）、扭力扳手、橡皮锤、卡簧钳 4. 资料：实训指导书、实训报告	
引导问题	1. 城市轨道交通车辆转向架在列车走行过程中有哪些作用？ 2. 转向架主要由哪几大部分组成？ 3. 转向架结构的种类有哪些？ 4. 轮对轴箱装置由哪些部分组成，结构有几种？怎样检修轮对轴箱装置？ 5. 车辆的弹簧减振装置的结构是怎样的？一般使用哪种类型的弹簧？空气弹簧悬挂系统由哪些部件组成，工作原理是什么？ 6. 车辆牵引连接装置有哪几种结构？怎样进行检修？ 7. 车辆传动装置有哪几种布置形式？它们各自有什么特点？ 8. 怎样分析城市轨道交通车辆转向架的结构？ 9. 怎样对转向架进行分解和组装？	

理论知识

4.1 转向架概述及检修工艺

转向架是车辆最重要的组成部件之一，如图 4-1 所示，它的结构是否合理直接影响车辆的运行品质、动力性能和行车安全。转向架是支承车体并担负车辆沿着轨道走行的支承走行装置。为了便于通过曲线道路，在车体和转向架之间设有心盘或回转轴，转向架可以绕心盘或回转轴相对车体转动。由于车辆在线路上运行时通过道岔、弯道及车辆加速、减速等原因会产生各种冲击和振动，为了改善车辆的运行品质和满足运行要求，在转向架上设有弹簧减振装置和制动装置。转向架还应保证车辆以最小的阻力在轨道上安全、平稳、高速地运行，

图 4-1 转向架简介

顺利地通过道岔及曲线，并应保持摩擦制动作用，保证列车的减速和停车。对于动车，转向架上还装有牵引电动机和减速机构，将牵引电动机的转矩通过齿轮转动传给轮对，转化为列车前进的牵引力，以驱动车辆运行，这种转向架称为动力转向架。

4.1.1　转向架的作用与要求

在铁路运输及城市轨道交通发展的初期，世界各国均采用二轴车辆。车轴直接安装在车体下面，这种二轴车比较短小。为便于车辆通过曲线，前后两轴中心线之间的距离一般不大于10m。二轴车的总质量受到车轴容许轴载质量的限制，载重量较小，一般不大于20t。

随着铁路、有轨交通事业的发展，二轴车已不能满足远行的要求，于是出现了与二轴车结构类似的三轴车或多轴车。三轴车虽然能增加载重质量，但通过小半径曲线时，中间的轮对相对车体要有较大的横向游动量，使得车辆结构复杂，因此这种三轴车没有被推广使用。同样形式的多轴车也没有被采用。

常用的多轴车是采用带转向架的结构形式，把两个或几个轮对用专门的构架组成一个小车，这个小车称为转向架或台车，而车体就架承在前、后两个转向架上。这样将一个车体落在两个转向架上，使车辆的载重质量、长度和容积都可以得到增加，满足了轨道交通发展的需要。目前大多数车辆都采用转向架的结构形式。

转向架的基本作用及要求：

① 车辆采用转向架增加了车辆的载重质量、长度和容积，提高了列车运行速度。

② 保证在正常运行条件下，车体都能可靠地座落在转向架上。通过轴承装置使车轮沿着钢轨的滚动转化为车体沿线路的平动。

③ 转向架能支承车体，承受并传递从车体至轮对之间或从轮轨至车体之间的各种载荷及作用力，并使轴重均匀分配。

④ 保证车辆安全运行，并顺利地通过曲线。

⑤ 采用转向架的结构便于弹簧减振装置的安装。弹簧减振装置使转向架具有良好的减振特性，以缓和车辆与线路之间的相互作用，减小振动和冲击，减小动应力，提高车辆运行的平稳性和安全性。

⑥ 转向架能充分利用轮轨之间的黏着力，传递牵引力和制动力。

⑦ 对地铁车辆的转向架来说还要便于安装牵引电动机及传动装置，以驱动车辆沿着钢轨运行。

4.1.2　转向架的组成

由于车辆的用途、运行条件、制造和检修能力及历史传统等因素，转向架的类型非常多，结构各异。但它们都具有共同特点，即基本作用和基本组成部分是相同的。转向架的基本组成可以分为以下几个部分，如图4-2所示。

1. 构架

构架是转向架的安装基础，它把转向架的零部件组成一个整体。它不仅承受和传递各种作用力及载荷，而且它的结构形状、尺寸和大小都应满足各零部件的结构、形状及组装的要求（如应满足制动装置、弹簧减振装置、轴箱定位装置的安装要求）。

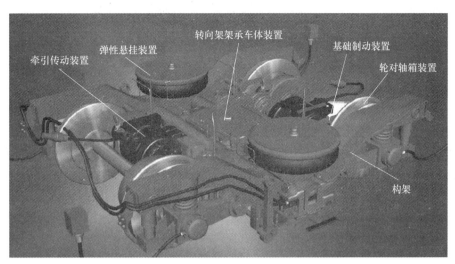

图 4 - 2　转向架的组成

2. 轮对轴箱装置

轮对沿着钢轨滚动，除了传递车辆质量外，还传递轮轨之间的各种作用力，包括牵引力和制动力。轴箱与轴承装置是联系构架和轮对的活动关节，使轮对的滚动转化为车体沿钢轨的平动。

3. 弹性悬挂装置

为了减少线路的不平顺和轮对运动对车体各种动态的影响（如垂向振动、横向振动和通过曲线等），在轮对与构架之间或者构架与车体之间设有弹性悬挂装置，前者称为轴箱悬挂装置（又称一系悬挂），后者称为构架（有的构架还带有摇枕）悬挂装置（又称二系悬挂）。弹性悬挂装置包括弹性装置、减振装置和定位装置。

4. 基础制动装置

为了使车辆在规定的距离内停车，必须安装制动装置，其作用是传递制动缸产生的制动力或单元制动机产生的制动力，使闸瓦与轮对之间产生的转向架的内摩擦力转换成轮轨之间的外摩擦（即制动力），从而使车辆承受前进方向的阻力，产生制动效果。

5. 转向架架承车体的装置

车体与转向架连接部分的结构应能安全可靠地支承车体，并传递各种载荷和作用力，同时车体与转向架之间应能绕一定旋转中心相对转动，使车辆顺利通过曲线。

6. 牵引传动装置

牵引传动装置由牵引电动机和齿轮箱组成，是动力转向架所特有的一套装置，非动力转向架没有此装置。动力转向架通过传动装置使牵引电动机的转矩转化为轮对或车轮上的转矩，利用轮轨之间的黏着作用，驱动车辆沿轨道运行。

4.1.3　转向架的结构与类型

由于转向架用途的不同及运行条件的差异，对转向架的性能、结构、参数和采用的材料及工艺等的要求不同，出现了多种形式的转向架。各种转向架的主要不同点在于所用车轴的类型和数目、轴箱定位的方式、弹簧装置的形式、载荷传递的方式等。轨道交通的转向架一般都采用二轴转向架。下面介绍几种轨道交通常见的转向架。

1. 按轴箱定位方式分类

1）拉板式轴箱定位转向架

用特种弹簧钢材制成的薄片型定位拉板，其一端与轴箱连接，另一端通过橡胶节点与构架相连。利用拉板在纵、横向的不同刚度来约束构架与轴箱的相对运动，以实现弹性定位。拉板上下弯曲刚度小，对轴箱构架上下方向的相对位移的约束就很小，如图4-3（a）所示。

2）拉杆式轴箱定位转向架

拉杆的两端分别与构架轴箱销接，拉杆两端的橡胶垫、套分别限制轴箱与构架之间的横向与纵向的相对位移，实现弹性定位。拉杆允许轴箱与构架在上下方向有较大的相对位移，如图4-3（b）所示。

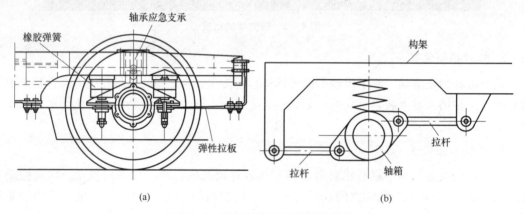

(a)　　　　　　　　　　　(b)

图4-3　拉板式和拉杆式轴箱定位

（a）拉板式轴箱定位；（b）拉杆式轴箱定位

3）转臂式轴箱定位转向架

该转向架又称弹性铰定位，定位转臂的一端与圆筒形轴箱体固接，另一端以橡胶弹性节点与构架上的安装座相连接。弹性节点允许轴箱与构架在上下方向有较大的位移，其内的橡胶件设计使轴箱在纵向和横向具有适宜的、不同的定位刚度。其结构有如图4-4（a）所示的形式。

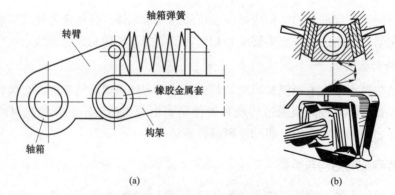

(a)　　　　　　　　　　　(b)

图4-4　转臂式轴箱定位和层叠式橡胶弹簧定位

（a）转臂式轴箱定位；（b）层叠式橡胶弹簧定位

4）层叠式橡胶弹簧定位转向架

在构架与轴箱之间装设压剪型层叠式橡胶［图4-4（b）］，其垂向刚度较小，使轴箱相对构架有较大的上下方向位移，而它的纵、横向有适宜的刚度，以实现良好的弹性定位。

以上所述的定位方式均为无磨耗的轴箱弹性定位装置，通过对橡胶金属弹性铰或弹性节点的设计，可以实现轴纵、横向不同定位刚度的要求，达到较为理想的定位性能。

2. 按弹簧系统分类

1）一系弹簧悬挂

在车体与轮对之间，只设有一系弹簧减振装置，如图4-5（a）所示。它可以设在车体与构架之间，也可以设在构架与轮对之间。

2）二系弹簧悬挂

在车体与轮对之间设有二系弹簧减振装置，即在车体与构架间设弹簧减振装置，在构架与轮对间设轴箱弹簧减振装置，两者相互串联，使车体的振动经历两次弹簧减振的衰减，如图4-5（b）所示。

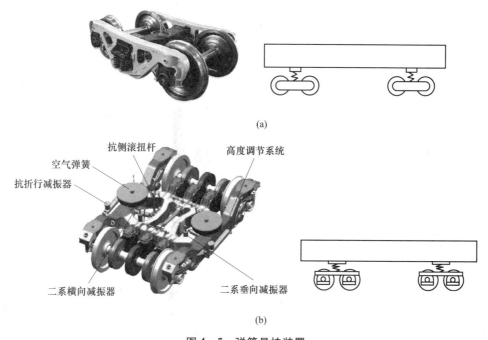

(a)

(b)

图4-5 弹簧悬挂装置

（a）一系弹簧悬挂；（b）二系弹簧悬挂

3. 按车体与转向架之间载荷传递方式分类

1）心盘集中承载

车体的全部质量通过前后两个上心盘分别传递给前后转向架的两个下心盘，如图4-6（a）所示。

2）非心盘承载

车体上的全部质量通过弹簧悬挂直接传递给转向架构架，或者通过弹簧悬挂装置与构架之间装设的旁承装置传递，如图4-6（b）所示。这种转向架虽还设有心盘回转装置，但它的作用是牵引和转动。

3）心盘部分承载

车体上部质量按一定比例分配，分别传递给心盘和旁承，使它们共同承载，如图4-6（c)所示。

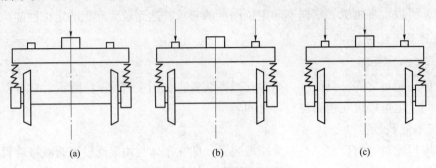

图4-6 车体载荷承载方式

（a）心盘集中承载；（b）非心盘承载；（c）心盘部分承载

4.1.4 转向架检修工艺过程

1. 检修工艺概述

工艺是指人们使用工具进行生产时，将材料加工成产品的工作方法及操作技艺。对于机器维修行业，工艺就是人们在维修过程中，为达到维修质量标准所采用的技术、方法和手段。

检修工艺过程，又称工艺流程，是在设备检修过程中，用分解、检查、修复、调整、试验、装配等方法，形成的检修过程。工艺过程一般都由一系列的工序组成，而工序又由工步组成。工序、工步的定义为：

工序：在维修过程中，一组（或一个）工人，在一个工作地点，对一零件或一部件所施行的、连续进行的工艺过程为一个工序。

工步：在检修过程中，当使用的工具、仪器基本不变时，对一零件或一部件所完成的一部分连续工作称为一个工步。

在检修工作中，由于工作种类十分复杂，工序之间以及工序与工步之间的界限不是绝对的。在实际工作中，一般根据其定义并考虑人员的分布、工作位置和工具设备等因素划分工序、工步。

2. 检修工艺过程

城市轨道交通车辆按规定的检修周期在维修基地或车厂进行检修。待修城市轨道交通车辆回至厂、基地直至修竣后的全部过程，称为城市轨道交通车辆某修（如架修）的检修过程。检修工艺具体流程如图4-7。

上述过程中，从③到⑥是城市轨道交通车辆检修的全部工艺过程。

根据城市轨道交通车辆零部件维修作业方式的不同，可分为现车维修（即不换件维修）与互换维修两种工艺过程。

①送修和接修	定期检修车辆
②维修开工前的准备	包括清扫、外观检查和制订检修作业计划
③车辆的分解	根据作业计划将其分解成零件或部件
④零部件的清洗、检查	确定其维修范围
⑤维修零件和部件	制订正确的维修方案，对零、部件进行维修
⑥车辆的组装及喷涂油漆	按车辆组装工艺组装车辆，并喷涂油漆
⑦修竣车的技术鉴定和交接	对修竣的车辆进行技术鉴定，完成交接

图4-7 城市轨道交通车辆检修流程

1）现车维修工艺过程

现车维修是指待修车上的零部件，经过维修消除缺陷后，仍装在原车上而不进行零部件更换的维修方式。

检修前的首道工序是城市轨道交通车辆分解。车辆分解的范围，应根据修程及技术状态来进行。现车维修作业方式中，除报废零件从备品库领取外，其他零件均待修竣后装回原车。这种方式常因待修零件而延长城市轨道交通车辆停修的时间，但其优点是不需储备过多的备用零件，主要用来维修城市轨道交通车辆数量不大的情况。

2）互换维修工艺过程

城市轨道交通车辆定期维修中普遍实行的互换维修，是指从待修车辆上分解下来的零部件，修竣后可组装于同车型的任何检修车上，而并非一定装于原车。这种作业方式能大大缩短检修工时，提高修车效率和效益。

3. 检修工艺文件

根据零部件的技术要求，结合厂（段）的实际情况，并考虑各种因素，将最合理的技术要求、操作方法和程序等，用图、表、文字形式表示出来，并以文件的形式加以规定。这些技术文件就叫工艺文件，通常有如下几种：

1）检修技术标准

检修技术标准是城市轨道交通车辆检修的质量标准，具有法规性。它主要规定城市轨道交通车辆检修的技术要求、检修限度、各修程的备件互换范围等。它一般是按照检修规程编制，如广州地铁《地铁一号线电动车组架修规程》。

2）检修工艺规程

检修工艺规程是城市轨道交通车辆和零部件维修的作业标准。它规定了使某一维修对象达到该维修技术标准和要求的维修方法和程序。编制工艺规程应依据铁道部颁检修规程、图纸、技术条件以及各级技术标准编制。工艺规程应对质量标准、工艺装备和机具、检测器具、作业环境、重点作业方法和作业要领等做出明确的规定；应广泛采纳新技术、新材料和先进技术装备。检修工艺规程必须得到严格的执行。

3）操作性工艺文件

操作性工艺文件，是具体指导工人进行生产的工艺文件。它针对检修一个具体零部件的全部工艺过程按工作步骤一条一条列出，以具体指导工人操作，如作业手册。

4.2 构架的结构与检修

4.2.1 构架的作用与要求

构架是转向架各组成部分的安装基础，如图4-8所示。通过构架把转向架的组成部件组合成一个整体，构架也是转向架承载的主要部件。对其基本要求如下：

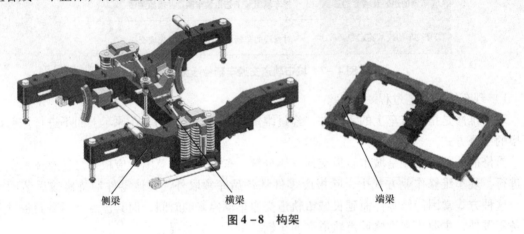

侧梁　　　　　横梁　　　　　端梁

图4-8 构架

① 部分尺寸精度要求较高，使一些部件安装具有较高的定位精度，如轮对定位，使转向架具有较好的运行性能。

② 便于各部件及附加装置的安装，包括轮对安装、传动齿轮装置的悬挂、牵引电动机的安装、制动系统的安装等。

③ 结构经过设计，具有足够高的强度，承受并传递牵引力、制动力、车体惯性力以及各种冲击、振动，保证列车运行安全。

4.2.2 构架的分类与结构

1. 构架的分类

就制造工艺而言，转向架的构架主要有铸钢构架和焊接构架两种形式。铸钢构架由于质量大、铸造工艺复杂，使用中受到一定程度的限制，城轨车辆中一般不采用铸钢构架。焊接构架的组成梁件为中空箱形，质量轻，节省材料，又能满足强度和刚度的要求，所以应用比较广泛。尤其是压型钢板的焊接构架，其梁件可以按等强度设计，箱形截面尺寸可以依据各部位受力情况而大小不等，使各截面的应力接近，并可合理地分布焊缝，减少焊缝数量。这样不但使转向架具有足够的强度，而且质量轻，材料利用率更高，只是对制造设备的要求较高，成本也较高。上海、广州地铁均采用了压型钢板焊接构架。

也可以依据其他分类，如按结构形式有开口式、封闭式，或 H 形、日字形、目字形等。

2. 构架的组成

构架由左、右侧梁，一根或几根横梁及前后端梁组焊而成。没有端梁的构架，称开口式构架；有端梁的构架，称封闭式构架。广州地铁 1 号线车辆转向架的构架的组成如图 4 - 9 所示。

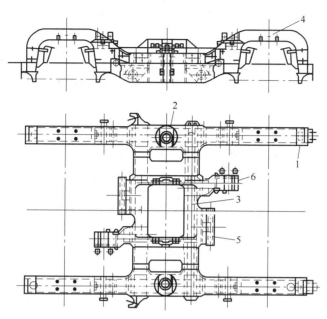

图 4 - 9　广州地铁 1 号线车辆转向架的构架

1—侧梁；2—空气弹簧座；3—横梁；4—轴箱导框；5—牵引电动机安装座；6—齿轮箱吊座

侧梁是构架的主要承载梁，是传递垂向力、纵向力和横向力的主要构件，侧梁还用来确定轮对位置。横梁和端梁用来保证构架在水平面内的刚度，使两轴平行并承托牵引电动机等。

构架上还设有空气簧座、中心座安装座、轴箱吊框、电动机安装座、齿轮箱吊座、制动吊座、牵引拉杆安装座、高度调整阀座、抗侧滚扭杆座、减振器座和止挡座等，用于安装相关设备。

构架的强度和刚度对转向架的性能十分重要，其主要破坏形式是裂纹和变形。

4.2.3　构架及附件的检修

1. 构架的检修

构架常见的故障有变形、裂纹、腐蚀等。其检修内容和检修流程如图 4 - 10 所示。

2. 构架附件的检修

构架的附件视转向架的不同而有所区别，如轴箱拉杆、轴箱转臂、起吊装置、调整垫片、紧固件等。

维修原则：主要受力部件维修内容与构架相同；垫片要进行清洗、矫正，油漆后继续使用；紧固件全部更新。

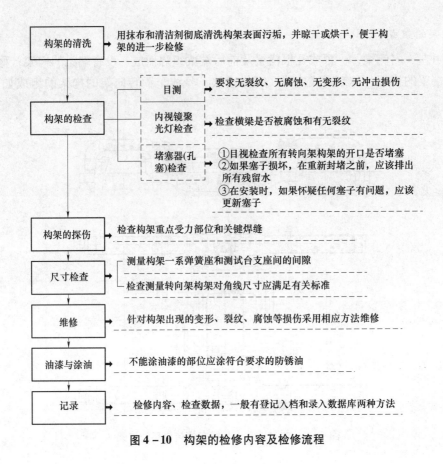

图 4－10 构架的检修内容及检修流程

4.3 轮对轴箱装置的结构

4.3.1 轮对

轮对是由一根车轴和两个相同的车轮采用过盈配合牢固地结合在一起，是组成转向架的重要部分之一，如图 4－11 所示。

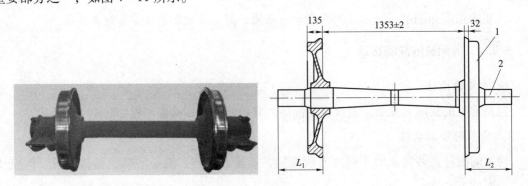

图 4－11 轮对

1—车轮；2—车轴；$L_2 - L_1$—轮位差

轮对承担车辆全部载荷，引导车辆沿着钢轨高速运行，同时还承受着从车体、钢轨传来的各种力的作用。因此，轮对应具有足够的强度，以保证在允许的最高速度和最大载荷下安全运行。应在强度足够和保证一定使用寿命前提下，使其质量最小，并具有一定的弹性，以减少轮对之间的作用力和磨耗。

轮对在正常状态的线路上运行时，轮对的内侧距是影响运行安全的一个重要因素。轮对内侧距有严格的规定。轮对内侧距应保证在任何线路上运行时轮缘与钢轨之间有一定的游隙，以减少轮缘与钢轨的磨耗；应保证在最不利情况下，车轮踏面在钢轨上仍有足够的安全搭接量，不致造成脱轨；应保证安全通过道岔。

1. 车轴

车轴一般采用优质碳素钢加热锻压成型，再经热处理（正火或正火后再回火）和机械加工制成。车轴为转向架的簧下部分，降低簧下部分的质量对改善车辆运行品质和减少对轮轨动力作用有很大影响。

轨道交通车辆使用的车轴，绝大多数为圆截面实心轴，由于各部位受力状态不同，其直径也不一致。车轴是用优质碳素钢（40 钢或 50 钢）锻造制成。车轴圆面须锻造光平，不得有起层、裂纹、溶渣或其他危害性缺陷。根据车轴使用轴承形式的不同，车轴可分为滑动轴承车轴和滚动轴承车轴。现阶段滑动轴承车轴已全部淘汰，故这里只介绍滚动轴承车轴。

车辆滚动轴承车轴除端部形状外，其余和滑动轴承车轴相似。车轴两端伸进轴箱的部分叫轴颈，安装轴承和承受车辆载荷、压装车轮的部分叫轮座，车轴中部是轴身。动车转向架的轴身上安装有齿轮箱，传递电动机产生的转矩驱动轮对，再通过构架和中央牵引装置带动车辆前后运行。滚动轴承车轴形状有 5 种，动轴承车轴结构如图 4-12 所示。

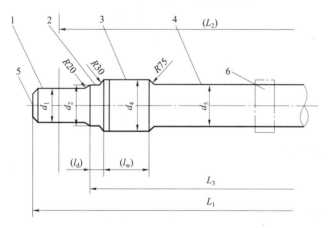

图 4-12 车轴结构

1—轴颈；2—防尘板座；3—轮座；4—轴身；5—轴端螺栓孔；6—制动盘安装座

① 轴颈 1 是安装滚动轴承和承载的部位。

② 防尘板座 2 为车轴与防尘板配合部位，其直径比轴颈直径大，比轮座直径小。

③ 轮座 3 是车轴和车轮配合的部位，是车轴受力最大的部位。

④ 轴身 4 是两轮座的连接部分，为增加其强度和减少应力集中，车轴轴身呈圆柱形。

⑤ 轴端螺栓孔 5 是滚动轴承车轴安装轴端压板的地方，轴端压板的作用是防止滚动轴承内圈从轴颈两端窜出。

⑥ 制动盘安装座6供压装制动盘用。一般一根车轴上设有两个制动盘安装座,过渡圆弧半径55mm。

2. 车轮

车轮的结构、形状、尺寸、材质是多种多样的。按其结构分为整体车轮和带箍车轮两种。整体车轮按其材质可分为辗钢轮和铸钢轮等。带箍轮又可分为铸钢辐板轮心车轮、辗钢辐板轮心车轮以及铸钢辐条轮心车轮。为降低噪声,减小簧下质量,还有橡胶弹性车轮、消声轮等。

整体辗钢轮由踏面、轮缘、辐板和轮毂组成,如图4-13所示。车轮与钢轨的接触面称为踏面;一侧沿着圆周凸起的圆弧部分称为轮缘,是保持车辆沿钢轨运行、防止脱轨的重要部分;踏面沿径向的厚度部分称为轮辋;轮毂是轮与轴互相配合的部分;轮辋与轮毂连接的部分称为辐板。

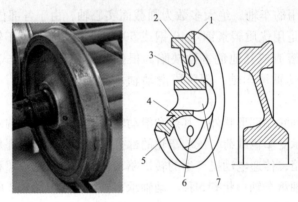

图4-13 整体辗钢轮

1—轮辋;2—踏面;3—辐板;4—轮毂;5—轮缘;6—工艺孔;7—轮毂孔

新型铸钢轮生产工艺是采用电弧炉炼钢、石墨铸钢、雨淋式浇口浇铸工艺。采用电弧熔炼钢水,钢水纯度高。采用石墨铸型,使铸件表面光洁,尺寸精度高。由于石墨导热性能优良、铸件凝固速度快、晶粒细化,可提高材质的力学性能和车轮的内在质量。采用雨淋式浇铸工艺,冒口和浇口设在同一位置,浇铸时钢水由轮辋、辐板至轮毂顺序凝固,补缩用的钢水自冒口沿补缩通道不断补充,达到最佳的补缩效果。铸成后的车轮应进行缓冷处理,使铸件各个部位均匀冷却,以消除内应力。随后进行热轮抛丸,以清除表面余砂及氧化铁皮,再进行加热、淬火以及回火等热处理工艺,对辐板要求进行抛丸处理,提高车轮的使用寿命。由于采用了先进的生产工艺,新型铸钢轮具有尺寸精度高、安全性好、制造成本低等优点。与辗钢轮比较明显的区别在于:铸钢轮直接由钢水铸造成型,减少了工序,节约了劳动力,降低了生产能耗;采用石墨型浇铸工艺,提高了车轮尺寸精度,几何形状好,内部组织均匀,质量分布均匀,轮轨间动力作用相对小;新型铸钢轮的辐板为深盆形结构(流线型结构),较辗钢轮耐疲劳、抗热裂性能更优。

车轮轮缘踏面通常采用锥形踏面或磨耗形踏面,如图4-14所示。采取锥形轮廓的理由如下:

(1)便于通过曲线 车辆在曲线上运行时,由于离心力的作用,轮对偏向外轨,于是在外轨上滚动的车轮与钢轨接触的部分直径较大,而沿内轨滚动的车轮与钢轨接触部分直径较小。这样，造成在同一转角内，外轮行走的路程长而内轮行走的路程短，正好和曲线区间线路的外轨长内轨距的情况相适应，使轮对较顺利地通过曲线，减少车轮在钢轨上的滑行。

（2）可自动调中　车轮踏面一般做成一定的斜度，称为锥形踏面，如图 4－14（a）所示。由于踏面中部设有斜度，为使踏面与钢轨顶面接触良好，钢轨铺设时也使它向线路中心有相同的斜度，因此钢轨对车轮作用力的方向是指向线路中心的。车辆在直线线路上运行，当轮对受到横向力的作用使车辆中心线与轨道中心不一致时，则轮对在滚动过程中能自动纠正偏离方向。运行时车轮与钢轨接触的滚动直径在不断地变化，致使轮轨的接触点也在不停地变换位置，从而使踏面磨耗更为均匀。除了锥形踏面外，近年来在研究轮轨磨耗的基础上提出了磨耗形踏面，如图 4－14（b）所示。实践证明，锥形踏面车轮的初始形状在运行中将很快磨耗，当磨耗成一定形状后，车轮与钢轨的磨耗都变得缓慢，磨耗后踏面形状将相对稳定。如果把车轮踏面一开始就做成类似磨耗后的稳定形状，即磨耗形踏面，可明显地减少轮轨的磨耗，延长使用寿命，减少换轮、镟轮的检修工作量，其经济效益是十分明显的。磨耗形踏面可减小轮轨接触应力，提高车辆运行的横向稳定性和抗脱轨安全性。

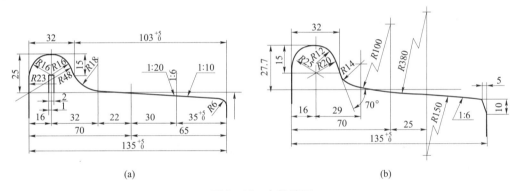

图 4－14　车轮踏面
（a）锥形踏面；（b）磨耗型踏面

（3）能顺利通过道岔　线路上的道岔对车辆运行的平稳性和安全性影响极大，因此踏面的几何形状也应适应通过道岔的需要。由于尖轨前端顶面低于基本轨顶面，当轮对由道岔的尖轨过渡到基本轨时，为了防止撞到基本轨，要求踏面具有一定的斜度。并且把踏面的最外侧做成 C5 的倒角，以增大踏面和轨顶的间隔，保证车轮顺利通过道岔。

（4）使踏面磨耗比较均匀　由于车轮踏面具有一定斜度，当车轮在轨道上运行时，回转圆直径也在不停地变化，致使车轮在钢轨上的按触点也不停地变换位置，结果使踏面磨耗比较均匀。

（5）防止车轮脱轨　当车轮通过曲线时，常使轮缘紧靠外侧钢轨，如图 4－15 所示。此时如果车轮受到较大的横向力，则车轮可能从轮缘外侧面爬上钢轨而脱轨。但由于轮缘面有一定的斜度，尽管车轮有少量抬起，也会在车轮载荷的作用下顺着轮缘的斜坡滑至安全位置。这种情况不但在曲线上出现，在直线区段上轮对受较大的横向水平力时也会出现。可见轮缘上斜度的大小，对车辆运行的安全有着十分重要的作用。

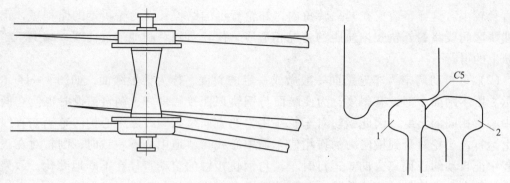

图 4-15 轮对通过曲线

1—尖轨；2—基本轨

车轮踏面有斜度，各处直径不相同，因此根据国际铁路组织规定，在离轮缘内侧70mm处测量所得的直径为名义直径，作为车轮的滚动圆直径。上海地铁车辆车轮的轮径为840mm。轮径小，可以降低车辆重心，增大车体容积，减小车辆簧下质量，缩小转向架固定轴距；但阻力增加，轮轨接触应力增大，踏面磨耗加快。

有的地铁、轻轨车辆及高速列车车辆也采用弹性车轮。这种车轮在轮心轮毂与轮箍之间装有橡胶弹性元件，使车轮在空间三维方向上具有一定的弹性。弹性车轮减小了簧下质量，减小了轮轨之间的作用力，缓和了冲击，减小了轮轨磨耗，降低了噪声，改善了车轮与车轴的运用条件，提高了列车运行平稳性。

4.3.2 滚动轴承轴箱装置

轴箱装置如图4-16所示。作用是将轮对和构架联系在一起，并把车辆的重量以及各种载荷传递给轮对，使轮对沿钢轨的滚动转化为车体沿线路的平动，保证良好的润滑性能，减少磨耗，减少阻力，防止燃轴。

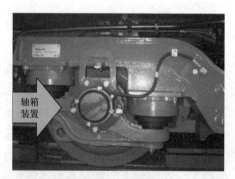

图 4-16 轴箱装置

采用滚动轴承可降低车辆的起动阻力和运行阻力，改善车辆走行部分的工作条件，减少燃轴的惯性事故，减轻维护和检修工作，降低运行成本。

地铁车辆的允许轴重较大（一般为10~25t），在运行中承受着变化的静、动载荷的作用，因此要求轴承的承载能力大、强度高、耐冲击、寿命长等。一般地铁车辆用的滚动轴承按滚动体形状可分为圆柱滚动轴承、圆锥滚动轴承和球面滚动轴承。图4-17所示为圆柱滚动轴承和圆锥滚动轴承。

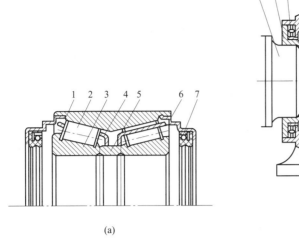
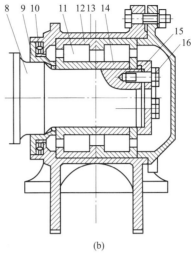

(a)　　　　　　　　　　　　　　(b)

图 4 – 17　轴箱轴承

（a）圆锥滚动形轴承；（b）圆柱滚动轴承

1、12—外圈；2—滚子；3、14—内圈；4—保持架；5—中隔圈；6—密封圈；7、10—密封；

8—车轴；9—防尘挡圈；11—滚柱；13—轴箱；15—内圈压板；16—轴箱盖

1. 圆柱滚动轴承轴箱装置

我国客车上采用的滚动轴承轴箱装置，按密封形式不同分为橡胶油封密封式轴箱装置和金属迷宫密封式轴箱装置。

（1）橡胶油封密封式轴箱装置　橡胶油封密封式轴箱装置由轴箱体、轴箱后盖、防尘挡圈，橡胶油封、轴箱前盖、压板等组成，如图 4 – 18 所示。

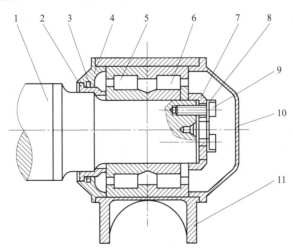

图 4 – 18　橡胶油封密封式轴箱装置

1—车轴；2—防尘挡圈；3—油封；4—后盖；5—42726T 轴承；6—152726T 轴承；

7—压板；8—放松片；9—螺栓；10—前盖；11—轴箱体

（2）金属迷宫密封式轴箱装置　金属迷宫密封式轴箱不带轴箱后盖，在轴箱体后端设有迷宫槽，迷宫槽的底部设有排水孔。在圆筒内后端设有凸台，以支承内侧轴承的外圈，其结构如图 4 – 19 所示。

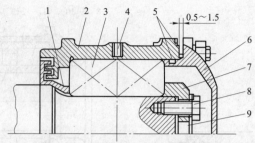

图 4 – 19   金属迷宫密封式轴箱装置

1—防尘挡圈；2—轴箱体；3—圆柱滚子轴承；4—轴温报警器安装孔；5—密封圈；
6—轴箱前盖；7—压板；8—压板螺栓；9—防松片

2. 无轴箱圆锥滚子轴承装置

无轴箱圆锥滚子轴承装置是由外圈、内圈、滚子、保持架、中隔圈、密封座、密封罩、油封、前盖、后挡、螺栓、防松片和承载鞍等组成，如图 4 – 20 所示。

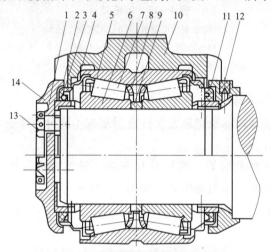

图 4 – 20   无轴箱圆锥滚子轴承装置

1—防松片；2—密封座；3—油封；4—密封罩；5—外圈；6—内圈；7—滚子；8—保持架；
9—中隔圈；10—承载鞍；11—后挡；12—通气螺栓；13—螺栓；14—前盖

（1）外圈   轴承的外圈是一个内筒面带有两个圆锥滚道的套筒，两端设有牙口和油沟，用以嵌入密封罩凸台，保持密封罩不至于发生脱落并防止润滑油外泄。内圈外圆面有圆锥滚道和大、小两个挡边，内圆面与车轴轴颈为过盈配合，以冷压方式装配，为防止拉伤轴颈，两端都设有倒角。每套轴承有两个内圈，两小端相对安装。内外圈均采用渗碳轴承钢，经过渗碳淬火热处理，获得表层硬度高、心部韧性好的良好组织结构，不仅提高了轴承内外圈表面的耐磨性，而且保持了较高的韧性，从而提高其抗压强度和冲击韧性。为了防止内外圈锈蚀和提高润滑效果，其表面全部进行了磷化处理。

（2）滚子   滚子为 GCr15 轴承钢制造的圆锥体结构，经过完全淬火热处理，硬度为 60 ~ 64HRC。为使滚子与滚道的接触应力分布均匀，避免滚子端部产生应力集中，滚子两端均带有弧坡。

（3）保持架   保持架由 10 号低碳钢冲压而成，它将滚子和内圈组合在一起，其表面也进行了磷化处理。

（4）中隔圈　中隔圈由 45 号钢制造，其表面经磷化处理，放置在两内圈之间，除起隔离作用以外，还可通过选择不同宽度的中隔圈来调整轴承的轴向游隙。

（5）密封装置　圆锥轴承的密封装置由密封罩、油封、密封座组成，轴承前后端各装一套。其作用是防止油脂外泄及外部沙尘及雨雪的侵入。密封罩由 2.2mm 钢板压制成形后经磷化处理，它的大端外径以过盈压入外圈牙口，另一端压装有油封。密封罩大端外径设有凸台，当压入外圈牙口后，凸台卡在牙口油沟内，以防止密封罩在使用过程中脱出。橡胶油封是由橡胶密封圈、钢骨架、自紧弹簧组成。橡胶密封圈由耐油丁腈橡胶硫化在钢骨架上，压入密封罩内。骨架是用 1.5mm 厚的钢板冲压而成，用来保持橡胶密封圈的几何形状，且在压装和退卸时不易变形。油封的两个唇口与密封座外圆面过盈配合，主唇口的作用主要是密封，防止润滑剂外泄；副唇口的作用主要是防止外部异物侵入。自紧弹簧由直径 0.5mm 的钢绕制成环形再对接成圆形，套在橡胶密封圈弹簧槽内，使油封主唇口与密封保持合适的过盈量，保证唇口有稳定的密封性。

密封座由 GCr15 钢制成，形成两个圆孔结构，小孔与轴颈过盈配合，大圆孔内圆面与轴颈表面的缝隙形成进油（前密封座）和排气通路。其圆柱壁上有 4 个油孔，以供加油时油脂进、出和排气之用。密封座与轴承内圈接触一端的外径面加工成一段锥形，以避免组装时，在插入油封的过程中，使油封副唇口翻边或损伤唇口。密封座外圆面粗糙度较低，以减少与油封的阻力和磨损。

（6）后挡　其凸起缘遮住密封罩后端，起保护作用。其密封座槽为内侧密封座支承。后挡的防尘板座槽过盈配合于防尘板座上。

（7）前盖　是用 30 号或 Q235 钢经模锻加工而成，表面经磷化处理。它通过 3 个螺栓安装在轴端部，随轴一同旋转。前盖紧压着前密封座，使轴承在运用中不至于因轴向力的作用而分离，保持轴承有正常的轴向游隙进行工作。

（8）防松片　防松片由厚 1.5m 的单钢板压制而成。如图 4-21 所示，防松片安装在前盖与螺栓之间，螺栓拧紧之后，将止耳翘起，挡住螺栓头部，防止其转动。每个防松片只可以使用一次，以免止耳裂损失去止转作用。

（9）承载鞍　承载鞍由铸钢制成。如图 4-22 所示，它是无轴箱轴承与转向架侧架的连接部件，在承载鞍顶部制有 R2 000mm 的圆弧面，以使车体传来的载荷集中在圆弧面中部，然后平均分布到轴承及轴颈上。

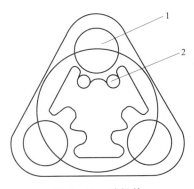

图 4-21　防松片

1—螺栓孔；2—止耳

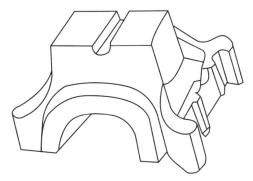

图 4-22　承载鞍

4.3.3 轮对的检修与组装

轮对由一根车轴和两个车轮组成。架修、大修时均须对轮对进行全面细致的检查。

1. 车轮的故障与检修

1）车轮的损伤

车轮的损伤主要有踏面磨耗、踏面擦伤及剥离、轮缘磨耗、车轮裂纹等，这些损伤都直接威胁行车的安全。因此，日常检查及定期检修必须认真、及时。

（1）车轮踏面圆周磨耗　车轮踏面圆周磨耗是指车轮踏面在运用过程中车轮直径减小，并改变踏面标准轮廓。

踏面磨耗是一种不可避免的自然损耗。踏面磨耗的速度随车轮对材质、运用及线路情况而不同。在一般情况下，新镟修车轮使用的开始阶段走行 5 000km 左右，会形成 0.5 ~ 1mm 的磨耗，以后每走行 5 000km 磨耗 0.1mm 左右。

车轮在钢轨上运动的主要形式是滚动，但在通过曲线等情况下，轮轨间存在着相对滑动。因此，轮轨间发生的是滚滑混合的复杂摩擦。在制动时，闸瓦与踏面也会发生滑动摩擦，引起磨耗。

踏面磨耗有以下危害：

① 破坏了踏面的标准外形（如图 4 - 14（b）所示为踏面原形），使踏面与钢轨经常接触部分的磨耗变大，使轮对蛇形运动的波长减小，频率增高，影响车辆运行的平稳性。

② 踏面磨耗造成轮缘下垂。轮缘下垂严重时，会压坏钢轨连接螺栓，引起脱轨。

③ 踏面磨耗严重时，也使踏面外侧下垂，当通过道岔时，踏面外侧会陷入基本轨与尖轨之间，把基本轨推开，造成脱轨，如图 4 - 23 所示。

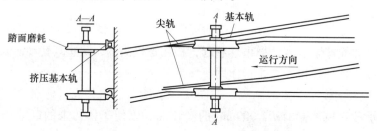

图 4 - 23　踏面磨耗严重时轮对过道岔挤压基本轨示意图

④ 增大运行阻力。

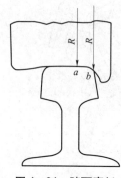

图 4 - 24　踏面磨耗

⑤ 车轮踏面磨耗后，车轮与钢轨的接触面积增大，车轮踏面与钢轨接触的各点与车轴中心的距离是不相同的。如图 4 - 24 中 a、b 两点，车轮滚动一圈，a 点和 b 点的滚动距离不相同，而钢轨各处纵向长度是相同的，这样车轮与钢轨必然会发生局部滑动摩擦，使踏面磨耗加剧。踏面与钢轨接触各点与车轴中心距离偏差越大，运行摩擦也越大。

（2）踏面擦伤、剥离和局部凹下

① 踏面擦伤。车辆在运行中制动力过大，抱闸过紧，车轮在钢轨上滑行把圆锥形踏面磨耗成一块或数块平面的现象，称为踏面擦伤。造成踏面擦伤的原因有车轮材质过软、制动力过大、制动缓解不良、

同一轮对两车轮直径相差过大等。踏面擦伤引起车辆运行时振动过大，会使车辆零件加速损坏、轴箱发热，还会损坏钢轨。踏面擦伤深度越大，引起的振动越大，而且当擦伤处与钢轨接触时，车轮转动的阻力增大，更易引起车轮在钢轨上滑行，扩大擦伤。

② 踏面剥离。车轮踏面表面金属成片状剥落而形成小凹坑或片状翘起的现象，称为踏面剥离。踏面剥离的原因有两种：一种是车轮材质不良，在车轮与钢轨多次挤压作用下发生疲劳破坏；另一种是车轮在钢轨上滑行时，摩擦热使踏面局部金属组织发生变化而发生金属脱落。踏面剥离会使车辆在运行中产生过大的振动。剥离深度一般较大，而凹下处与钢轨不会接触，为了限制踏面剥离对车辆振动的影响，对踏面剥离的长度规定了限度。测量车轮踏面剥离长度时，沿车轮圆周方向测量其最长处的尺寸。

③ 踏面局部凹下。踏面局部凹下是因为车轮局部材质过软，在运行中与钢轨挤压造成的。

（3）轮辋过薄　当车轮踏面磨耗超过限度或因其他故障要镟修车轮，车轮轮辋厚度随之变薄。轮辋过薄时，其强度减弱，容易发生裂纹，车轮直径也变小，影响转向架各部分配合关系。轮辋过薄超过限度时，应更换车轮。

（4）轮缘磨耗　轮缘磨耗后，轮缘外形轮廓发生变化，可能会影响行车安全。

① 轮缘过薄。如果轮缘过薄，则车轮过道岔时，轮缘顶部会压伤尖轨或爬上尖轨而造成脱轨。另外，轮缘过薄会使轮轨间横向游隙增加，在通过曲线时，减小了车轮在内轨上的搭载量，容易脱轨；在通过曲线时，增加了车辆的横动量，使运行平稳性变差。轮缘过薄，还降低了轮缘的强度，容易造成轮缘裂纹。如图4-25所示，轮缘外侧面被磨耗成与水平面成垂直的状态，称为垂直磨耗。轮缘垂直磨耗的危害是车轮通过道岔时，轮缘外侧磨耗面容易与基本轨密贴，轮缘顶部更易压伤或爬上尖轨，造成脱轨。

（5）车轮裂纹　车轮裂纹多发生在使用时间过久、轮辋较薄的车轮上。裂纹的部位多在辐板与轮辋交界处、轮辋外侧、踏面及轮缘根部。车轮出现裂纹必须更换车轮。

（6）轮毂松弛　车轮轮毂孔和车轴轮座组装前，如果机械加工精度不够及粗糙度不符合要求、组装压力不符合标准等，则在使用中，由于车轮与车轴的相互作用力，车轮和车轴会发生松弛。

2）车轮的检修

（1）车轮踏面磨耗的检修　车轮标准直径为840mm，轮径限度为770mm。轮径差必须满足：同一轴≤1mm，同一转向架≤3mm，同一辆车≤6mm。如图4-26所示，利用轮径尺进行检测，达到限度必须更换车轮。利用轮辋侧面的沟槽也可判断车轮是否达到磨耗极限。

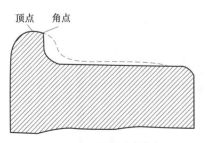

图4-25　轮缘垂直磨耗

图4-26　用轮径尺测量车轮直径

（2）踏面擦伤的检修（图4-27）　踏面擦伤达到以下限度时，需要镟修加工或更换轮对，可以利用钢皮尺沿踏面圆周方向测量。

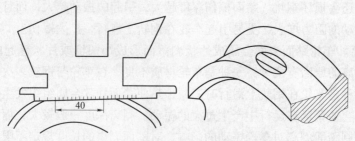

图 4 - 27　车轮踏面擦伤（尺寸单位：mm）

① 一处以上大于 75mm。

② 两处以上为 50～75mm。

③ 四处以上为 25～50mm。

（3）踏面剥离的检修（图 4 - 28）　检查车轮踏面剥离，若达到以下限度，必须镟修或更换轮对，可以利用钢皮尺沿踏面圆周方向测量。

① 剥离长度：1 处≤30mm；2 处（每处）≤20mm。

② 剥离深度：≤1mm。

③ 踏面磨耗深度（包括沟槽）：≤4mm。

（4）踏面刻痕和凹槽的检修（图 4 - 29）

图 4 - 28　车轮踏面剥离图

图 4 - 29　刻痕与凹槽

① 检查轮缘踏面圆周边缘的尖锐卷边和凹槽，如果深度超过 2mm，车轮必须镟修或更换轮对。仔细检查制动闸瓦的状况，检查闸瓦与踏面之间的金属包含物或踏面金属残骸。

② 检查踏面圆周的凹槽或波动（外形像波状凹进），如果深度超过 5mm，则必须镟修或更换轮对。仔细检查闸瓦状况。

（5）踏面金属鼓起的检修　检查踏面金属鼓起，如图 4 - 30 所示。如果金属鼓起厚度超过 1mm 或长度超过 60mm，则须对车轮进行镟修处理或更换轮对。

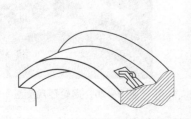

图 4 - 30　车轮踏面金属鼓起

（6）轮缘缺损的检查

① 轮缘的刃口（图4-31从A010到Aq0区域）。如果发现金属凹口和撕开：

a. 如果深度小于1mm，则车轮可继续使用。

b. 如果深度大于1mm，则须对车轮进行镟修处理或更换轮对。

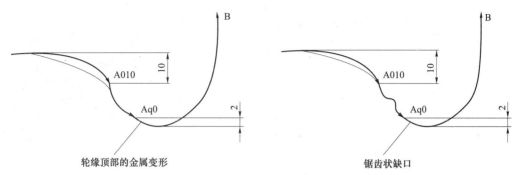

图4-31 车轮轮缘破损（尺寸单位：mm）

② 轮缘的非刃面（图4-31从Aq0到B区域）。如果发现金属凹口和撕开：

a. 如果深度小于2.5mm，则把尖锐部分展平到其周围，车轮可继续使用。

b. 如果深度大于2.5mm，则须对车轮进行镟修处理或更换轮对。

（7）车轮几何型面检查（图4-32） 对车轮几何型面检查时，应采用专用的检查工具进行测量。

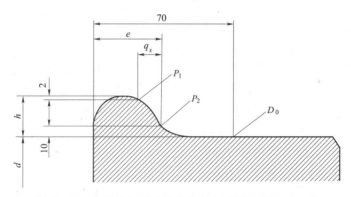

图4-32 车轮几何尺寸检查参考点（尺寸单位：mm）

① 车轮直径 d 的检查：在距离车轮内侧面70mm处，利用轮径尺测量。

② q_x 值：利用轮缘尺测量。

轮缘根部的最小厚度为26mm，轮缘角为70°。轮缘角度测量很困难，因此制造商提供了一个以轮缘角和轮缘根部的宽度等因素为依据而制造的专供测量轮缘形状的专用量具，并且该尺的特定的 q_x 值应在6.5~13.5mm范围内，否则应更换或镟修轮对。

③ 轮缘高度 h 的检查：当踏面磨耗或因踏面损伤进行镟修后轮缘高度会增大，严重时甚至会引起脱轨事故。因此，检查时须使用轮缘尺检查轮缘高度。轮缘最大高度为34mm。

④ 轮缘厚度 e 的检查：使用轮缘尺检查轮缘厚度。轮缘最小厚度为26mm。

⑤ 轮缘尺寸的精确测量检查（图4-33和图4-34）：使用轮缘尺可在车轮的合适位置精确测量轮缘 q_x 值、高度和厚度。

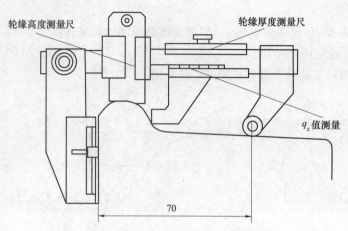

轮缘高度测量尺   轮缘厚度测量尺

q_x值测量

70

图4-33 车轮轮缘q_x值、高度、厚度的测量

图4-34 轮缘尺在车轮上的
测量位置

⑥ 车轮内侧距离检查（图4-35）。

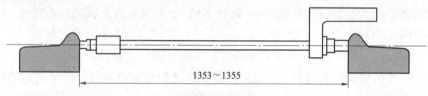

1353~1355

图4-35 车轮内侧距检查（尺寸单位：mm）

a. 检查车轮与轮座的结合部是否有松动，如有松动，则应进行分解，并重新选配、压装。

b. 检查车轮轮辋的过热现象，如果车轮有过热或制动后出现异常过热现象时，就必须测量车轮内侧距。在轮对空载条件下，测量值为1 353~1 355mm（注意不同车型，轮对内侧距有所差别），要与轮对内侧距初始值比较。在空载条件下，车轮位移量不得超过0.5mm。在车轮退卸操作时，建议检查轮对内侧距。

（8）轮毂部分的检修

① 检查轮毂上有无放射状裂纹存在。放射状裂纹会削弱车轮在车轴上的夹紧力，造成腐蚀、车轮扭曲。如果对裂纹的存在有怀疑，可进行电磁探伤检查。

② 检查注油孔内堵塞，应密封完好。如果丢失堵塞，应清洁注油孔，安装新的堵塞并密封。

2. 车轴的故障与检修

1）车轴的损伤

车轴损伤包括车轴裂纹、车轴磨伤、车轴弯曲等。这些故障能引起车辆脱轨、颠覆或燃油事故，因此必须认真检查处理，才能保证行车安全。

（1）车轴裂纹 车轴裂纹分为横裂纹和纵裂纹。裂纹与车轴中心线夹角大于45°时称为横裂纹，小于45°时称为纵裂纹。车轴横裂纹使车轴的有效截面积减少，容易扩展引起断轴事故，危害极大。车轴各部都可能产生横裂纹。以拖车转向架车轴为例，就出现横裂纹的概率来说，图4-36所示的部位比较容易出现。

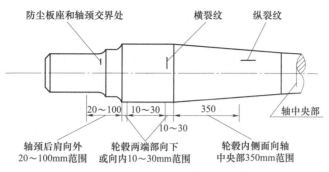

图 4-36 车轴常发生横裂纹的部位（尺寸单位：mm）

车轴断裂的原因主要是疲劳断裂。车轴使用年久都可能产生疲劳裂纹。一般车轴发生疲劳裂纹的时间是在使用后十几年。而有些车轴过早产生疲劳裂纹，其原因常是车轴材质不好，或者制造和使用中在车轴表面造成伤痕。一般车轴从裂纹至折断要经过一个较长的时间，如果及时检查处理是可以防止车轴折断的。车轴裂纹发展的过程中，金属组织结构先发生变化，然后发展成裂纹，所以，裂纹末段的金属虽未产生裂纹，但已经受到影响。

车轴有裂纹时，应将裂纹镟去，再镟去一定深度的影响层，如果剩余直径符合限度即可继续使用。

以车轴断口形状为例，可分为四个区域：第一疲劳区是裂纹开始的部分，断口光滑如镜呈浓褐色（原因是裂纹在交变荷载下两侧不断研磨加空气氧化）；第二、第三疲劳区是裂纹发展区域，颜色呈淡褐色至灰色；最后折损区是车轴截面积减小的区域，此时车轴突然折断，断口为灰白色。

（2）车轴磨伤

① 轴颈，防尘板座上的纵向划痕、横向划痕、凹痕、擦伤、锈蚀、磨伤等。

② 轴身的磨伤、磕碰伤。由于转向架上零部件安装不当与车轴接触造成磨伤与磕碰伤。磨伤及磕碰伤处容易引起应力集中，造成车轴裂纹。

（3）车轴弯曲　车轴受到剧烈冲击会引起车轴弯曲。车轴弯曲时，车辆运行振动增大，会造成轴箱发热、轮缘偏磨，甚至引起脱轨事故。

2）车轴的检修

（1）车轴外观检查（图4-37）　目测车轴轮座表面，不得有任何影响车轮安装或通过手工操作留下的损伤，如金属磕碰、裂缝、冲击痕迹或脏物等。

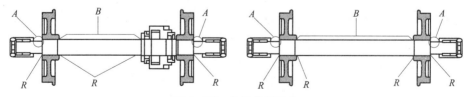

图 4-37　车轴外观检查

① 检查车轴可见区域 *A*、*B* 处的腐蚀、凹痕和刻痕。

② 检查车轴的各过渡圆弧 *R* 处。

（2）车轴故障检查维修

① 车轴轴身上小于1mm深度的凹痕可以用粗砂纸（120目或更高）打磨去除，注意要

按纵向方向（沿着车轴中心线）打磨。打磨后用磁粉对相关区域进行探伤检测，不允许有裂纹产生。

② 如果发现车轴轴身上的磕碰印痕超过1mm深，则应更换轮对。

③ 在过渡圆弧处不允许出现磕碰或裂纹。如果在这个区域发现磕碰或裂纹，则应更换轮对。

④ 车轴内部的缺陷（如内部的裂纹、气孔、夹渣等），须用超声波探伤仪进行探伤检查，如有缺陷则须更换轮对。

⑤ 车轴轮座若有拉毛或损伤，应进行打磨。

⑥ 对于其他轴身，如有必要则进行表面修复。

⑦ 对车轴进行补漆、防锈处理，并标识。

⑧ 记录有关数据信息。

3. 轮对组装

1）车轴检查

① 目测车轴轮座表面，不得有任何影响车轮安装或通过手工操作留下的损伤，如金属磕碰、裂缝、冲击痕迹或脏物等。

② 检查轮座表面粗糙度，应符合要求。

③ 表面肤浅的缺损可以用磨石消除。

④ 当车轴表面有更大的破损发生时，为确保车轴仍可使用，可以通过轮座进行机加工来去除表面任何损坏。机加工后，轮座就可以达到以上规定的尺寸要求（车轴轮座表面有5mm的机加工余量，因此轮座名义直径为198mm）。

轮座最小直径为193mm。如果在误差范围内还不能获得正确的车轴表面条件，车轴只能报废。

⑤ 在精密的车床上转动车轴，检查车轴轴颈及车轴中心圆周跳动。如果圆周跳动大于0.5mm，车轴就应报废。

2）车轮组装

① 轮座直径提供了一个0.298～0.345mm的过盈量。

② 检查两个车轮的直径，同一车轴上的车轮轮径之差不得超过0.5mm。

③ 清理毛刺，如有必要，用压力空气吹除任何颗粒杂质。

④ 清洁和检查车轴轮座和车轮轮孔状况。测量和记录车轮轮孔直径 A，测量和记录车轴轮座直径计算轮轴过盈量（$D-d$），过盈量必须为0.298～0.345mm。

⑤ 确保轮孔和轮座清洁，在轮轴配合面涂抹一薄层动物油脂。

⑥ 用聚酯衬套或相似手段保护轴颈。

⑦ 把车轮推入压装设备的车轮保护装置上，车轮残余静不平衡标记的方向应一致。

⑧ 在轮对压装机上安装支承套筒。

⑨ 根据车轮压装程序把车轮压装在车轴上。

⑩ 检查车轮压装过程，压力荷载应平稳上升，其压力应保持在600～1 110kN。注意：在压装结束后，最小压力应为600kN，最大压力不超过1 110kN。

4.4 弹簧减振装置及检修

车辆在轨道上运行时，由于线路不平顺、轨隙、道岔，轨面的缺陷和磨耗，车轮踏面的斜度、擦伤和轮轴的偏心等原因，必将伴随产生复杂的振动和冲击。为了提高车辆运行的平稳性，保证乘客的舒适，必须设有弹簧减振装置。

4.4.1 弹簧的结构及特性

车辆上采用的弹簧减振装置按其作用的不同，大体可分为三类：第一类为主要起缓和冲击的弹簧装置，如空气簧和钢制弹簧；第二类为主要起衰减振动（消耗振动能量）的减振装置，如垂向、横向减振器；第三类为主要起弹性约束作用的定位装置，如轴箱定位装置，心盘与构架的纵、横向缓冲止挡等，如图 4 - 38 所示。

图 4 - 38　弹簧的分类

1. 弹簧特性及串、并联

弹簧的主要特性参数有挠度、刚度和柔度。挠度是指弹簧在外力作用下产生的弹性变形的大小或弹性位移量，而弹簧产生的单位挠度所需的力的大小，则称为该弹簧的刚度。单位载荷作用下产生的挠度称为该弹簧的柔度。

弹簧的特性可用弹簧的挠力图表示。如图 4 - 39 所示，纵坐标表示弹簧承受的载荷 P，横坐标表示其挠度 f。图 4 - 39（a）表示力与挠度呈线性关系，即弹簧刚度为常量。一般常见的螺旋圆弹簧就属此例。图 4 - 39（b）表示力与挠度呈曲线关系，即刚度随载荷的变化而变化，为非线性。图 4 - 39（b）中曲线 1 的刚度随载荷增加而逐渐增大，如车辆上采用的一些橡胶弹

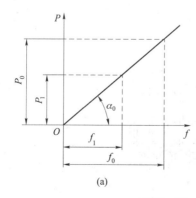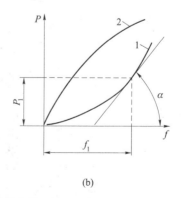

(a)　　　　　　　　　　　　　　(b)

图 4 - 39　弹簧的挠力图

（a）线性关系；（b）曲线关系

簧、横向缓冲器就具有这种特性。显而易见，在车辆悬挂系统中，为了减小振动，控制振动位移在一定范围内，不能使用曲线 2 的特性，即随载荷增加刚度逐渐变小的弹簧。

为了改善弹簧的特性，适应安装位置及空间大小的需要，在轨道车辆上时常采用组合弹簧，这些弹簧有串联、并联和串并联三种组合，如图 4-40 所示。

组合弹簧的总刚度、挠度（或称当量刚度、挠度）的特点：并联布置的弹簧系统的当量刚度等于各个弹簧刚度的代数和。串联布置的弹簧系统的当量挠度等于各个弹簧挠度的代数和。

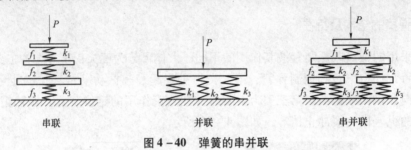

图 4-40 弹簧的串并联

2. 弹簧的分类

1）扭杆弹簧和环弹簧

（1）扭杆弹簧 扭杆弹簧不同于螺旋弹簧，它只承受扭转变形。在载荷相同的情况下，扭杆弹簧比螺旋弹簧质量轻。扭杆弹簧为一根直杆，它的两端支承在轴承支座上，端部固定两个曲柄，支座固定的构架上，如图 4-41（a）所示。当两个曲柄转动相反时，扭杆则产生抵抗扭矩。

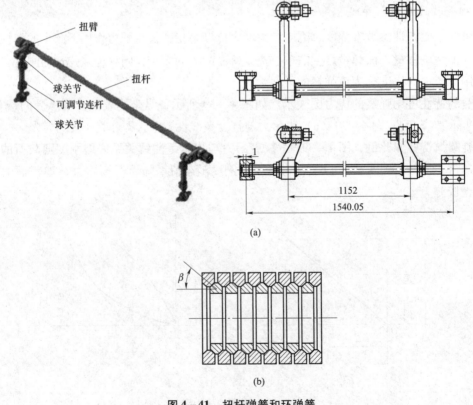

图 4-41 扭杆弹簧和环弹簧

（a）扭杆弹簧；（b）环弹簧

（2）环弹簧　环弹簧由多组内、外环簧组成，彼此以锥面相互接触，当受到轴向载荷后，内环受压缩小，外环受拉伸长，从而使内环与外环的锥面产生轴向变形，同时内外摩擦面做功吸收能量。环簧常用于缓冲器中，如图4-41（b）所示。

2）橡胶弹性元件

橡胶元件的力学性能不同于一般的金属元件，其弹性模量比金属小得多，可以获得较大的弹性变形，容易实现预想的非线性特性。对于橡胶元件，可以自由确定其形状，可以根据设计要求达到在各个方向上不同刚度的要求。橡胶具有较高的内阻，对衰减高频振动和隔音有良好效果。橡胶相对密度小，自重轻。由于这些特性，橡胶元件在轨道车辆上获得越来越广泛的应用，常常用于转向架弹簧装置和轴箱定位装置，弹簧支承面上采用橡胶缓冲垫、衬套、止挡等。

橡胶元件的性能（弹性、强度）受温度影响较大，一般随温度升高，刚度和强度有明显的降低。橡胶具有时效蠕变的特性，即当载荷加到一定值后，虽不再增载，但变形仍在继续，而当卸去载荷后，也不能立即完全恢复原状。一般硫化橡胶要在120天后，蠕变才趋向稳定。因此，橡胶的动刚度比静刚度大。

另外，橡胶具有体积基本不变、使用时间较长后容易老化等特性。

3）空气弹簧

（1）空气弹簧特点　相对于钢弹簧，空气弹簧在改善车辆的动力性能和运行品质上具有显著的优点，所以在近代的地铁、轻轨以及高速列车上获得广泛的应用。轨道车辆悬挂装置采用空气弹簧的主要优点：

① 空气弹簧的刚度可选择较低的值，从而降低车辆的自振频率。

② 空气弹簧具有非线性特性，可根据车辆动力学性能的需要设计成具有比较理想的弹性特性曲线。在平衡位置振动幅度较小时（正常运行时的振幅），刚度较低；若位移过大，则刚度显著增加，以限制车体的振幅。

③ 空气弹簧的刚度随载荷而改变，从而保持空、重车不同载荷时车体的自振频率几乎相等。使空、重车不同状态的运行平稳性几乎相同。

④ 空气弹簧用高度调整阀控制时，可使车体在不同静载荷下，保持车辆地板面距轨平面的高度不变。这一性能应用在地铁和轻轨上则可保持车辆地板面与站台面的高差始终不变。

⑤ 同一空气弹簧可以同时承受三维方向的载荷。这可简化转向架结构，减轻自重。

⑥ 若在空气弹簧本体与附加空气室之间设有适宜的节流孔，则可代替垂向油压减振器。

⑦ 空气弹簧具有良好的吸收高频振动和隔声性能。

空气弹簧的不足之处是它的附件较多、成本高，较钢弹簧来说维护与检修工作量大。

（2）空气弹簧的分类及组成　空气弹簧大体上可分为囊式和膜式两类。

① 囊式空气弹簧。囊式空气弹簧可分为单曲、双曲和多曲等形式。双曲囊式空气弹簧使用寿命长，制造工艺比较简单，但刚度大，振动频率高，所以铁道车辆上已不采用。

② 膜式空气弹簧。目前应用较多的是膜式空气弹簧，它有两种结构形式，即约束膜式空气弹簧［图4-42（a）］和自由膜式空气弹簧［图4-42（b）］。

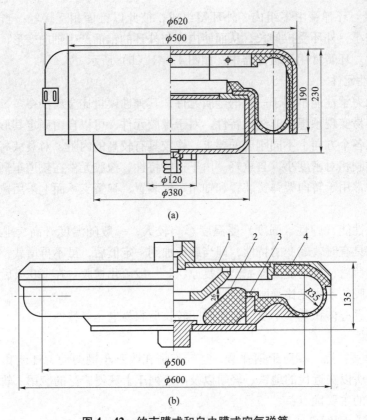

图 4 – 42　约束膜式和自由膜式空气弹簧

（a）约束膜式空气弹簧；（b）自由膜式空气弹簧

1—上盖板；2—应急层叠弹簧；3—下盖板；4—橡胶囊

　　约束膜式空气弹簧的结构由内筒、外筒和将两者连接在一起的橡胶囊组成。这种形式的空气弹簧刚度小、振动频率低，其弹性特性曲线容易通过约束群的形状来控制，但橡胶囊工作状况复杂，耐久性差。

　　自由膜式空气弹簧由于没有约束橡胶囊变形的内、外筒，可以减轻橡胶囊的磨耗，提高使用寿命。它本身的安装高度比较低，可以明显降低车辆地板面距轨面的高度。质量轻，并且其弹性特性可以通过改变上盖板边缘的包角加以适当调整，使弹簧具有良好的负载特性。所以，在无摇动台装置的空气弹簧转向架上应用较多。

　　（3）空气弹簧橡胶囊

　　空气弹簧橡胶囊由内橡胶层、外橡胶层、帘线层和成型钢丝圈组成，如图 4 – 43 所示。

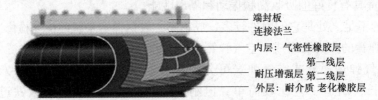

图 4 – 43　空气弹簧橡胶囊结构

　　内橡胶层主要是用以密封，需采用气密性和耐油性较好的橡胶材质。外橡胶层除了密封外，还起保护作用。因此，外层橡胶应采用能抗太阳辐射和臭氧侵蚀并耐老化的橡胶材质，还应满足环境温度的要求，一般为氯丁橡胶。

帘线的层数为偶数，一般为两层或四层，层层帘线相交叉，并与空气囊的经线方向成一角度布置。由于空气弹簧上的载荷主要由帘线承受，而帘线的材质对空气弹簧的耐压性和耐久性起着决定性的作用，故多采用高强度的人造丝、维尼龙或卡普隆作为帘线。

4.4.2　空气弹簧装置的系统组成

空气弹簧装置的整个系统如图 4 - 44 所示，主要是由空气弹簧本体、附加空气室、高度调整阀、差压阀及滤尘止回阀等组成。空气弹簧所需要的压力空气，由列车制动主风管 1 经 T 形支管 2、截断塞门 3、滤尘止回阀 4 进入空气弹簧储风缸 5，再经纵贯车底的空气弹簧主管向两端转向架上的空气弹簧供气。转向架上的空气弹簧管路与其主管用连接软管 6 接通，压力空气再经高度调整阀 7 进入附加空气室 10 和空气弹簧本体 8。

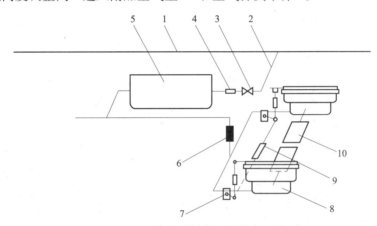

图 4 - 44　空气弹簧装置的整个系统

1—列车制动主风管；2—T 形支管；3—截断塞门；4—滤尘止回阀；5—储风缸；6—连接软管；
7—高度调整阀；8—空气弹簧本体；9—差压阀；10—附加空气室

1. 高度调整阀

高度调整阀的主要作用及要求：维持车体在不同静载荷下都与轨面保持一定的高度；在直线上运行时，车辆在正常的振动情况下不发生充、排气作用；在车辆通过曲线时，由于车体的倾斜，使得转向架两侧的高度调整阀分别产生充、排气的不同作用，从而减少车辆的倾斜。

高度控制阀是空气弹簧悬挂系统中一个重要的组成部件。可以每个转向架与车体连接处安装一个高度控制阀，位于转向架中间（如广铁一号线），也可以安装两个高度控制阀，分别在构架两侧（如广铁二号线）。

高度调整阀通过驱动杆来带动阀内的转盘及其偏心小销，拨动高度调整阀的心阀。心阀的上下运动即可控制各相关阀口的开启，连通主风管与空气弹簧的气路或连通空气弹簧与大气的气路，控制空气弹簧充气或排气。驱动杆的运动是根据车辆载荷变化，在车体高度变化时驱动的。高度调整阀的具体工作原理如图 4 - 45 所示。

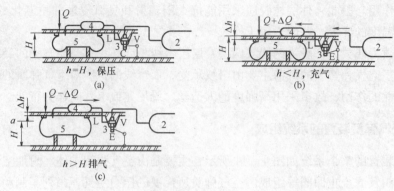

图 4 – 45　高度调整阀调整车体高度工作原理

（a）保压；（b）充气；（c）排气

正常载荷下，车体与转向架的距离等于 H；高度阀关闭各通路 L、V、E，气囊保压，维持车体高度不变；当载重加大到一定程度，车体与转向架距离小于 H，高度控制阀导通主风管道空气弹簧气囊通路，V→L，气囊充气，直至车体升高到标准位置；当载重减少到一定程度时，车体与转向架距离大于 H，高度控制阀导通空气弹簧气囊与大气通路，L→E，气囊排气，直至车体降低到标准位置。一般要求车辆载荷变化时地板面高度调整的时间不超过车站停车时间，地板面高度变化范围为 ±10mm。高度调整阀只能用来补偿乘客重量的变化，而不能用于补偿车轮和转向架零件的磨损。

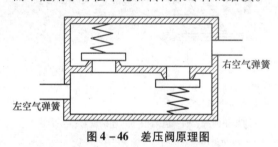

图 4 – 46　差压阀原理图

2. 差压阀

差压阀是保证一个转向架两侧空气弹簧的压力之差，不能超过为保证行车安全规定的某一定值的装置，如图 4 – 46 所示。当左右空气弹簧出现超过规定的压力差时，使压力高的一端空气流向较低的一端，以防止车体异常倾斜。当转向架一侧空气囊破裂时，另一侧空气囊的空气也能泄出，保证车辆仍能在低速下继续安全运行。

3. 排放阀

排放阀系统作为一个空气弹簧配套安全装置，与高度控制阀连接在一起。其功能是在高度控制阀排放能力超限时加速气囊排放。比如，当车辆突然充气而高度调节阀出现故障时，可以尽快重新建立车体的正常高度。排放阀也会防止车辆因充气而出现过度升高，因此避免了在气囊上的过度牵引。

4.4.3　减振元件

1. 减振元件的作用及分类

车辆上采用的减振器与弹簧一起构成弹簧减振装置。弹簧主要起缓冲作用，缓和来自轨道的冲击和振动的激扰力。而减振器的作用是减少振动，它的作用力总是与运动的方向相反，起着阻止振动、消耗能量的作用。通常减振器是将机械能转化为热能，减振阻力的方式和数值不同，将直接影响到减振性能。轨道车辆采用的减振器按阻力特性可分为常阻力减振器和变阻力减振器两种；按安装位置可分为轴箱减振器和中央减振器；按减振方向可分为垂向减振器、横向减振器和纵向减振器；按结构特点又可分为摩擦减振器和液压（又称油压）减振器。有轨交通的车辆一般都使用油压减振器。

油压减振器主要利用液体的黏滞阻力所做的负功来吸收振动能量。它的优点在于其阻力是振动速度的函数，最显著的特点是振幅的衰减与幅值大小有关，振幅大时衰减量也大，反之亦然。这种"自动调节"减振的性能，正符合地铁车辆的要求。

2. 油压减振器的结构及工作原理

一般油压减振器主要由活塞、进油阀、缸端密封、上下联结环、油缸、储油筒及防尘罩等部分组成，减振器内部还充有专用油液，如图 4 - 47 所示。

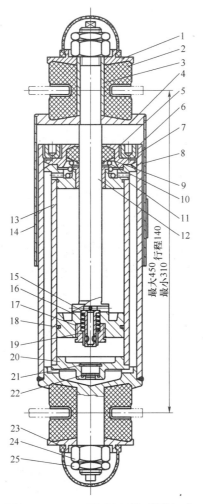

图 4 - 47　SFK₁ 型油压减振器的组成

1—压板；2—橡胶垫；3—套；4—防尘罩；5、8—密封圈；6—螺盖；7—密封盖；9—密封托垫；10—密封弹簧；11—缸端盖；12—活塞杆；13—缸体；14—储油筒；15—芯阀；16—芯阀弹簧；17—阀座；18—胀圈；19—阀套；20—进油阀体；21—锁环；22—阀瓣；23—防锈帽；24、25—螺母

油压减振器的工作原理如图 4 - 48 所示，活塞把油缸分成上下两部分，当车体振动时，活塞杆随车体运动，与油缸之间产生上下方向的相对位移。当活塞杆向上运动时（即减振

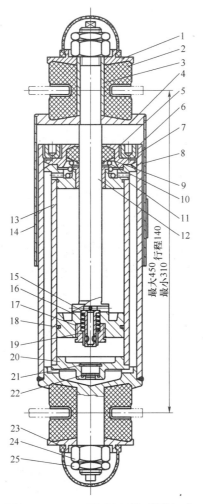

器为拉伸状态)，油缸上部油液的压力增大，这样，上下两部分油液的压差迫使上部分油液经过活塞的节流孔流入缸下部。油液通过节流孔也会产生阻力，该阻力的大小与油液的流速，节流孔的数量、形状和孔径的大小有关。当活塞杆向下运动时（即减振器为压缩状态），受到活塞压力的下部油液通过活塞的节流也流入油缸上部，也产生阻力。因此，在车辆振动时，油压减振器起到了减振作用。

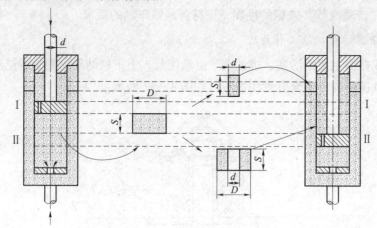

图4-48　油压减振器的工作原理

3. 垂向油压减振器

在客车转向架中采用的是 SFK$_1$ 型油压减振器，图4-47所示为 SFK$_1$ 型油压减振器的组成。SFK$_1$ 型油压减振器的结构主要由下列部分组成：活塞部分、进油阀部分、缸端密封部分和上下连接部分。此外还有防尘罩、油缸和储油缸。减振器内部装有油液。

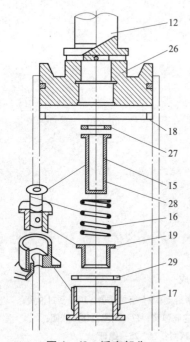

图4-49　活塞部分

26—活塞；27，29—调整垫；28—节流孔；
图注1~25同图4-47

（1）活塞部分　活塞部分是产生阻力的主要部分。如图4-49所示，活塞部分由活塞26、芯阀15、芯阀弹簧16、阀套19、调整垫27和29、阀座17等组成。在芯阀侧面下部开有两个直径为2mm和两个直径为5mm的节流孔。组装后，节流孔的一部分露出阀套，露出部分的节流孔称为初始节流孔，减振器的阻力主要取决于初始节流孔的大小。为了调整阻力的大小，在芯阀、阀套和阀座的底部，设有0.2mm和0.5mm厚的调整垫27和29。在活塞的头部装有胀圈18，它的主要作用是提高活塞的密封性，防止活塞磨耗以后阻力变化过大。

（2）进油阀部分　进油阀部分装在油缸的下端，是补充和排出油液的一个通道。在进油阀体上装有阀瓣2（图4-47中22）和锁环1（图4-47中21）。在阀瓣和阀体座上的阀口之间，以及进油阀体3（图4-47中20）和油缸筒之间都要求接触严密，防止泄漏，如图4-50所示。

（3）缸端密封部分　油缸端部有专门的密封结构，一方面在活塞上下运动时起导向作用，使活塞中心和油缸中心线路始终保持一致；另一方面，防止油液流出和灰尘流入减振器内，影响减振器正常工作。当减振器工作时，油缸内油压最高可达 $2.5 \times 10^3 kPa$，所以密封是一个很重要的问题。SFK$_1$型油压减振器的密封部分曾进行过多次改进，现在采用的结构是在油缸筒上装缸端盖数字 11、密封弹簧 10、密封托垫 9、密封圈 5，并通过密封盖 7 及螺盖 6 把这些零件紧紧压住，如图 4-51 所示。

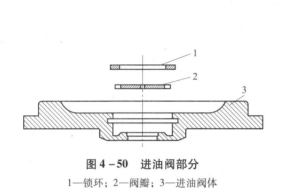

图 4-50　进油阀部分

1—锁环；2—阀瓣；3—进油阀体

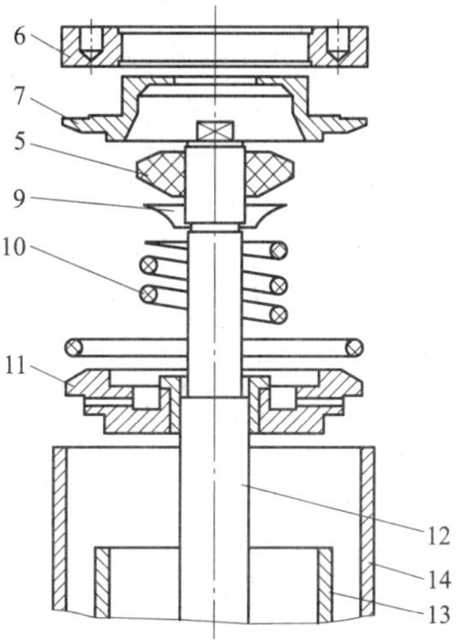

图 4-51　缸端密封部分（图注同图 4-47）

为了保持密封部分的性能，必须特别注意零件的各种加工精度，如同心度、垂直度和表面粗糙度等，减少零件之间的磨耗和变异。另外，在缸端上还压装一个由铸锡青铜做成的导向套。

密封圈的作用是把漏过导向套和活塞杆之间缝隙的小量油液从活塞的杆上刮下来，使其经过缸端盖上的回油孔回到储油筒中。密封圈的材质必须用耐寒耐油的橡胶，要求橡胶在汽油中浸泡 24h 后没有膨胀和油蚀现象，并要求在低温下保持一定的弹性。密封圈的刮油齿要有合理的形状和高度，齿根应防止裂纹。

（4）上下连接部分　它是油压减振器上下两端与转向架的摇枕和弹簧托板上的安装座相连接的部分。橡胶垫 2（见图 4-47）的作用：一方面可缓和上下方向的冲击；另一方面，当摇枕和弹簧托板在前后左右方向有相对偏移时，橡胶垫可有变形，减少塞与油缸、活塞与导向套之间的偏心，使活动顺滑减小偏磨。减振器两端加装防锈帽 23（因经常丢失，起不到应有的作用，现已取消）后可防止雨水侵入端部，避免螺母 24、25 锈蚀。

（5）油压减振器的油液　由于我国南北气温相差很大，东北地区冬季严寒而南方地区夏季炎热，温度变化范围为 -40℃ ~ +40℃。减振器要在不同温度下正常工作，而且还要保证在长期使用中性能不变，就必须合理选择减振器油液。减振器油液应满足以下要求：在 -40℃ ~ +40℃ 范围内黏度变化不大，-40℃ 不凝固；不应混入空气或产生气泡，无腐蚀性；润滑性能好，沥青、胶质、灰渣、杂质少；物理化学性能稳定，不易变质；价格便宜。经过试验，认为 SYB1207-56 号仪表油具有较好性能。但在冬季温度不低于 -20℃ ~

项目 4 转向架检修

−15℃地区运用的车辆，可使用其与22号透豆油各半的混合油。每一油压减振器内规定装油0.9升。

4.4.4　一系悬挂的检修

转向架的类型不同，一系悬挂的形式也有所不同。如上所述，上海地铁第一类转向架采用人字形橡胶弹簧，轴箱定位方式为层叠式橡胶弹簧定位，如图4-52所示；第二类转向架采用内、外圈螺旋钢弹簧，附加垂向减振器，轴箱定位方式为转臂式定位；第三类转向架采用锥形橡胶弹簧，轴箱定位方式为锥形橡胶套定位。

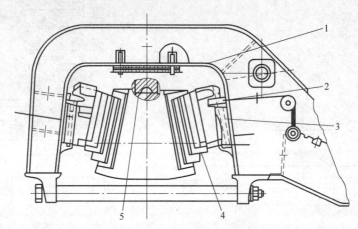

图4-52　层叠式橡胶弹簧定位

1—调整垫片；2—弹簧座；3—构架；4—人字形弹簧；5—应急弹簧

1. 人字形弹簧的检修

1）人字形弹簧的寿命

人字形弹簧由四层钢板、四层橡胶、一层铝合金组成。弹簧寿命一般为8~10年，根据国内外使用的经验，人字形弹簧如果使用前存放时间不超过1年，其寿命一般能满足一个大修期（10年）的要求。所以在5年架修时，需要对人字形弹簧重新进行选配，使用10年后全部报废处理。

2）人字形弹簧的损伤

人字形弹簧容易出现的损伤主要有脱胶、变形及裂纹，可以通过目测及尺寸测量进行检查。

3）人字形弹簧的编号及检查

日常检查时，要求橡胶与金属件之间无严重剥离。5年架修时，应将分解下来的人字形弹簧进行编号并检查，若无脱胶、变形、裂纹，或有裂纹但符合如下条件，则该弹簧可继续使用。

①一条深度小于16mm的裂纹。

②多条深度小于8mm的裂纹。

③一条深度小于8mm的整个周向裂纹。

4）人字形弹簧的刚度试验

动车与拖车本身自重不同，人字形弹簧的刚度也不同。架修时应根据人字形弹簧的性能进行抽检试验，试验前需要将人字形弹簧在恒定温度下放置一定时间，测量人字形弹簧垂向刚度时一般成对进行。超出刚度范围的人字形弹簧作报废处理。人字形弹簧的刚度必须符合：1 150N/mm ±6% N/mm（动车）、1 050N/mm ±8% N/mm（拖车）。

注意：测试前，先以7kN荷载对人字形弹簧进行预压，然后以30kN荷载进行试验（对于以上动作，试验设备会自动进行）。

5）人字形弹簧的选配

架修时应根据人字形弹簧的性能逐件对其变形量进行试验测量。试验前也须将人字形弹簧放置在恒定温度下一定时间，再测量其变形量。变形量的测量需逐件进行，并根据变形量进行分组、配对、标识。超出变形量范围的人字形弹簧作报废处理。

注意：人字形弹簧的测试须在人字形弹簧试验台上由专人操作。

2. 其他类型转向架的一系悬挂检修

1）第三类转向架的锥形橡胶弹簧检修

第三类转向架的锥形橡胶弹簧检修与人字形弹簧的检修基本一致，架修时，需对弹簧进行变形量测量及重新选配。

2）第二类转向架的螺旋弹簧如图4-53所示。

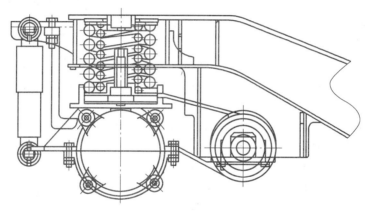

图4-53 转臂式定位

螺旋弹簧容易出现的损伤为裂纹、折损、衰弱、磨蚀及磨耗，需要对弹簧进行检查、探伤、变形及压力试验。

（1）裂纹和折损 钢弹簧的裂纹和折损容易发生在弹簧两端1.5~2圈内，裂纹一般从簧条内侧开始。这是因为弹簧受扭矩和剪切的最大合成应力产生在簧条截面内侧边缘产生裂纹和折损，主要是运用中经受大的冲击、超载或偏载过大，超出弹簧的负荷能力所致。其次是由于在弹簧制造或维修时未能达到工艺要求所引起。在检修弹簧时，应注意观察圆弹簧的螺距是否一致、相邻两圈簧条是否接触等来判断弹簧是否有裂纹或折损，并进行探伤检查。如果发现弹簧有裂纹和折损，则必须更换。

（2）弹簧衰弱 弹簧经过长期运用，特别是经过多次维修之后，容易产生自由高度降低的现象，称为弹簧衰弱。弹簧衰弱的主要原因是长期承受负荷过大或弹簧腐蚀、磨耗后截面积减小而成为最薄弱的一环，另外，弹簧经多次维修并进行加热后，造成弹簧表面氧化脱碳而降低了弹簧的强度极限。对自由高度低的圆弹簧，需要重新进行热处理来恢复其自由高度。在检查时，需要进行自由高度及变形量检查。

（3）腐蚀及磨耗　圆弹簧的腐蚀主要表现在簧条直径减小。产生腐蚀的原因主要是氧化腐蚀，其次是弹簧多次维修加热，造成表面氧化皮脱落产生的。

圆弹簧的磨耗主要发生在弹簧上、下两端支撑面处，主要是由于弹簧在荷载作用下发生转动摩擦所造成的。

4.4.5　空气弹簧的检修

目前，城市轨道交通车辆的二系悬挂基本都采用空气弹簧，其结构尺寸如图4-42所示。不同类型的转向架，其空气弹簧结构略有不同，主要是应急弹簧的形式不同。

1. 空气弹簧的寿命

进口空气弹簧的寿命能达到10年大修的要求。在5年架修时，需对空气弹簧进行检修；使用10年后橡胶件作报废处理，部分结构件可继续使用。

2. 空气弹簧的检修

1）空气弹簧的损伤

空气弹簧的损伤主要有胶囊体及橡胶堆的裂纹、胶囊体的磨损及底座的锈蚀。

2）空气弹簧的检查及维修

（1）空气弹簧外观的检查　检查空气弹簧紧固件，要求连接紧固、无松动。

清洗并检查空气弹簧胶囊体内、外表面，要求无严重损伤、裂纹和刀痕，无金属丝暴露在外的现象；叠层弹簧表面不得有深度大于2mm的疲劳裂纹，或大于5mm深的橡胶与金属松弛的现象。

注意：不能使用锐角的工具检查气囊，不能采用溶剂进行清洗。

（2）空气弹簧更换的条件

① 胶囊的裂纹：深度超过1mm不得使用。

② 胶囊的磨损：深度超过1mm（帘布外露）不得使用。

③ 橡胶堆的裂纹：深度超过1mm不得使用。

④ 底座的锈蚀：锈蚀超过2mm不得使用。

⑤ 鼓包：局部表面的鼓包，用针扎破鼓包部位，进行500kPa持续20min的保压试验，如果没有空气泄漏，则可以继续使用。

⑥ 橡胶堆的更换条件：橡胶堆的橡胶和金属件的粘连部裂纹超过6mm；橡胶的裂纹超过30%、深度超过6mm。

（3）应急弹簧与磨耗板的检修　检修时，对应急弹簧进行外观检查、尺寸检查及性能试验。要求外观无脱胶、裂纹深度不超标、无老化破损，尺寸不超过限值范围，垂向、水平刚度不超出技术要求，则应急弹簧可继续使用。如果在两层之间出现任何黏着松动、橡胶和金属之间分离、疲劳或变形，则应更换应急弹簧。磨耗板要求无偏磨，尺寸符合要求，否则须更换。

（4）空气弹簧结构件检修　检修时，需对空气弹簧结构件清洗、检查、探伤、补漆。

（5）空气弹簧系统附件的检修　检查高度阀，要求完好、无松动、无损伤；检查高度阀联动装置，要求完好、无损伤；高度阀调节杆应垂直，不准倾斜；检查垂向及横向止挡、止挡间隙、螺栓、衬垫，应完好，无损伤。

（6）密封性及刚度检查　检查空气弹簧橡胶囊与应急弹簧之间的密封，空气弹簧密封无泄漏。测试组装后空气弹簧的水平、垂向刚度须符合要求。

4.4.6　抗侧滚扭杆的检修

抗侧滚扭杆的作用是抑制车体相对于转向架的侧滚，提高车辆的稳定性和舒适性。抗侧滚扭杆的结构基本相同，由扭杆、支撑座、扭臂、连杆组成，如图 4-54 所示。

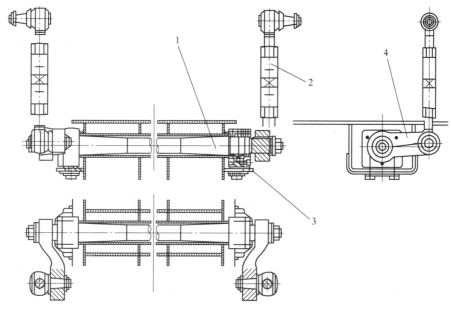

图 4-54　抗侧滚扭杆

1—扭杆；2—连杆；3—支撑座；4—扭臂

1. 扭杆的检修

抗侧滚扭杆分解后，对扭杆进行清洗，然后进行扭转变形（弹性变形）测量，扭杆变形超标则报废。扭杆是重要的受力部件，最后需要进行电磁探伤检查。

2. 支撑座的检修

支撑座包括座体、关节轴承、轴承盖、密封圈、紧固件等。对座体进行外观检查、内孔测量、补漆等检修。关节轴承 10 年大修时须更换。对轴承盖进行外观检查、补漆处理。密封圈应在 5 年架修时更新。

3. 扭臂的检修

扭臂也是重要的受力部件，除清洗、油漆外，还需进行探伤检查。

4. 连杆的检修

连杆主要由球铰和调节套筒组成。对球铰每 5 年彻底进行密封和性能检查，对与调节筒连接的螺纹部分进行检查。对调节套筒进行螺纹检查。

5. 组装与记录

对部件进行检修、预组装，并记录。

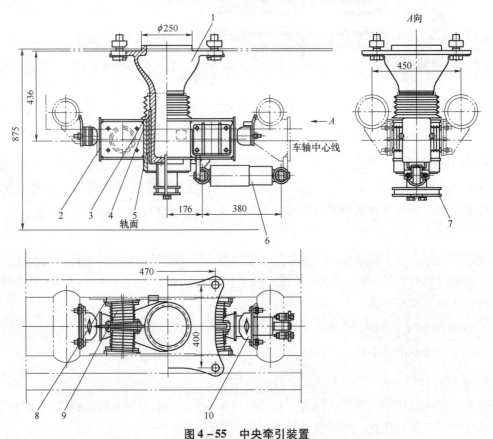

4.5　牵引连接装置及检修

4.5.1　中央牵引装置的结构

大多城市轨道交通车辆采用了无摇枕结构的转向架。由于没有摇枕，车体直接坐落于空气簧上，必须靠牵引装置来实现摇枕所具有的传递纵向力和转向功能，所以要求牵引装置具备以下功能：

① 能够传递纵向力、驱动力和制动力，同时允许二系弹簧在垂向和横向柔软地动作。

② 纵向具有适当的弹性，以缓和由于转向架点头、车轮不平衡重量等引起的纵向振动。

③ 结构上应便于车体与转向架的分离和连接。

④ 由于取消了摇枕，需安装横向油压减振器、横向缓冲橡胶、空气簧异常上升止挡等，这些部件的安装和拆卸不能增加车体与转向架分离作业的工时。

1. 中央牵引装置

图 4-55 所示是一种典型的城市轨道交通车辆的中央牵引装置。长春客车厂设计的地铁

图 4-55　中央牵引装置

1—中心销；2—牵引梁；3—防尘罩；4—衬套；5—中心销套；6—横向油压减振器；

7—空气簧异常上升止挡；8—安装板；9—牵引叠层橡胶；10—横向缓冲橡胶

无摇枕转向架就采用了这种结构的中央牵引装置，其结构是中心销上端用螺栓固定在车体枕梁上，下部插在可以传递纵向力的牵引梁孔中，能够自如地垂向运动和回转。牵引梁与构架横梁之间设有牵引叠层橡胶，它的特性是纵向较硬、横向柔软，所以既能有效地传递纵向力，又能随空气弹簧做横向运动。每台转向架设四组牵引叠层橡胶，安装时能使其在纵向倾斜，以便牵引梁对准转向架中心。可按隔离纵向振动的要求选定牵引叠层橡胶的纵向刚度值，同时要保证纵向无滑动部位和间隙存在。中心销下部连有空气簧异常上升止挡，当空气簧因故过充时可以限制车体不断上升，保证安全；在起吊车体时，可使转向架同车体一起被吊起。

图4-56所示是几种中央牵引连接装置结构，它们都有各自的特点，例如，图4-56（b）所示的中央牵引装置结构，由于牵引杆两端与中心销和转向架的连接部位都有橡胶关节，橡胶关节的弹性定位能保证转向架绕中心销在各个方向上有一定程度的摆动，这既保证了转向架抗蛇行运动的性能，又能实现转向架与车体之间的转角，保证车辆顺利通过曲线，广州地铁2号线车辆采用的就是这种牵引连接装置结构。广州地铁1号线采用的是图4-56（c）所示的牵引连接装置结构。值得提出的是，与广州地铁1号线车辆转向架相比，2号线车辆转向架的牵引连接装置比较简单。2号线车辆转向架通过带有橡胶关节的牵引杆连接到与车体连接的车体中心销上，没有中心销座和复合弹簧，更便于拆装转向架。

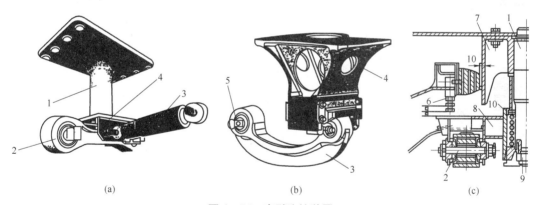

(a)　　　　　　　　　(b)　　　　　　　　　(c)

图4-56　牵引连接装置

1—中心销；2—牵引杆；3—减振器；4—牵引座；5—轴；6—起吊保护螺栓；
7—中心销；8—中心架；9—定位螺母；10—复合橡胶衬套

2. 横向油压减振器和横向缓冲橡胶止挡

为了提高城市轨道交通车辆的舒适性，转向架采用了低横向刚度的空气簧。与此配套，使用横向油压减振器提供相应的振动阻尼，以改善横向振动特性。横向油压减振器安装在牵引裂梁与构架之间。图4-57所示为横向油压减振器的阻尼曲线。

在构架纵向梁上还设有非线性的横向缓冲橡胶止挡，它与牵引梁两端面间隙为10mm左右，车体（牵引梁可认为是车体的一部分）可以在此间隙范围内自由摆动。当振幅超过此间隙范围时，横向缓冲橡胶止挡开始起作用。在横向缓冲橡胶止挡初始压缩时弹性特性很柔软，其后稍硬，刚度随振幅增大而增加。图4-58所示为其挠度曲线。

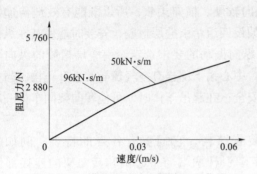

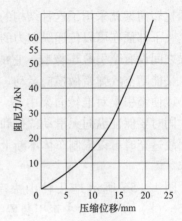

图4-57 横向油压减振器的阻尼曲线　　　图4-58 横向缓冲橡胶止挡挠度曲线

4.5.2　中央牵引装置的检修

第一类转向架的中央牵引装置由中心销、中心销座、复合弹簧、下心盘座、牵引拉杆、橡胶套、横向止挡等组成，如图4-59所示。

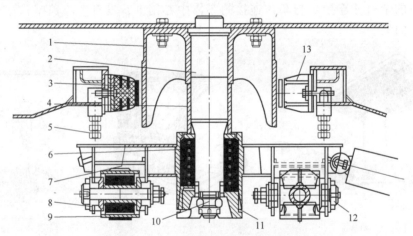

图4-59　第一类转向架中央牵引装置

1—中心销座；2—中心销；3—横向止挡；4—定检套筒；5—保护螺栓；6—复合弹赞；7—下心盘座；
8—橡胶套；9—牵引拉杆；10—紧固螺母；11—压板；12—牵引拉杆销；13—横向止挡座

1. 中心销系统的检修

（1）中心销的检修　架修与大修时均要对中心销进行清洁、检查并探伤。中心销应无变形、裂纹，螺纹无损伤。

（2）中心销座的检修　架修与大修时均要对中心销座进行清洁、检查和探伤。中心销座应无裂纹，与横向止挡的接触部位应无严重撞伤及变形。

（3）复合弹簧的检修　架修时须对复合弹簧进行清洁、外观检查、尺寸检查和刚度测量。表面橡胶无损伤、无铁件外露，尺寸和刚度均符合规定的技术要求，可继续使用。大修时应全部进行更换。

（4）下心盘座的检修　架修与大修时均要对下心盘座进行清洗、检查并探伤。对撞击部位的凹坑进行修补并补漆。

（5）其他结构件的检修　对其他结构件进行清洗、检查，对重要受力部件进行探伤。若无异常，结构件可继续使用。

（6）紧固件架修、大修　紧固件架修、大修时全部进行更换。

（7）记录　对检修好的中央牵引装置及相关部件有关信息进行记录。

2. 牵引拉杆的检修

① 架修时须对牵引拉杆进行清洗、检查，大修时还要进行探伤、油漆。

② 牵引拉杆橡胶套架修时无须拆卸，只对牵引拉杆总成进行检查和刚度试验，但大修时橡胶套须全部更换。

③ 紧固件在架修、大修时全部进行更换。

④ 对检修好的牵引拉杆及其部件的有关信息进行记录。

3. 预组装中央牵引装置

先组装牵引拉杆，并将牵引拉杆与下心盘组装在一起。

4. 横向缓冲装置的检修

横向缓冲装置主要是指横向橡胶止挡和横向止挡座，其检修按照橡胶件的要求进行，并进行性能测试。横向止挡座经检查无损伤，一般可继续使用。

4.6　传动装置

4.6.1　传动装置的布置形式

城市轨道交通车辆的动力转向架，不论是采用直流牵引电动机还是交流牵引电动机，均需通过机械减速装置，才能将电动机的转矩转化为轮对转矩，再利用轮轨的黏着作用，驱动车辆沿着钢轨运行，而牵引电动机的布置形式直接影响着转向架的动力性能。根据牵引电动机在转向架上（或车体上）配置的特征，以及电动机转轴与转向架轮对之间传动的特征，传动装置大致可分为六种结构形式。

1. 爪形轴承的传动装置

这是城市轨道交通车辆最古老的传动形式，它是直接利用牵引电动机驱动轴上的齿轮带动轮对轴传递转矩。这时电动机驱动轴与轮对轴呈平行配置，牵引电动机的一部分质量通过两个爪形轴承支承于轮对轴上，另一部分质量通过弹簧支于构架梁上，也称抱轴式。一般牵引电动机的小齿轮与轮对上的大齿轮之间的传动比取为 $1:6 \sim 1:4$，如图 4-60 所示。

这种传动装置的很大一部分质量非弹性直接支于轮对轴上，增加了簧下部分的质量，给转向架的运行品质带来不利影响，而且必然导致相关的运动零件（如轴承、齿轮和集电器等）的强烈振动和磨耗。此外，这种传动的扭转弹性很低，往往会造成集电器过载，甚至损坏。这种传动结构简单、坚固，所以至今仍在轻轨车辆上应用。

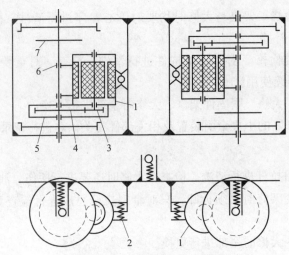

图4-60 爪形轴承传动装置

1—牵引电动机；2—电动机弹性悬挂；3—驱动小齿轮；4—车轴上大齿轮；

5—减速齿轮箱；6—爪形轴承；7—制动盘

2. 横向牵引电动机空心轴式传动装置

该传动装置将牵引电动机支承于构架栋梁上，如图4-61所示，它采用电动机空心轴和高弹性的联轴器驱动齿轮减速箱，解决了上述方案的电动机直接支于轮轴，增加簧下质量和传动件过小的扭转弹性导致的集电器过载的问题。因为牵引电动机质量由转向架构架全部承担，所以这是一种典型的架悬式（一种全悬挂）结构，也因为电动机采用了空心轴，所以又称为电动机空心轴式结构。

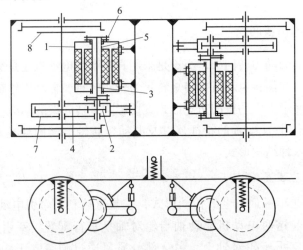

图4-61 横向牵引电动机空心轴式传动装置

1—牵引电动机；2—小齿轮；3—驱动轴；4—大齿轮；5—空心轴；6—联轴器；7—减速齿轮箱；8—制动盘

3. 两轴——纵向驱动、骑马式传动装置

沿转向架运动方向配置的牵引电动机连同齿轮减速箱组成一组合体跨骑在转向架的两轮对上，牵引电动机的两侧与带有法兰的减速箱组成一个自承载的组合体，牵引电动机驱动轴经齿轮减速后，借助于空心轴和橡胶联轴器与轮对轴弹性连接，如图4-62所示。

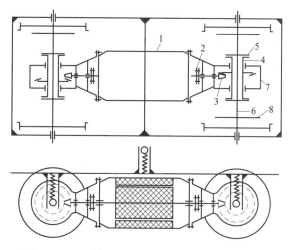

图 4 - 62　两轴——纵向驱动、骑马式传动装置

1—牵引电动机；2—联轴器；3—驱动锥齿轮；4—空心轴；5—橡胶联轴器；6—轮轴；7—减速箱；8—制动盘

两轴——纵向驱动的优点为，转向架的轴距比以上两种形式有较大的减小，有可能到 2m 以内。另外，当一个轮对的黏着摩擦由于局部的蠕滑效应而遭到破坏时，另一具有良好摩擦条件的轮对担当起后备保险的作用。同样，在加速和减速时所出现的轮对卸载将不起作用，因为一根轴卸载，另一根轴上就要承担附加的载荷，整个转向架所传递的摩擦力矩总和仍不变。而在单轴分离配置牵引电动机时，轮对的摩擦极限有被超过的危险，卸载的轮对就有可能打滑空转。

这种结构通过机械连接强制驱动转向架的两个轮对具有相同的角速度，若两轮对的车轮直径存在差异，也会造成运行阻力上升和磨耗的增加。另外，它的整个装置均由转向架的两轮对直接支承，增加了簧下质量，增强了转向架运行的动力作用。

4. 全弹性结构的两轴——纵向传动装置

这种装置的牵引电动机完全弹性地固定于转向架构架的横梁上，电动机驱动轴经减速齿轮驱动万向接头空心轴，再经橡胶连杆联轴器将转矩传递给轮对，如图 4 - 63 所示。因为电

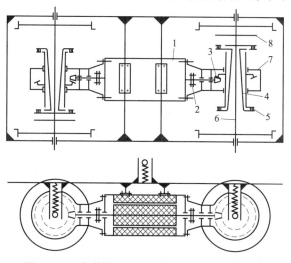

图 4 - 63　全弹性结构的两轴——纵向传动装置

1—牵引电动机；2、5—联轴器；3—驱动锥齿轮；4—万向接头空心轴；6—轮轴；7—减速箱；8—制动盘

动机的质量由构架全部承担，所以也称为架悬式结构，也因为轮对采用了空心轴，所以又称为轮对空心轴结构。

5. 牵引电动机对角配置的单独轴——纵向传动装置

两牵引电动机对角悬挂于转向架构架的两横梁上，电动机与齿轮传动装置之间转矩的传递经由连杆轴实现，如图4-64所示。齿轮减速箱一端弹性悬挂于构架的端梁，另一端抱在轮对车轴上。转向架上两套电动机及其传动装置独立地配置，各自驱动一轮对。

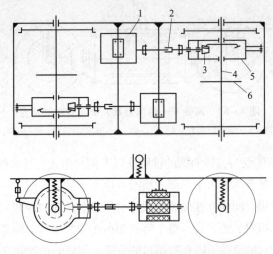

图4-64 对角配置的单独轴——纵向传动装置
1—牵引电动机；2—连杆轴；3—驱动锥齿轮；4—轮轴；5—减速箱；6—制动盘

6. 牵引电动机置于车体上的传动装置

牵引电动机装于车体上，电动机驱动轴经万向联轴器将转矩传递给置于转向架上的减速装置，从而使轮对转动。其驱动装置原理图如图4-65所示。因为牵引电动机质量由车体全部承担，所以称为体悬式。该传动方式广泛用于城市轨道交通车辆独立旋转车轮车辆的驱动。

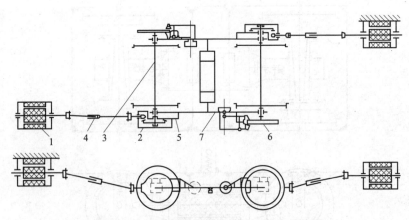

图4-65 牵引电动机置于车体上的传动装置
1—牵引电动机；2—齿轮传动装置；3—轮轴；4—连杆轴；
5—传动支撑；6—制动盘；7—制动装置

4.6.2 传动系统的检修

1. 联轴器检修

联轴器的作用是传递转矩，产生牵引力和制动力，同时还具有调整电动机与齿轮轴同轴度的作用。常用的联轴器是机械联轴器，而上海地铁第一类转向架原先的直流驱动系统采用的是橡胶联轴器。因此，在检修时根据需要采用不同的检修工艺和标准。

1）橡胶联轴器的检修

橡胶联轴器在列车运行时承受巨大的交变扭矩（尤其在电动机过流时），联轴器易发生疲劳损坏，因此在架修和大修时均要更换橡胶联轴器。同时在低级别修程的检修中应重点检查。

2）机械联轴器

对于机械联轴器，在架修时应进行清洗、检查，更换油脂等；在大修时还应进一步分解联轴器，对零部件进行彻底检查。

检查完毕，两种联轴器均要进行预组装，并登记相关信息。

2. 齿轮箱检修

齿轮箱是安装在电动机与轮对之间的减速装置，用于传递牵引力和制动力。齿轮箱及悬挂装置主要包括齿轮箱体、大齿轮、小齿轮、轴承、密封件、紧固件等，有的还有中齿轮。

架修和大修时，两者对齿轮箱的检修内容有所不同，架修时只对齿轮箱进行检查、清洁，更换齿轮箱润滑油，最后进行组装调整即可；大修时需对齿轮箱进行分解，对各部件进行逐项检修，下面是大修时的检修内容。

1）齿轮箱在动力轮对上分解

分解前应先排放润滑油，并对箱体进行检查、清洁、编号，大、小齿轮要成对编号、放置，组装时不得混淆。

2）齿轮箱检修

清洗齿轮箱体，检查油塞、回油孔、透气装置、密封件等，并对密封件进行更换。检查齿轮箱紧急止挡及螺栓，要求紧急止挡无损伤、无裂纹，螺栓无松动。另外需要注意的是，新装齿轮箱在磨合 2 万千米时应进行第一次换油。

3）大齿轮检修

① 清洁大齿轮上的油污，目测并用模板检查齿轮各齿的磨损情况，不符合技术要求的进行修复，对大齿轮进行探伤。

② 加热、退火齿轮，加热时间及温度须严格控制。

③ 检查大齿轮内孔尺寸及拉伤情况，对拉毛及擦伤部位进行修复，架修时须清洁、检查橡胶件，测试分解吊杆的刚度，符合技术要求的可继续使用；大修时须分解吊杆，对结构件进行探伤，并更换橡胶件。

④ 对大齿轮内孔部位进行探伤。

⑤ 将完好的大齿轮热套在车轴上。

⑥ 对大齿轮进行防锈处理（涂油）。

4）小齿轮检修

① 小齿轮一般与小齿轮轴是一个整体，因此也称为小齿轮轴。

② 清洗并分解小齿轮轴、轴承、密封件等部位。

③ 检查小齿轮轴，更换密封件和紧固件。

5）轴承检修

对齿轮箱轴承的检修及更换原则可参考轴箱轴承的检修。

6）组装齿轮箱

① 检查、清洁经过检修的大齿轮箱各部件。

② 将小齿轮、轴承、密封件等部件组装在齿轮箱体上。

③ 在齿轮箱分合面上涂密封胶，将齿轮箱体组装在动力轮对上。

④ 调整各部件，按要求加油。

⑤ 对加油孔、透气孔、检孔等进行密封。

⑥ 对组装好的齿轮箱进行磨合试验，检查振动、异响情况。

7）记录

记录齿轮箱检修信息。

3. 齿轮箱吊杆检修

1）齿轮箱吊杆的类型

齿轮箱吊杆有多种类型，如可调式吊杆、固定式吊杆、C 形支座等。虽然结构有多种，但基本上都是由橡胶件（橡胶节点或橡胶堆）和结构件（吊杆或支座）组成。

2）齿轮箱吊杆的作用

齿轮箱吊杆的作用是承受齿轮箱作用于构架的交变荷载，起缓冲作用，同时避免齿轮箱脱落，造成事故。

3）齿轮箱吊杆的检修

① 对可调式吊杆，架修、大修时应全部更换。

② 对固定式吊杆，架修时须清洁、检查橡胶件，测试分解吊杆的刚度，符合技术要求的可继续使用；大修时须分解吊杆，对结构件进行探伤，并更换橡胶件。

③ 对 C 形支座的检修可参考固定式吊杆的检修原则。

4.7 转向架实例

4.7.1 长春轻轨转向架结构

1. CW10 型动力转向架的基本结构

1）概述

长春轻轨动力转向架采用有摇枕焊接结构的转向架，转向架均采用圆锥叠形橡胶弹簧、液压盘形制动和磁轨制动、垂向减振器、弹性车轮等，如图 4 - 66 所示。

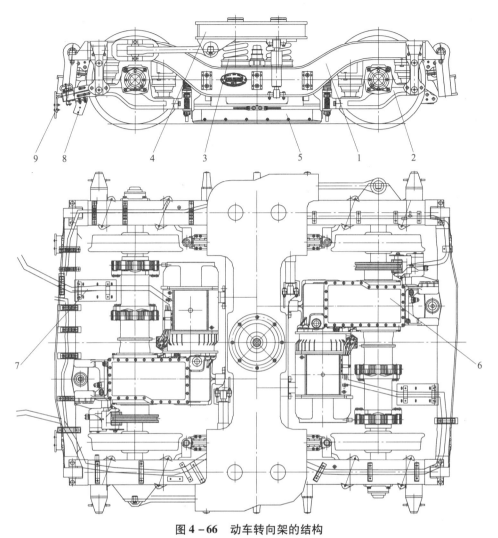

图 4 - 66　动车转向架的结构

1—构架组成；2—轮对轴箱定位装置；3—中央悬挂装置；4—摇枕组成；5—基础制动装置；6—驱动装置；
7—转向架管线布置；8—撒沙和轮缘润滑装置；9—裙板安装与排障器

2）转向架基本参数见表 4 - 1。

表 4 - 1　CW10 型动力转向架基本参数

项目	参数	项目	参数
固定轴距/mm	1 850	轴颈间距/mm	1 940
二系簧横向间距/mm	1 940	轨距/mm	1 435
车轮直径/mm	660	车轮内侧距/mm	1 360
转向架最大长度/mm	3 110	转向架最大宽度/mm	2 520
旁承上面距轨面高度/mm	794	轴重/t	10.5
构造速度/(km·h^{-1})	80	最高运营速度/(km·h^{-1})	70
运行/车场的最小曲线半径/m	150/50		

3）构架组成

构架是转向架的基础，它把转向架的各个零、部件组成一个整体，动车转向架的构架主要由横梁和侧梁组成组成。构架组成中还包括端梁、一系弹簧座、二系弹簧座、牵引拉杆座、垂向减振器座、横向减振器座、裙板座、磁轨止挡座等，如图4-67所示。

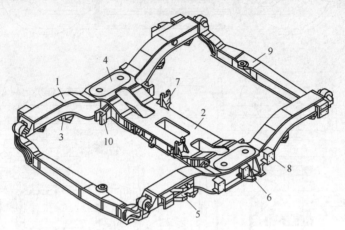

图4-67 动车转向架构架组成

1—侧梁组成；2—横梁组成；3——系弹簧座；4—二系弹簧座；5—牵引拉杆座；6—垂向减振器座；
7—横向减振器座；8—裙板座；9—端梁；10—磁轨止挡座

4）轮对轴箱定位装置

轮对轴箱定位装置采用橡胶弹簧式定位装置，包括弹性车轮、车轴、轴箱组成和橡胶弹簧，如图4-68所示。

为了减轻重量，一系弹簧装置采用叠层橡胶弹簧。橡胶弹簧上端与转向架构架上的定位圈配合，通过两个螺栓将一系弹簧上端固定在构架上下端与轴箱体配合。轴箱的顶部和转向架的止挡之间正常的距离保持在（35±5）mm。如果该数值低于30mm，则必须用调整垫进行调整，如图4-69所示。

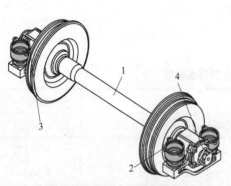

图4-68 轮对轴箱定位装置

1—轮对；2—橡胶弹簧；3—轴箱组成（接地）；
4—轴箱组成（ATP）

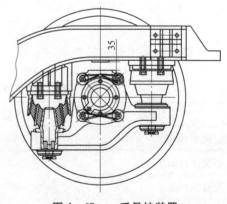

图4-69 一系悬挂装置

轴箱组成根据所安装设备的不同而定义有不同的名字。轴箱组成分为轴箱组成（接地）和轴箱组成（ATP），主要由轴箱体、圆柱滚子轴承、前盖、轴端压盖、防尘密封圈和密封垫等组成。圆柱滚子轴承安装在轴箱内。如图 4 - 70 和图 4 - 71 所示。

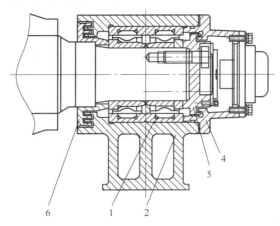

图 4 - 70　轴箱组成（接地）

1—滚子轴承；2—轴箱；3—接地装置；4—接地前盖；5—接地压板；6—防尘密封圈

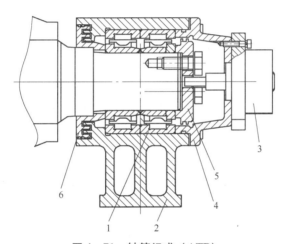

图 4 - 71　轴箱组成（ATP）

1—滚子轴承；2—轴箱；3—ATP 装置；4—测速前盖；5—测速压板；6—防尘密封圈

5）中央悬挂装置

中央悬挂装置主要包括定位导柱组成、垂向止挡和安全吊链，如图 4 - 72 所示。

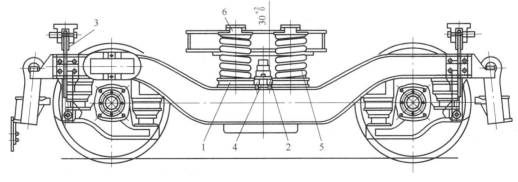

图 4 - 72　中央悬挂装置

1—定位导柱组成；2—垂向止挡；3—安全吊链；4—垂向止挡座；5—钢弹簧；6—定位导柱

（1）定位导柱组成　为了提高车辆的舒适性，在二系钢弹簧的底部增设橡胶垫，降低二系的垂向刚度，增加静挠度，增强车辆舒适性，如图4-73所示。

（2）垂向止挡　当转向架处于超员状态时，垂向止挡能有效地缓解车辆的垂向振动，如图4-74所示。

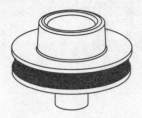

图4-73　定位导柱组成　　　　　　　图4-74　垂向止挡

（3）安全吊链　安全吊链用于整车起吊和救援功能，如图4-75所示。

图4-75　安全吊链

（4）整车起吊功能　在车体的底架上设有安全吊链座，在转向架的构架组成上也设有安装座，将安全吊链的一端用螺栓固定在车体底架的安全吊链座上，另一端也用螺栓固定在构架组成的安装座上。当起吊车体时，通过安全吊链吊起构架，带动整个转向架一起被吊起。

6）摇枕装置

摇枕装置包括摇枕、牵引拉杆、横向止挡、横向油压减振器、垂向油压减振器等关键部件，如图4-76所示。

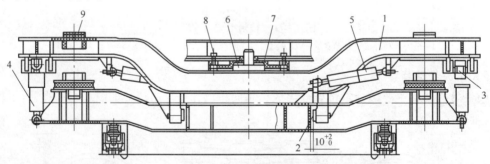

图4-76　摇枕装置

1—摇枕；2—横向止挡；3—牵引拉杆；4—垂向油压减振器；5—横向油压减振器；
6—下心盘；7—上心盘；8—摩擦片；9—旁承

（1）摇枕　支承车体，承受并传递从车体至的各种载荷及作用力，使各轴重均匀分配，如图4-77所示。

（2）牵引拉杆　每台转向架使用两个牵引拉杆，它的两端为弹性橡胶节点。牵引拉杆的一端与构架相连，另一端与摇枕相连，如图4-78所示。

（3）横向止挡　采用柔性横向止挡，能有效地缓解车辆的横向振动，如图4-79所示。

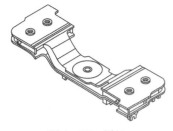

图4-77 摇枕

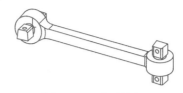

图4-78 牵引拉杆

图4-79 横向止挡

（4）横向油压减振器 在车辆发生横向振动时，横向减振器会施加适当的阻尼力，来改善车辆的横向特性。

（5）垂向压减振器 在车辆发生垂向振动时，垂向减振器会施加适当的阻尼力，来改善车辆的垂向特性。

7）基础制动装置（图4-80）

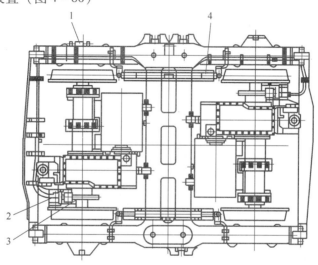

图4-80 基础制动装置

1—制动软管装配；2—制动卡钳；3—制动盘；4—磁轨制动组成

（1）制动盘和制动夹钳 制动盘是盘式制动器的摩擦件，除应具有作为构件所需要的强度和刚度外，还应有尽可能高而且稳定的摩擦系数，以及适当的耐磨性、耐热性、散热性和热容量等，如图4-81所示。

制动盘

制动夹钳

图4-81 制动盘和制动夹钳

（2）磁轨制动装置　磁轨制动装置用于车辆运行时，出现突发状况需要紧急停车时使用，如图4-82所示。

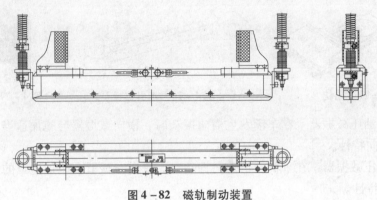

图4-82　磁轨制动装置

8）驱动装置

驱动装置的功能是使牵引电动机的转矩转化为轮对或者车轮上的转矩，利用轮轨之间的黏着作用，驱动车辆沿着钢轨运行，如图4-83所示。

图4-83　齿轮箱、简易联轴器与车轴的组装

9）撒沙和轮缘润滑装置

轮缘润滑装置可以显著地减少轮缘和轨道的磨损，可以显著地延长车轮和轨道的使用寿命（尤其是在弯道上使用的钢轨），同时还可以降低噪声，如图4-84所示。

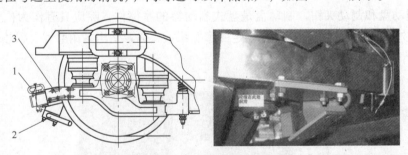

图4-84　撒沙和轮缘润滑装置

1—轮缘润滑装置；2—撒沙管；3—轮缘润滑装置安装支架

10）裙板安装与排障器

裙板安装用于安装转向架的外裙板，排障器用于清扫轨道上的石子、沙尘粒等障碍物，如图4-85所示。

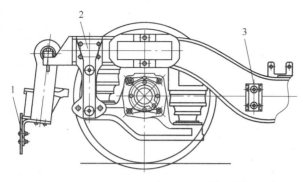

排障器

图 4 - 85　排障器和裙板座的装配

1—排障器；2—端部裙板座；3—中间裙板座

2. CW11 型独立轮转向架

1）转向架基本结构

CW11 型转向架为长客股份自主研发的新型独立轮转向架，适合于 70% 低地板轻轨车辆的中间模块，以便实现轻轨车辆的贯通式低地板结构。该转向架为轻量化"三无"结构（图 4 - 86），采用新结构高疲劳强度焊接构架；一系悬挂为圆锥叠层橡胶弹簧，并设有弯轴

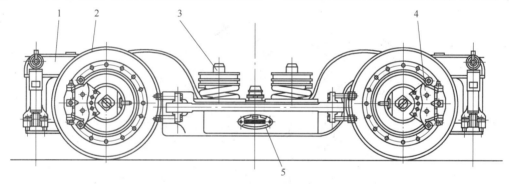

图 4 - 86　CW11 型转向架

1—构架装置；2——系悬挂装置；3—二系悬挂装置；4—基础制动装置；5—铭牌

纵向拉杆；二系悬挂由螺旋钢弹簧和叠层橡胶垫组合而成；车体与转向架之间的纵向力传递通过平行双拉杆实现；采用了基本参数合理的新型橡胶弹性车轮；基础制动为单元式液压盘形制动，4 个独立旋转车轮均设有制动防滑测速传感器。转向架的设计具有高性能、高安全可靠性、轻量化、无磨耗（车轮踏面和制动闸片除外）和免维护的特点。

2）转向架基本参数（表 4 - 2）

表 4 - 2　CW11 型转向架基本参数

项目	参数	项目	参数
最高试验/运营速度/(km/h)	77/70	适用轨距/mm	1 435
通过最小曲线半径/m	正线：150；车场线：50	固定轴距/mm	1 850
车轮型式及直径/mm	橡胶弹性车轮 Φ660	车辆自重下二系弹簧顶面距轨面高/mm	530

项目 **4** 转向架检修

123

续表

项目		参数	项目		参数
减振方式	二系横向	油压减振器	弹簧形式	一系	圆锥橡胶弹簧
	二系垂向	油压减振器		二系	螺旋钢弹簧橡胶垫
二系弹簧横向跨距/mm		1 850	轴承	轴承1	单列圆锥 ϕ120
转向架制动型式		单元式液压盘形制动		轴承2	单列圆锥 ϕ130
转向架外型尺寸/(mm × mm × mm)		2 870 × 2 440 × 685	转向架质量/(kg)		4100

3）构架装置

新结构焊接构架外形美观、工艺性良好、疲劳可靠性高，试验构架一次通过 UIC 1000 万次和 JIS 200 万次两种国际标准组合进行的疲劳强度试验。构架为钢板压型焊接结构（图 4－87），主要由两根侧梁、一根横梁和两根端梁组成。构架结构中还包括牵引拉杆座、横

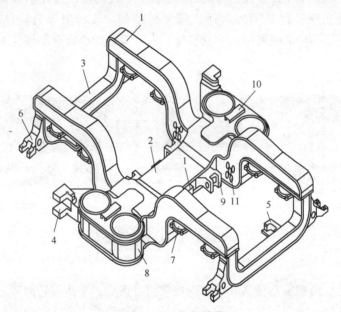

图 4－87　构架装置
1—侧梁；2—横梁；3—端梁；4—牵引拉杆座；5—横向减振器座；6—垂向减振器座；7——系弹簧座；
8—二系弹簧座；9—弯轴拉杆座；10—垂向止挡座；11—横向缓冲器座

向减振器座、垂向减振器座、一系弹簧座、二系弹簧座、弯轴拉杆座、垂向止挡座和横向缓冲器座等。按照 DIN6700—2 的规定，本部件等级为 C1 级；其余焊接和探伤要求按 DIN6700 标准的相关要求执行。构架组焊后，进行整体热处理，以消除焊接残余应力；抛丸除锈、涂防腐底漆后，进行整体机加工，以保证各关键组装尺寸的精度。

4）一系悬挂装置

一系悬挂装置（图 4－88 和图 4－89）采用无磨耗圆锥叠层橡胶弹簧定位，并在弯轴和转向架的构架横梁之间设有纵向拉杆；采用具有特殊设计的踏面外形的橡胶弹性车轮和直径大小不同的两列圆锥滚子轴承；轴桥由铸造弯轴和短轴过盈压装而成。构架高度的调整是通过在圆锥叠层

橡胶弹簧下加垫实现的。对于轴承的润滑脂填充量和间隙调整，新车按制造技术文件执行。

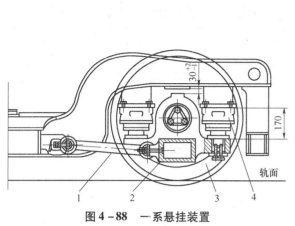

图 4 - 88　一系悬挂装置

1—弯轴拉杆；2—弯轴；3—弹性车轮；

4—圆锥叠层橡胶弹簧

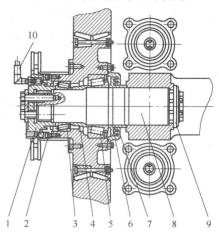

图 4 - 89　独立轮轴承结构

1—前盖；2—齿盘；3—轴承Ⅰ；4—间隔筒；

5—轴承Ⅱ；6—防尘圈；7—后盖；8—短轴；

9—压盖；10—速度传感器

5）二系悬挂装置

三无结构的二系悬挂装置（图 4 - 90）由螺旋钢弹簧和叠层橡胶垫组合而成，车体与转向架之间的纵向力传递通过带有弹性节点平行双拉杆实现；转向架构架和车体之间安装有 2 个横向和 4 个垂向油压减振器，同时设有横向橡胶缓冲器和垂向橡胶止挡。车体高度是通过二系弹簧上的调整垫调整的；横向橡胶缓冲器和垂向橡胶止挡的安装也均设有调整垫。4 个垂向油压减振器同时作为整车起吊时转向架与车体之间的连接，每个垂向油压减振器最大可承受的起吊质量为 3t。

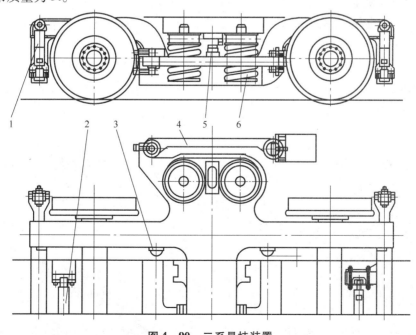

图 4 - 90　二系悬挂装置

1—垂向油压减振器；2—横向油压减振器；3—横向橡胶止挡；4—牵引拉杆；5—垂向橡胶止挡；6—二系弹簧组成

6）基础制动装置

基础制动为单元式液压盘形制动，主要包括制动盘、液压制动夹钳、制动闸片、闸片锁紧装置和液压管路。4 个独立旋转车轮均设有制动防滑测速传感器。制动夹钳组装后，须将制动闸片与制动盘之间的间隙调整至规定的数值，调整的具体方法和规定详细见制动系统的相关说明，如图 4 – 91 所示。

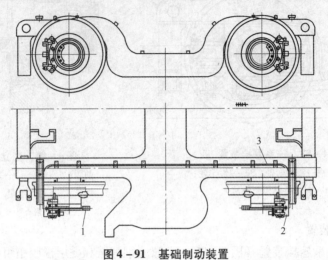

图 4 – 91　基础制动装置

1—制动盘；2—制动夹钳单元；3—液压管路

4.7.2　南京地铁转向架结构

南京地铁车辆的走行部分由两台轴承外置式的无摇枕转向架组成。转向架主要由构架、轮对和轴箱、驱动装置（仅限动车转向架）、减振装置、中央牵引装置、基础制动装置和其他辅助装置组成。在南京地铁列车的下面安装了 12 个转向架，其中有 8 个动力转向架和 4 个拖车转向架。

这些转向架有以下标识：PBW—动力转向架，配备 WSP（车轮轮缘润滑器）；PB—动力转向架，如图 4 – 92 所示；TBEX—先行拖车转向架，如图 4 – 93 所示；TBIN—中间拖车转向架，如图 4 – 94 所示。

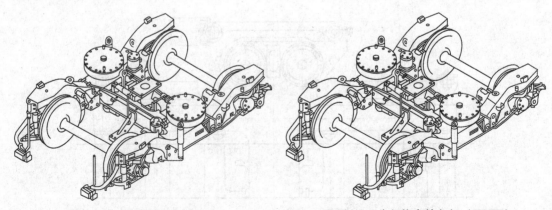

图 4 – 92　动车转向架（PB）　　　　图 4 – 93　先行拖车转向架（TBEX）

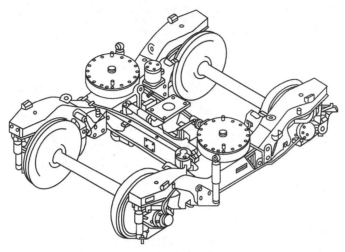

图 4 - 94   中间拖车转向架（TBIN）

对于六节车厢的结构，转向架的位置如下：

TBEX	PBW	PBW	PB	PB	TBIN
TBIN	PB	PB	PBW	PBW	TBEX

转向架主要技术参数见表 4 - 3。

表 4 - 3   转向架主要技术参数

项目	参数
轴数	2
固定轴距/mm	2 500
中心距/mm	15 700
轮对内侧距/mm	$1\ 353_0^{+2}$
动车转向架和拖车转向架长/mm	3 400（不包括特殊装置）
动车转向架和拖车转向架宽/mm	2 590
车辆直径/mm	840
磨耗到限轮/mm	770

1. 构架

构架是转向架的主体，由压制成型的钢板 P275 NL1（NFEN 10028 - 3）焊接成 H 形全封闭的箱型结构，包括两个对称的"S 形弯管"侧构架，通过横向构件在它们的中央连接，如图 4 - 95 和图 4 - 96 所示。

构架的主要作用是承受和传递载荷，并焊有牵引电动机、齿轮箱和减振器的吊座、弹簧悬挂装置的接口以及空气制动管道的支架等。

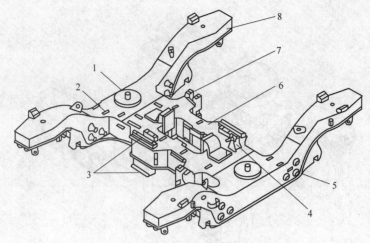

图 4 – 95　动车转向架构架

1—空气簧接口；2—管道支架；3—电动机连接件；4—横向缓冲器托架；5—制动装置连接件；

6—横向构件；7—扭接连杆托架；8—侧构架

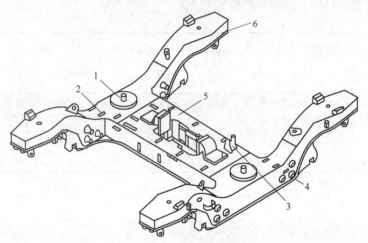

图 4 – 96　拖车转向架构架

1—空气簧接口；2—管道支架；3—横向缓冲器托架；4—制动装置连接件；

5—扭接连杆托架；6—侧构架

2. 轮对和轴箱

1）轮对

轮对是车辆行走部分中最重要的部分之一，它由车辆和车轴组成。

（1）车轮　车轮是采用 R9T 优质钢的整体辗钢轮，按照 UIC 812 第 3 部分制造。新轮的直径是 840mm，磨损后车辆直径的限值是 770mm；车轮磨损极限通过轮缘外表面的槽示出。车轮采用压力配合装配在车轴上。每个车轮都配备有注油口，这样可利用油压从车轴上拆卸车轮。

（2）车轴　车轴是采用锻造后机加工的整体车轴，材料是 AIN 钢。由于负载和受力不同，所以有动车轴和拖车轴之分。新的车轴轮座拥有 198mm 的标称直径，提供了 5mm 的余量，这样如果在更换车轮期间发生损坏，可以进行机加工。

车轴两端伸进轴箱的部分叫轴颈，安装轴承和承受车辆载荷；压装车轮的部分叫轮座；车轴中部是轴身。动车转向架的轴身上安装有齿轮箱，传递电动机产生的转矩驱动轮对，再通过构架和中央牵引装置带动车辆前后运行。

2）轴箱

装配在轴颈上的部件是迷宫式轴箱，采用的是滑脂润滑的滚柱轴承，它不需要加满轴承滑脂。轴箱的主要作用是连接轮对与转向架构架，承受垂向和侧向载荷，保持轴颈与轴承的正常位置。采用滚柱轴承降低了轴箱摩擦因数，减少了车辆起动和运行阻力，可以适应地铁车辆高速运行、停车频繁、行车密度大的要求。

轴箱外侧是轴箱盖，可使轴承免受灰尘、雨水的侵害，还用于安装传感器和接地回流装置。

3. 驱动装置

1）电动机

每个动力转向架都配备有两个 Alstom 4LCA 2138 型牵引电动机，这两个电动机横向安装在转向架构架横向构件上。如果连接件发生故障，连接转向架横向构件的两根安全索和电动机上的安全凸缘则防止电动机下落到轨道上。

电动机配备了传感器，将电动机速度数据传输到车身内的控制和监视系统。

2）联轴器

动力通过 Esco FTRN 70 挠性联轴器从电动机传输给齿轮箱。联轴器包括两个半联轴器，每个半联轴器都通过压力安装在电动机或齿轮箱的锥轴上。

联轴器的设计允许电动机和齿轮箱在所有方向都可以进行相对移动。两个半只联轴器用环螺栓连接，可以很容易地分开。

3）齿轮箱

齿轮箱（图 4 - 97 中 3）是 Watteeuw SHA 910 两级减速齿轮箱，一个输入轴装有一级小齿轮（27 齿），一个中间轴装有一级齿轮（78 齿）、二级小齿轮（27 齿），输出轴装有一、二级齿轮（65 齿）。传动比为（65 × 78）/（27 × 27）= 6.9547。

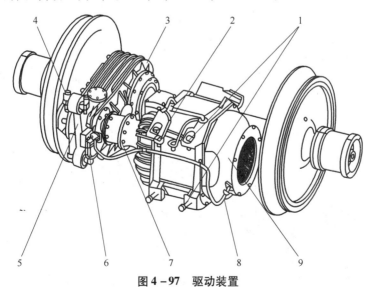

图 4 - 97　驱动装置

1—连接构架；2—安全锁；3—Watteeuw 齿轮箱；4—连接构架；5—扭接连杆；6—安全凸缘（安装在构架）；
7—Esco 联轴器；8—电动机速度传感器；9—牵引电动机

齿轮由调质钢制成，并采用圆柱形螺旋齿形结构以减少齿轮箱的噪声。齿轮箱安装在车轴上，它通过配备两个弹性末端轴承的扭接连杆连接转向架横向构件。

齿轮和轴承由齿轮箱中的油进行喷溅润滑，齿轮箱中的油通过油井和油槽系统输送给轴承。齿轮箱配备了磁性放油塞、有油位表的加油塞和通气器。如果扭接连杆发生故障，齿轮箱则接触固定在转向架构架的安全凸缘，从而防止了绕车轴旋转。

4. 减振装置

1）一系悬挂

一系悬挂如图 4 - 98 所示。位于轴箱和转向架构架之间，由带橡胶止挡的螺旋弹簧组成，橡胶止挡在高载荷下起作用。一系悬挂包括一个垂向减振器。一系悬挂在轮组与转向架之间传输驱动和牵引力，使轨道上转向架稳定并允许将直线运行转换成曲线运行。

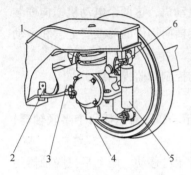

图 4 - 98　一系悬挂

1—同轴螺旋弹簧；2—弹性衬套；
3—转臂；4—支撑板；
5——系缓冲器；6—止动销

该悬挂是个转臂型悬挂。轮对的导向由径向臂来完成，转臂通过弹性衬套与构架连接。在车轴中心线上方的两个同轴螺旋弹簧提供了垂直方向的刚性，横向和纵向刚性则由安装在转臂端部并连接转向架构架中扼架的弹性衬套提供。

转臂在车轴轴承箱顶部，轴承箱用支撑板固定在悬挂中。安装在支撑板尖端和转向架构架端部的液压缓冲器提供缓冲功能。位于螺旋弹簧内部的弹簧动弯曲限制器限制转向架向下移动。接触转臂尖端的止动销限制转向架向上移动，所以当转向架提起时，悬挂使轮组与构架保持相对位置。

填隙片安装在弹簧上座下面，用于补偿不同的车轴质量和重心，这样可保证转向架保持水平。优化一系悬挂的特性，可以降低轮轨间的磨耗、转向架摆动和滚动角。

2）二系悬挂

二系悬挂的主要功能是使乘客感到舒适。该悬挂对车身进行挠性支承，使车身相对于转向架移动并且提供横向重新定心功能。

二系悬挂如图 4 - 99 所示。

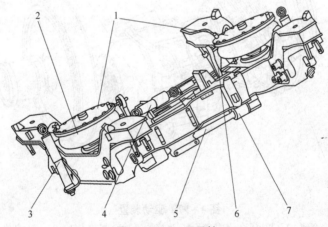

图 4 - 99　二系悬挂

1—车身接口；2—空气簧；3—二系垂直缓冲器；4—纵向缓冲器；5—抗侧滚扭杆；
6—抗侧滚扭杆力臂；7—抗侧滚扭杆轴承

（1）两个空气簧　它们位于转向架与车身之间，用于支承列车的重量。使弹簧膨胀的空气直接从车身通过空气簧顶板中的孔板提供。每个空气簧都有一个整体式弹性材料（金属弹簧），从而保证在没有膨胀的情况下紧急悬挂。

（2）两个对角的垂直减振器　它们安装在转向架构架与车身之间，对车体上的垂向运动起阻尼作用。

（3）横向减振器　安装在转向架构架与中心销之间，横向减振器和两个弹性止挡用于缓冲及控制车体的横向运动。

3）抗侧滚扭杆

安装在转向架下面。抗侧滚扭杆通过抗侧滚扭杆力臂连接车身，目的是当车体发生侧向振动倾斜时，在抗侧滚扭杆力臂端部作用一力偶，使抗侧滚扭杆产生扭转变形，利用抗侧滚扭杆轴承来减少和缓和车体的侧滚运动。

为了补偿车轮的磨损，当车轮半径磨损达到12mm时，在空气簧与转向架构架之间安装填隙片。

5. 中央牵引装置

转向架与车身之间的接头传输转向架与车身之间的牵引力与制动力。该接头由在车身下面用螺栓连接的中心销构成。该中心销与位于转向架横向构件中央的弹性牵引中心咬合。转向架纵向和横向载荷通过中心销传到车体上。车体和转向架接触处（在中心销处）与运行轨道顶面之间平均高度大约为432mm。

中央牵引装置包括一套预加应力的弹性材料块，该弹性块安装在中央平衡器上，如图4-100所示。中心销安装进平衡器中央的弹性轴承中。中央牵引装置在转向架与车身之间传输纵向力。弹性块在纵向预加了应力，它们的行程受到了硬限制器的限制。中央牵引装置有足够的弹性使得车身可以相对于转向架旋转、滚动和垂直及横向移动。横向移动受到固定于中心销的两个弹性限制器限制。

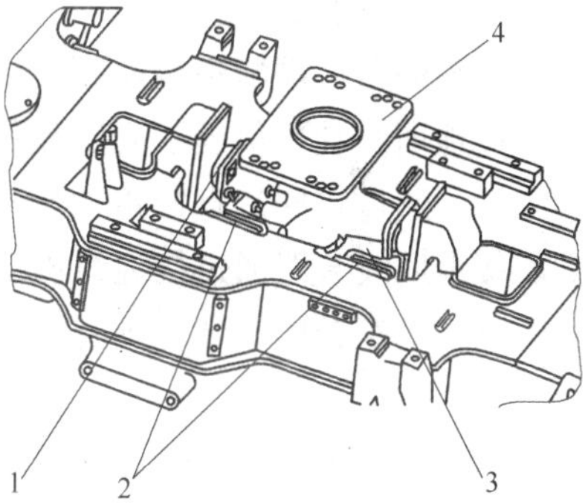

南京地铁转向架中央牵引装置的牵引中心允许车身提起转向架。为了补偿车轮的磨损，当车轮半径磨损量达到12mm时，在提吊止动螺钉与牵引中心之间安装了填隙片。

图4-100　中央牵引装置
1—横向限制器；2—预加应力的弹性块；
3—平衡器；4—中心销

6. 基础制动装置

每个转向架的制动是由4个踏面制动单元（每个车轮一个）来提供的，如图4-101所示。这四种转向架类型的制动器设备都相同。挂接在转向架侧构架上的4个单元制动器保证了制动。两个对角的单元制动器装置也配备了停车制动器，也可通过拉出紧急缓解锁闭销人工松开停车制动器。

制动装置自动补偿制动闸瓦的磨损，并将制动闸瓦与车轮之间的间隙保持在稳定值。

供气从车身到达转向架侧基础制动装置并用固定于导轨的刚性不锈钢管输送给制动装置。该导轨焊接在转向架构架上。不同的管段通过螺旋形接头连接。

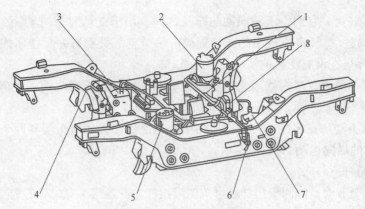

图4-101　基础制动装置

1—刚性管道；2、5—工作/停车制动器装置；3、7—工作制动器装置；4—双制动闸瓦；

6—车身空气接头；8—双向排风阀

每个转向架都配备了双向制动阀，该制动阀按照轮组 WSP 探头提供的速度信号调节单个轮组的制动负荷。

7. 其他辅助装置

1）WSP 系统

所有转向架车轴的一端都配备了 WSP（车轮防滑传感器）系统，该系统防止制动期间车轮打滑。该系统包括固定于车轴端部并在探头前面旋转的齿轮。每次轮齿通过探头前面时就发出信号。信号的频率与车轮速度成正比。在探头与齿轮之间没有任何接触。

2）接地回线装置

车轴的另一端配备接地回线装置（除去各个拖车转向架车轴中配备车速表的车轴）。

接地回线装置保证了固定元件（转向架构架）与旋转元件（车轴、车轮）之间的电气连续性。通过将回流直接传输给车轴，接地回线装置对车轴箱轴承进行简单而又有效的保护。接地回线装置通过接地线连接转向架或直接连接车身。拖车转向架接地回线装置有单独的电刷，动车转向架装置则有两个电刷，如图4-102所示。

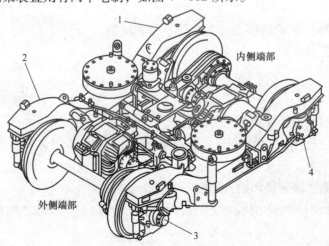

图4-102　动车转向架

1、3—双电刷接地回线装置；2、4—WPS探头

3）车速表（图4 – 103）

各个拖车转向架车轴中都有一个车轴配备车速表。车速表由与固定在车轴端部驱动板咬合的销驱动，用于提供 ATC 系统列车速度信息。

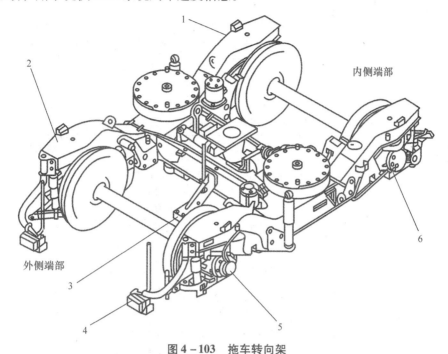

图4 – 103　拖车转向架

1—车速表；2、6—WSP 探头；3—PTI 天线（仅 TBEX）；4—ATC 天线（仅 TBEX）；

5—双电刷接地回线装置

4）PTI 天线（图4 – 103）

PTI 天线安装在各个先行拖车转向架（TBEX）的横向构件外侧，它为列车外侧控制和监视系统提供车站停车的列车位置信息。

5）ATC 天线（图4 – 103）

先行拖车转向架（TBEX）的外侧端有 ATC 天线。该天线固定在臂部，而臂部固定在侧构架的前面。ATC 天线向列车内侧控制和监视系统提供列车在轨道上的位置信息。

6）车轮轮缘润滑器（WSP，图4 – 104）

WSP 是在车轮上涂一层薄薄的润滑材料，该材料沉积到轨道上后，可以减少车轮的磨损。

A 车的先行拖车转向架的外侧轮对、B 车的 PBW 转向架的内侧轮对和 C 车的 PBW 转向架的内侧轮对配备了车轮法兰润滑器。

固定在杆夹的润滑杆元件靠压在车轮上从而进行润滑。杆夹固定在拴接于一系悬挂前面的托架上。

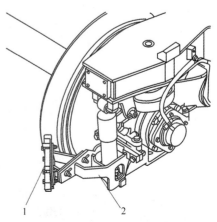

图4 – 104　车轮轮缘润滑器 WSP

1—杆夹；2—杆夹托架

操作训练

实训项目一：转向架的分解与组装

实训装置：长春轻轨 CW10 型、CW11 型转向架

实训目的：掌握长春轻轨转向架分解与组装的工作内容及顺序；能够熟练使用工具对长春轻轨动车转向架进行分解与组装

实训方法：见表 4 – 4

表 4 – 4   CW10 型、CW11 型转向架分解与组装工作步骤

实训内容	工作步骤	检验标准
CW10 型 转向架分解	① 从转向架的构架上拆下制动软管的装配和电气配线。 ② 拆齿轮箱和端梁连接螺栓，用天吊把齿轮箱吊起一定高度，直到齿轮箱上的橡胶件与齿轮箱上的套筒可以完全拿下来为止，拆卸下端梁与构架之间连接的螺栓，分离构架和端梁。 ③ 用吊带将齿轮箱和电动机固定住，然后用天吊将齿轮箱和电动机吊住。将转向架推入地沟处，拆卸电动机节点与构架之间的连接螺栓、齿轮箱节点与构架之间的连接螺栓。 ④ 在地沟中，用铁丝将磁轨和磁轨支架固定起来，从安装在轴箱上的磁轨制动安装支架上拆卸下磁轨制动装置。 ⑤ 在地沟中，拆卸轴箱弹簧下部钢丝、螺栓、压盖。拧开用于防止螺栓松动的钢丝，将螺栓松开拆卸下来，然后将压盖拿下来。 ⑥ 将转向架推到平道上，用天车吊起转向架构架，分离构架和驱动装置与轮对。 ⑦ 从已拆卸下的驱动装置和轮对上拆卸轴箱。 ⅰ 首先将轴箱前盖与接地装置（或者速度传感器）一同拆卸下来。 ⅱ 将防松片 64 × 21 与螺栓 M20 × 55 拆卸下来。 ⅲ 将接地压板（或者测速压板）拆卸下来。 ⅳ 将轴箱拆卸下来，然后将轴承外圈拆卸下来。 ⅴ 将轴承内圈与防尘挡圈拆卸下来	① 正确拆卸动车转向架。 ② 正确标记螺栓部位。 ③ 正确使用拆卸工具。 ④ 制动软管密封良好。 ⑤ 电气配线无破损
CW10 型 转向架组装顺序	① 将轴箱安装到轴端上，安装轴箱接地或速度传感器。 ② 在标准平直的轨道上，将含带轴箱组成的驱动装置摆放到位，将构架落在轴箱上。 ③ 用天吊将电动机与齿轮箱固定住，将转向架推入地沟中。安装用于驱动装置安全吊挂的长螺栓，安装电动机节点与构架之间的连接螺栓、齿轮箱节点与构架之间的连接螺栓 M20 × 70。 ④ 在地沟中，将磁轨制动安装支架安装在轴箱上，用螺栓紧固。	① 能够按照正确的组装顺序组装动车转向架。 ② 坚固各螺栓。 ③ 螺栓划防松位移线。 ④ 准确调整各部位间隙。 ⑤ 制动软管连接无漏油。 ⑥ 正确使用组装工具

实训内容	工作步骤	检验标准
CW10 型 转向架组装顺序	⑤ 在地沟中，调整轴箱顶部和转向架止挡之间的距离，正常为 35～40mm。调整垫片总厚度最大不得超过 16mm，当大于 16mm 时更换轴箱弹簧。 ⑥ 构架四角高在 35～40mm 范围内，各个高度相差不超过 2mm。 用螺栓 M16×55 将压盖紧固在轴箱弹簧的下部，然后用钢丝防松。 ⑦ 将转向架推到平道上，安装端梁：先将端梁放在构架上，用天吊把齿轮箱吊起一定高度，直到齿轮箱悬挂点与端梁上齿轮箱吊座之间的距离可以完全放进橡胶件与齿轮箱上的套筒为止，然后用螺栓 M24×140 紧固，用螺栓 M20×100 连接端梁与构架。 ⑧ 在转向架构架上装配电气接线以及制动软管及其接线。 ⑨ 调整轮缘润滑装置	
CW11 型 转向架拆卸顺序	① 从轴端前盖上拆下制动卡钳，拆卸前应首先拆开连接到制动卡钳的软管，注意必须保护接口，防止任何灰尘、杂物进入管路内。 ② 拆开弯轴与构架之间的弯轴拉杆。 ③ 松开轴箱弹簧下部与弯轴安装座之间的连接螺栓，将构架与一系悬挂装置分离。 ④ 松开制动盘的安装螺栓，将制动盘从车轮上拆下。 ⑤ 将车轮拆下	① 正确拆卸拖车转向架。 ② 正确标记螺栓部位。 ③ 正确使用拆卸工具。 ④ 制动软管密封良好
CW11 型 转向架组装顺序	① 在标准平直的轨道上，将一系悬挂装置摆放到位，将构架落在一系悬挂装置上。 ② 调整轴箱顶部和转向架止挡之间的距离，正常为 29～32mm。调整垫片总厚度最大不得超过 16mm，当大于 16mm 时更换轴箱弹簧。 ③ 构架四角高在 29～32mm 范围内，各个高度相差不超过 2mm。 ④ 安装轴箱弹簧下部与弯轴之间的连接螺栓。 ⑤ 在构架与弯轴之间安装弯轴拉杆。螺栓紧固力矩为 200N·m ⑥ 在轴端前盖上安装制动卡钳，螺栓紧固力矩为 150N·m；将转向架上的制动管路连接到卡钳。 ⑦ 在构架上安装横向减振器，螺栓紧固力矩为 150N·m；垂向减振器螺栓紧固力矩为 100N·m。 ⑧ 车体落成后，安装牵引拉杆，螺栓紧固力矩为 500N·m；完成垂向、横向减振器与车体安装座之间的连接。将速度传感器安装到轴端盖上；完成制动管路与车体之间的连接	① 能够按照正确的组装顺序组装动车转向架。 ② 紧固各螺栓。 ③ 螺栓划防松位移线。 ④ 准确调整各部位间隙。 ⑤ 制动软管连接无漏油。 ⑥ 正确使用组装工具

实训项目二：轮对轴箱装置的检修

实训装置：长春轻轨轮对轴箱装置

实训目的：掌握轮对轴箱装置的结构及工作原理；能够熟练使用工具对轮对轴箱装置进行保养

实训方法：见表 4 - 5

表 4 - 5　轮对轴箱装置的检修内容、工作步骤及检验标准

实训内容	工作步骤	检验标准
轴箱装置的分解和清洗	① 外部冲洗。在滚动轴承和轴箱装置分解前，应清除轴箱外部油垢或用转向架清洗机清洗。 ② 轴箱和轴承的拆卸。分解及拆卸轴箱、轴承时，应注意避免擦伤、碰伤轴颈及轴承滚动表面。分解轴承内圈采用电磁感应加热的方式，加热时间应严格控制，防止温度过高造成内圈过热变形。严重变色、变形的内圈不得使用。拆卸时严禁捶打或冷拉。拆卸后，须对拆下的轴承进行检测，或者委托专业厂家完成轴承检修。 ③ 轴承和轴箱的清洗。滚动轴承和轴箱分解后，轴承零件须清洗，清洗后各表面及沟角处不得有目视可见的油污、水分、灰尘、纤维物和其他污物。外圈外径面锈蚀时须清除锈垢，允许局部留有除锈后的痕迹。轴承零件清洗后，整体轴承的清洁度须符合有关规定。 ④ 轴箱及附件须清洗。清洗后用手换各工作表面，不得感觉有颗粒物存在，非工作表面不得有易脱落物质，清洁度须达到规定标准。 ⑤ 清洗轴承、轴箱及附件时，应选用对轴承零件无腐蚀、具有防锈作用的清洗介质，如煤油、柴油、汽油等。清洗干净后用干净抹布拭净，再送检查室分解检查	① 清除油污。 ② 拆卸下的零部件无拆卸损伤且完好无损
轴承的检修	轴承检修工艺如下： ① 轴承分解。将滚子、保持架全部移出外圈滚道。分解的轴承零件要编号成套摆放。 ② 轴承检查。轴承分解后用细布擦净，检查各个零件，若发现裂纹等不允许的缺陷，则应更换。轴承内、外圈及滚子须电磁探伤。 ③ 轴承检修。轴承内、外圈表面和滚子表面轻微的压痕、锈点，可用砂布蘸油打磨，清除残留痕迹、打磨光滑后可继续使用。深度较浅的划痕、擦伤消除后，若不影响零件轮廓尺寸，则允许继续使用。 轴承内圈表面有裂纹、剥离、擦伤、麻点、严重锈蚀及过热变色后硬度不符合要求的，须更换新内圈。 保持架不允许存在毛刺、裂纹、严重锈蚀、变形等缺陷。轴承零件的尺寸精度须按规定项目进行检测。 ④ 轴承组装。经检查确认符合要求的轴承零件，应原套组装使用。组装后的轴承应检查其转动灵活性，用检测仪器测量轴承外径、内径、径向游隙和轴向游隙等数值	所有轴承不得有裂纹、破损、擦伤、麻点、剥离、锈蚀、电蚀，以及保持架严重磨损、变形等缺陷

实训内容	工作步骤	检验标准
轴箱及附件的检修	① 轴箱体检修 轴箱体有破损、裂纹时应更换，轴箱体内径表面擦伤、划痕不超过规定深度，磨除后允许继续使用。 金属迷宫密封沟槽上不得有凹陷、变形，有锈蚀、尖角及毛刺时须磨除。如果密封沟槽局部有轻微变形，则应将凸出部位磨除处理，经检测合格后使用。尺寸超限时应更换新品。 ② 其他零件检修 ⅰ 轴箱前盖。前盖不得有凹陷、变形，有锈蚀、尖角或毛刺时须消除。裂纹、腐蚀超过限度时应更换。所有橡胶件应更新。 ⅱ 防尘挡圈。防尘挡圈沟槽上不得有裂纹、凹陷、变形，有锈蚀、尖角、毛刺时须消除。 ⅲ 迷宫环、密封圈及层叠环。对密封件的维修除结构件外，大修时均要求更新。 ⅳ 各类传感器。轴箱内装有速度传感器、防滑传感器等。对传感器应按技术要求进行拆装检查。	检修轴箱及附件时，须进行除垢、除锈处理，进行外观检查，并按规定项目进行检测
轮对轴箱装置的组装	在大齿轮热套（动车轮对）、轮对压装完成后，按与拆卸相反的顺序组装轴箱，防尘圈、轴承内圈在安装前需要用感应加热器加热。	组装后各零部件能够完成自身的工作任务，工作正常
车轮的检修	见4.3.3—1—2)	见4.3.3—1—2)
车轴的检修	见4.3.3—2—2)	见4.3.3—2—2)

实训项目三：转向架定修

实训装置：长春轻轨转向架

实训目的：掌握长春轻轨转向架定修的工作内容及顺序；能够熟练使用工具及设备对长春轻轨动车转向架进行定修

实训方法：见表4-6

表4-6 转向架的定修内容、工作步骤及检验标准

实训内容	工作步骤	检验标准
转向架的拆卸	见实训项目一	
动车转向架定修项目	① 心盘摩擦片 ⅰ 测量心盘摩擦片厚度。 ⅱ 将摩擦片除污，中心销抹油 	摩擦片原始厚度10mm，磨耗极限为7mm（剩余厚度3mm）

实训内容	工作步骤	检验标准
动车转向架 定修项目	② 摇枕：目视摇枕外观检查 	摇枕、构架、端梁无裂纹
	③ 构架：目视构架外观检查 	
	④ 二系弹簧：目视检查二系弹簧外观 	钢弹簧无明显缺陷
	⑤ 一系弹簧：目视检查一系弹簧外观 	
	⑥ 端梁节点：目视检查端梁外观 	橡胶无老化、龟裂和永久变形，如更换，同一轴箱换两个带有合格证新品（同一轮对必须进行全部更换）
	⑦ 轴承：目视查看轴承内圈、轴承滚子 	轴承内圈无麻点（发现问题时需要热退）；轴承变色更换；需查看：轴承滚子无麻点，滚道无明显划痕，无裂纹，无缺陷

实训内容	工作步骤	检验标准
动车转向架定修项目	⑧ 扭力盘橡胶块：目视检查扭力盘外观 	
	⑨ 转向架旁承与车体间隙：用卡钳测量间隙 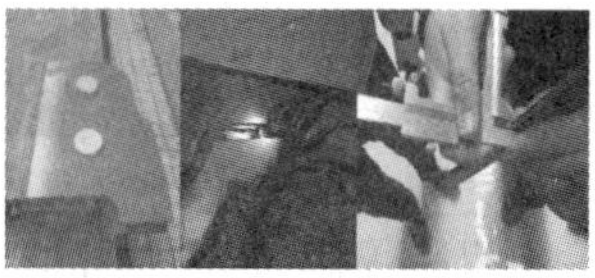	转向架摇枕上的旁承与车体间隙：（5±1）mm
	⑩ 二系弹簧限位间隙：使用游标卡尺测量间隙 	
	⑪ 横向止挡限位间隙：使用游标卡尺测量间隙 	落车后，垂向止挡上面与摇枕下面间隙：40~42mm。 落车后，转向架构架上的横向止挡面和安装在摇枕上的横向止挡之间的间隙：10~12mm
	⑫ 构架与摇枕连接牵引拉杆：牵引拉杆表面无裂纹，橡胶套无剥离、脱硫现象 	
	⑬ 减振器：目视外观无漏油 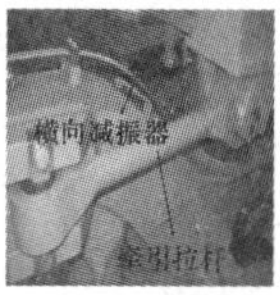	减振器无漏油，表面无缺陷
	各部件橡胶件无老化龟裂和永久变形。	

项目 4 转向架检修

续表

实训内容	工作步骤	检验标准
拖车转向架定修项目	① 二系弹簧：目视检查二系弹簧外观	钢弹簧无明显缺陷
	② 一系弹簧：目视检查一系弹簧外观	一系弹簧橡胶无老化、龟裂和永久变形。如更换，同一轴箱换两个带有合格证的新品（同一轮对必须进行全部更换）
	③ 一系限位间隙：使用游标卡尺测量间隙	一系限位间隙： i 落车后，一系限位间隙：29～32mm。 ii 同一转向架4个间隙值中任意2个相差不得超过2mm。 iii 调整垫片的总厚度不得超过16mm，当发现调整垫片厚度超过16mm时，需要更换轴箱弹簧
	④ 二系弹簧限位间隙：使用游标卡尺测量间隙	二系弹簧限位间隙：落车后，垂向止挡上面与车体下面间隙：（50±2）mm
	⑤ 构架与车体连接牵引拉杆：牵引拉杆表面无裂纹，橡胶套无剥离、脱硫现象	各部件橡胶件无老化龟裂和永久变形
	⑥ 横向止挡限位间隙：使用游标卡尺测量间隙	横向止挡限位间隙：落车后，横向止挡与车体挡板之间的间隙：（20±2）mm

实训内容	工作步骤	检验标准
拖车转向架定修项目	⑦ 减振器：目视检查外观 	减振器无漏油、表面无破损
转向架的组装	见实训项目一	

思考题

1. 城轨车辆转向架的作用有哪些？
2. 简述城轨车辆转向架是如何分类的，并简述其结构。
3. 转向架由哪些部件组成？
4. 轮对轴箱装置由哪些部件组成？
5. 构架的作用有哪些？如何分类？
6. 什么是踏面？使用磨耗形踏面有哪些优点？锥形踏面有哪些优点？
7. 轮对常见的故障有哪些？
8. 轴承的基本结构是怎样的？纵、横向力传递顺序又是怎样的？
9. 轴承保养应注意哪些问题？
10. 为什么要进行轴箱定位？如何进行轴箱定位？
11. 举例说明油压减振器的结构及工作原理？
12. 中央牵引连接装置的作用是什么？有哪几种方式？
13. 简述空气簧悬挂系统的组成、作用原理。
14. 试简述长春轻轨车辆转向架的结构和性能。

实训题

1. 制定某一城轨车辆转向架的检修工艺卡。
2. 利用网络源搜集城轨车辆转向架的新技术。完成调研报告。
3. 在车辆结构实训室，完成转向架的拆装。

项目 4 转向架检修

项目5

车辆连接装置检修

学习目标

1. 了解车钩的作用与分类
2. 掌握全自动车钩的结构及工作原理，了解其技术参数
3. 了解半自动车钩的作用及技术参数
4. 理解半永久牵引杆的结构，了解其技术参数
5. 掌握车钩的检修方法
6. 掌握车钩缓冲装置的类型、结构及工作原理
7. 掌握车钩缓冲装置的检修方法
8. 掌握贯通道及渡板的结构及检修方法
9. 能完成车钩及缓冲装置的检修
10. 能结合企业工作实际对车钩进行保养
11. 能对贯通道进行拆装

学习指南

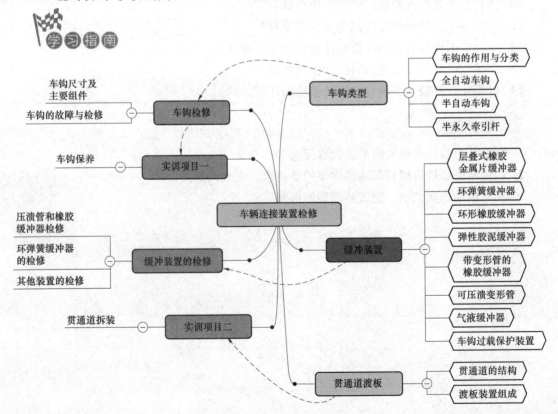

任务名称	车钩保养	建议学时：10 学时
任务描述	车辆连接装置主要包括：车钩缓冲装置和贯通道装置，通过它们使列车中车辆相互连接，实现相邻车辆之间的纵向力传递和通道的连接。在列车定修时，要对整车进行拆分，车钩保养与检修以及贯通道的拆装是定修工作的一项主要内容。本任务要求通过对基本理论知识的学习，能在企业现场或实训室完成车钩保养和贯通道拆装任务	
任务要求	熟练掌握本项目的相关理论知识及实训项目的操作步骤，完成学习任务	
任务准备	1. 场地：车辆结构实训室或企业车辆维修段 2. 设备：全自动车钩、贯通道 3. 工具：卷尺、方钢、扭力扳手、检验锤、专用工具等 4. 资料：实训指导书、实训报告、教材、教学视频	
引导问题	1. 城市轨道交通车辆车钩有哪些类型？ 2. 全自动车钩的由哪些部分组成？车钩连挂的工作原理是怎样的？ 3. 半自动车钩有哪些功能？与全自动车钩有哪些区别？ 4. 半永久牵引杆有哪些基本结构？ 5. 车钩的检修流程是什么？检修内容有哪些？ 6. 贯通道由哪些结构组成？ 7. 渡板装置由哪些结构组成？	

理论知识

5.1 车钩类型

5.1.1 车钩的作用与分类

1. 车钩的作用

车钩缓冲装置（图 5 – 1）是连接车辆的基本部件，其作用是连接车辆，使单节的车辆能连挂成一列编组列车，并使其之间保持一定的距离，传递动车牵引力、缓和车辆之间的纵向力和冲击力。此外，还可以实现车辆间的电路和气路连接。

图 5 – 1　车钩缓冲装置

车钩缓冲装置包括车钩及缓冲器两部分，车钩用于实现牵引连挂，缓冲器用于缓冲牵引连挂时所产生的冲击和振动。车钩大体分为非密接式车钩（非刚性车钩）和密接式车钩

（刚性车钩）。非密接式车钩［图 5 - 2（a）］允许两相连接车钩构体在垂直方向上有相对位移，因此，这类型的车钩是一种非紧密型连接，车钩间隙远大于 3mm。此类车钩普遍应用于一般铁路客车、货车上。密接式车钩［图 5 - 2（b）］不允许两相连接车钩构体在垂直方向上有相对位移，所以这类车钩都为紧密连接式的，车钩间隙在 3mm 以下。车钩连接表面的间隙越小，就越能提高列车的运行平稳性，降低列车的纵向力，减少牵引制动产生的噪声。但连接表面间隙越小，意味着制造工艺及维护要求越高，同时成本也相对较高。所以这类车钩适用于高速运行的列车和对运营列车行驶环境要求较高的城市轨道交通车辆。

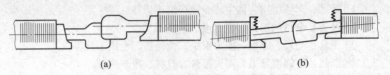

图 5 - 2　非密接式车钩与密接式车钩
（a）非密接式车钩；（b）密接式车钩

2. 车钩的分类

根据车辆连挂的特点可将车钩分为三类：全自动车钩、半自动车钩和半永久牵引杆。一列车上一般都包含有这三类车钩，图 5 - 3 所示为 4 节车编组的列车车钩布置图。

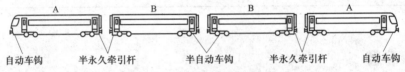

图 5 - 3　不同类型车钩的布置

全自动车钩和半自动车钩都是依靠相邻车辆钩头上的凸锥和凹锥口互相插接，起着紧密连接的作用。这种车钩使列车的电路和气路同时连接，其优点是节省人力，保证安全，缺点是构造较复杂，强度较低。所以它仅能用于地铁、轻轨等轻型轨道车辆上。

半永久牵引杆则利用上下两个套筒联轴节把两个钩杆的法兰紧密地连接在一起，其优点是构造简单，缺点是耗费人力，不易拆装，仅适用于固定编组车辆的连挂。

5.1.2　全自动车钩

我国城轨车辆用自动车钩主要有两种：一种是国产密接式车钩，采用半圆形钩舌；另一种是 Scharfenberg 式自动车钩，采用拉杆式连接结构。

1. 国产密接式车钩缓冲装置

国产密接式车钩缓冲装置如图 5 - 4 所示。它主要由密接式车钩钩头、橡胶金属片式缓冲器、风管连接器、电气连接器和风动解钩系统等几部分组成，缓冲器位于钩头的后部。车辆连挂时依靠两车钩相邻钩头上的凸锥和凹锥孔的相互插入，实现两车钩的紧密连接；同时自动将两车之间的电路和空气通路接通。在两车分解时，也可自动解钩，并自动切断两车之间的电路和空气通路。

在车钩下面有车钩托架，在缓冲器尾部通过十字头连接器与车体上的冲击座相连，可以实现水平和垂直方向的摆动。

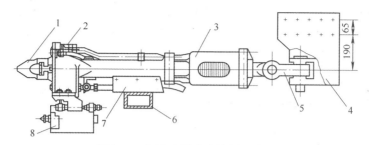

图 5 – 4　国产密接式车钩缓冲装置

1—密接式车钩钩头；2—风管连接器；3—橡胶金属片式缓冲器；4—冲击座；
5—十字头；6—托架；7—磨耗板；8—电气连接器

1）钩头结构

车钩的内部结构如图 5 – 5 所示。车钩前端为钩头，它有一个凸锥和凹锥孔，内部还有钩舌（半圆形）、解钩杆、解钩杆弹簧和解钩风缸。

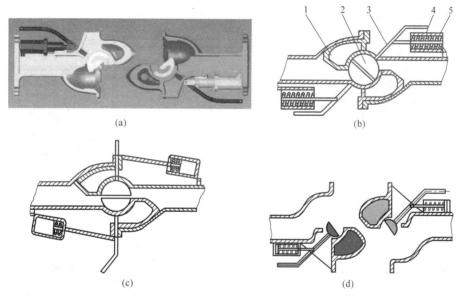

图 5 – 5　密接式车钩内部结构与作用原理

（a）钩头内部结构；（b）连挂状态；（c）解钩状态；（d）待挂状态

1—钩头；2—钩舌；3—解钩杆；4—弹簧；5—解钩风缸

2）作用原理

该车钩有待挂、连接和解钩三种状态，如图 5 – 5 所示。

（1）待挂状态：为车钩连接前的准备状态，此时钩舌定位杆被固定在待挂位置，解钩风缸活塞杆处于回缩状态，此时半圆形钩舌的连接面与水平面呈 40°角。

（2）连挂状态：两钩连挂时，凸锥插进对方车钩相应的凹锥孔中。这时凸锥的内侧面在前进中压迫对方的钩舌转动，使解钩风缸的弹簧受压，钩舌沿逆时针方向旋转 40°。当两钩连接面相接触后，凸锥的内侧面不再压迫对方的钩舌，此时，由于弹簧的作用，使钩舌恢复到原来的状态，即处于闭锁位置。

（3）解钩状态：自动解钩，即要使两钩分解，需要驾驶员操纵解钩阀，压缩空气由总风管进入前车（或后车）的解钩风缸，同时经解钩风管连接器进入相连挂的后车（或前车）

解钩风缸，活塞杆向前推并带动解钩杆，使钩舌转动至开锁位置，此时两钩即可解开。两钩分解后，解钩风缸的压缩空气迅速排出，解钩弹簧得以复原，带动钩舌顺时针方向转动40°恢复到原始状态，为下次连挂做好准备。手动解钩，即如果采用手动解钩，只要用人力扳动解钩杆，也能使钩舌转动至开锁位置，实现两钩的分解。

2. Scharfenberg 密接式车钩缓冲装置

Scharfenberg 密接式车钩缓冲装置如图 5−6 所示。它主要由车钩钩头、橡胶缓冲器、风管连接器、电气连接器和风动解钩系统等几部分组成，缓冲器位于钩头的后部。车辆连挂时依靠两车钩相邻钩头前端的锥形喇叭口引导彼此精确地对中，实现两车钩的紧密连接；同时自动将两车之间的电气线路和空气通路接通。在两车分解时，也可由驾驶员控制解钩电磁阀自动解钩，并自动切断两车之间的电气线路和空气通路。

在车钩下面有车钩支撑弹簧，在缓冲器尾部通过转动中心轴与车体上的冲击座相连，并可通过橡胶弹簧的弹性变形及缓冲器与转动中心轴的相对转动实现垂直和水平方向的摆动：垂向最大摆角为 40°30′；水平最大摆角为 30°。

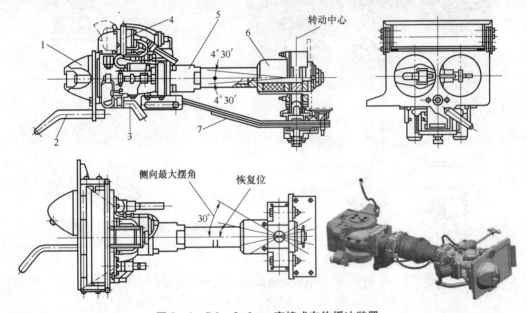

图 5−6　Scharfenberg 密接式车钩缓冲装置
1—密接式车钩钩头；2—引导对准爪把；3—风管连接器；4—电气连接器；
5—钩身；6—橡胶弹簧；7—支撑弹簧

1）车钩结构

车钩由钩头壳体、闭锁机构、弹簧等组成。

钩头壳体为焊接件，它由两部分组成，前面为一带有锥体和喇叭口的凸缘，后面为连接法兰。当两钩连接时，前面的锥体和喇叭口用来作为引导对准之用，伸出在前面的爪把用来扩展车钩的连接范围。前端的圆孔用来安置空气管路连接器，在钩头壳体中配置有车钩锁闭零件和解钩风缸。钩头借助于钩头壳体后部的法兰将钩头与牵引缓冲装置连成一体。

车钩的闭锁机构由钩舌和钩锁杆组成，两者通过销子彼此可摆动地相连接。两个弹簧用来保持车钩处在闭锁位。弹簧的一端钩在壳体的锥体上，另一端钩在钩锁杆上。手动解钩装置设在钩头的侧面，它由横杆通过两解钩杆与钩舌相连接。在该横杆的端部连有一钢丝绳并与手柄连接，手柄挂在钩头壳体的一侧。

2）工作原理

密接式车钩工作原理如图 5 – 7 所示。

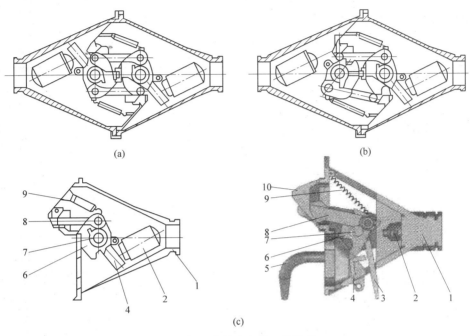

(a)

(b)

(c)

图 5 – 7　密接式车钩工作原理

（a）连挂状态；（b）解钩状态；（c）待挂状态

1—钩体；2—解钩风缸；3—钩舌定位杆；4—定位杆顶块；5—手动解钩曲柄；6—钩舌；

7—中心杆；8—钩锁连接杆；9—钩锁弹簧；10—钩体凸锥

（1）待挂状态　这时钩头中的钩锁杆轴线平行于车钩的轴线，钩锁杆的连接销中心与钩舌中心销连接线垂直于车钩的轴线。弹簧处于松弛状态，该位置为车钩连挂准备位。

（2）连挂状态　欲使两钩连挂，原来处于连挂准备位的两钩相互接近并碰撞时，在钩头前端的锥形喇叭口引导下彼此精确地对中，两钩向前伸出的钩锁杆由于受到对方钩舌的阻碍，各自推动钩舌绕顺时针方向转动，直至在弹簧拉力作用下钩锁杆滑入对方钩舌的嘴中，并推动钩舌绕逆时针方向返回原来位置为止。这时两钩的钩锁杆与两钩的钩舌构成一平行四边形，力处于平衡状态，两钩刚性地无间隙地彼此连接，处于闭锁状态。在连挂闭锁位时，钩舌和钩锁杆的位置与连挂准备状态完全相同，钩舌在弹簧作用下力图保持处于闭锁位。当两钩受牵拉时，拉力均匀地分配在由钩锁杆和钩舌组成的平行四边形两对边，即钩锁杆上。当两钩冲击时，冲击力由两钩壳体喇叭口凸缘传递。

（3）解钩状态

①气动解钩：由驾驶员操作解钩控制阀达到解钩。这时压力空气经过解钩管充入钩头的解钩风缸中，推动活塞向前运动，压迫在解钩杆所设置的滚子上，两钩头中的钩舌被同时推至解钩位置。达到解钩后再排气，风缸中受压弹簧使活塞返回到原始位置。

②手动解钩：通过拉动钩头一侧的解钩手柄，经钢丝绳、杠杆和解钩杆使两钩的钩舌

转动，直至钩锁杆脱出钩舌的嘴口，由此使两钩脱开，处于解钩位。

欧洲地铁大都采用这种车钩形式，上海、广州、深圳地铁等也有采用这种形式车钩的车辆。

3. 车钩的技术参数

车钩的主要技术参数包括车钩的压缩强度、拉伸强度、能量吸收参数等，下面以 330 型车钩为例，介绍全自动车钩的主要技术参数，见表 5-1。

表 5-1　330 型全自动车钩主要技术参数

压缩强度（屈服强度）			1 250kN
拉伸强度（屈服强度）			850kN
车钩长度（从连挂面到安装面）			（1 525±5）mm
橡胶缓冲装置	行程	缓冲	约 55mm
		牵引	约 40mm
	最大阻抗力	缓冲	约 680kN
		牵引	约 390kN
	吸收能量	缓冲	约 14.1kJ
		牵引	约 7.075kJ
可压溃筒体	冲击负载	缓冲	1 000kN
	行程	缓冲	185mm
	吸收能量（动态）	缓冲	约 185kJ
过载保护装置	冲击负载	缓冲	约 1 100kN
	行程	缓冲	30mm
	吸收能量（动态）	缓冲	约 33kJ
车钩的最大摆动	水平		45°
	垂直		±6°
定心装置	重定心角		±15°
连挂所需要的最小速度			0.6km/h
质量			约 435kg

5.1.3　半自动车钩

1. 半自动车钩的作用

半自动车钩用于两编组单元之间的车辆连挂。

通常半自动车钩的钩头连接形式与自动车钩相同，连挂方式和锁闭方式也相同。两个相同的车钩可以在直线线路和曲线线路上自动连挂。半自动车钩可以实现列车单元之间的机械连接和风管连接的自动连接，电气连接只能手动。解钩时机械和气路部分可自动，也可手动操作，但不能在驾驶室集中控制。在半自动车钩上设有贯通道支撑座，用于车辆运行过程和解钩之后支撑贯通道。支撑座可以承受贯通道及其所承受的载荷。

2. 半自动车钩的技术参数

车钩的主要技术参数包括车钩的压缩强度、拉伸强度、能量吸收参数等。下面以330型车钩为例，介绍半自动车钩的主要技术参数，见表5-2。

表5-2 半自动车钩主要技术参数

压缩强度（屈服强度）			1 250kN
拉伸强度（屈服强度）			850kN
车钩长度（从连挂面到安装面）			（1 180±5）mm
橡胶缓冲装置	行程	缓冲	约55mm
		牵引	约40mm
	最大阻抗力	缓冲	约680kN
		牵引	约390kN
	吸收能量	缓冲	约14.1kJ
		牵引	约7.075kJ
可压溃筒体	冲击负载	缓冲	1 000kN
	行程	缓冲	100mm
	吸收能量（动态）	缓冲	约100kJ
车钩的最大摆动	水平		45°
	垂直		±6°
定心装置	重定心角		±15°
连挂所需要的最小速度			0.6km/h
质量			约320kg

5.1.4 半永久牵引杆

1. 半永久牵引杆的组成

图5-8所示为地铁车辆半永久牵引杆的结构。其主要特征是将两车的连接方式由车钩

图5-8 地铁车辆半永久牵引杆

连接改为用一根牵引杆代替，将自动车钩中的两个车钩钩体取消，牵引杆的两端直接与两个缓冲器相连，同时取消了风路、电路的连接。

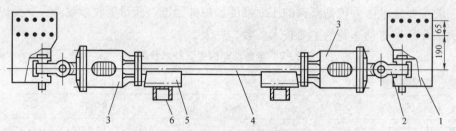

图5-8 地铁车辆半永久牵引杆（续）

1—连接座；2—十字头；3—缓冲器；4—牵引；

5—磨耗板；6—车钩托梁

上海地铁车辆半永久牵引杆的结构如图5-9所示。其主要特征是将两相邻车钩中的一个车钩钩体和另一车钩钩体、缓冲器总成分别由两个牵引杆代替，两牵引杆的端部各有一个锥孔和锥柱，在连挂时起定位作用，通过套筒式联轴节将两个牵引杆刚性相连，其电路、气路通过机械紧固获得永久连接，通常只在维修时才分解。在半永久性牵引杆上设有贯通道支撑座。

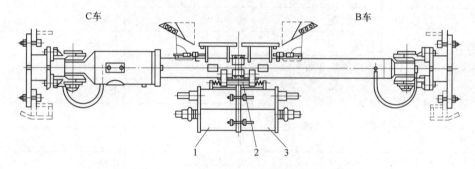

图5-9 上海地铁车辆半永久牵引杆的结构

1—支撑座；2—具有双作用环弹簧的牵引杆；3，6—电气连接盒；4—风管；

5—套筒式联轴节；6—牵引杆；7—过渡板

图5-10所示是深圳地铁车辆半永久牵引杆的结构形式。它的连接方式与上海地铁相似，其主要特征是在两个半永久牵引杆中设置一个能量吸收装置。

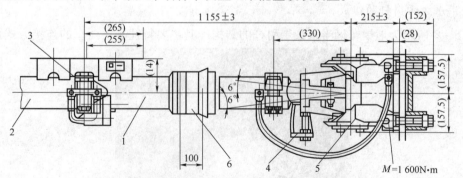

图5-10 深圳地铁车辆半永久牵引杆的结构形式

1—牵引杆（1）；2—牵引杆（2）；3—套筒式联轴节；4—垂直支撑装置；5—橡胶缓冲装置；

6—可压溃变形管能量吸收装置

2. 半永久牵引杆的功能

半永久牵引杆用于同一单元内车辆之间的编组，使之编组成单元。列车单元在运行过程中一般不需要分解，通常只在维修时才分解。当两车连挂时即形成刚性连接，其连接间隙最小，垂向运动和转动也很小。这样的连接形式可以保证列车在出轨时车辆之间仍然可以保持相对位置，防止车辆重叠和颠覆，减少列车启动及制动时的冲动。每个半永久牵引杆上均有贯通道支撑座，用于车辆运行过程和解钩之后支撑贯通道。支撑座可以承受车辆正常运行时超员情况下贯通道所承受的载荷。

3. 半永久牵引杆的技术参数

车钩的主要技术参数包括车钩的压缩强度、拉伸强度、能量吸收参数等，半永久牵引杆的主要技术参数见表 5 – 3。

表 5 – 3　半永久牵引杆主要技术参数

压缩强度（屈服强度）			1 250kN
拉伸强度（屈服强度）			850kN
车钩长度（从连挂面到安装面）			（1 180 ± 5）mm
橡胶缓冲装置	行程	缓冲	约 55mm
		牵引	约 40mm
	最大阻抗力	缓冲	约 680kN
		牵引	约 390kN
	吸收能量	缓冲	约 14.1kJ
		牵引	约 7.075kJ
可压溃筒体（初定在 A 车 2 端和 C 车 1 端车钩上设置）	冲击负载	缓冲	1 000kN
	行程	缓冲	100mm
	吸收能量（动态）	缓冲	约 100kJ
车钩的最大摆动	水平		45°
	垂直		±6°
质量（带可压溃筒体的半永久牵引杆/刚性杆车钩）			约 245/210kg

5.2　车钩检修

5.2.1　车钩尺寸及主要组件

以上海地铁为例，AC01/02/03 型电动列车的车钩由德国夏芬伯格（Scharfenberg）公司设计和制造，AC04 型电动列车的车钩是由瑞典丹纳（DELLNER）公司设计和制造。车钩钩头结构基本相同，只是电气连接箱位置略有区别。AC01/02 全自动车钩结构尺寸如图 5 – 11 所示。

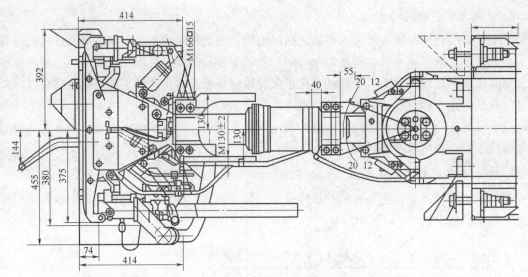

图 5－11　AC01/02 型电动列车的全自动车钩结构总图（尺寸单位：mm）

1. 机械钩头

全自动车钩机械钩头由壳体、心轴、钩舌板、钩舌板连杆、钩舌弹簧、钩舌板定位杆（或称棘爪）及弹簧、撞块及弹簧和解钩气缸组成，如图 5－7 所示。

壳体的前部一半为四锥体的钩头，另一半为钩头坑（或称凹坑），车钩连挂时相邻两个车钩的四锥体的钩头和钩坑相互插入。

固定在心轴上的钩舌板在钩舌板弹簧的作用下可绕心轴转动，并带动钩舌板连杆动作。钩舌板是按功能需要设计成的不规则几何形状，设有供连挂时定位和供解钩气缸活塞杆作用的凸舌，以及与钩舌板连杆连接的定位槽、钩嘴等，是车钩实现动作的关键零件。

钩舌板连杆在连杆弹簧拉力的作用下使车钩可靠地连接起来。

钩舌板定位杆上的两个凸齿，使钩舌板处于待挂或解钩状态。

撞块可在车钩连挂时解开钩舌板定位杆与钩壳的锁定位，从而使两钩实现连挂。

半自动车钩的机械钩头与全自动车钩基本相同，半永久车钩的机械钩头采用半环箍型联轴器连接，一般仅在架修和大修时才分解进行检修。

2. 电气连接箱

全自动车钩的电气连接箱设于机械钩头的两侧或上、下侧。其中一侧连接低压电缆，另一侧连接信号和通信电缆。全自动车钩的电气连接箱通过机械操纵机构实现自动连挂和解钩，当机械钩头连挂时钩头内心轴转动带动顶端的凸轮一起转动，从而推动一个二位五通阀使压缩空气作用于电气连接箱的气缸，气缸活塞杆通过杠杆机构和弹簧使电气箱迅速连挂。

半自动车钩电气连接箱的连挂和解钩是由人工实现的，通过手动转动齿轮，使齿轮和齿条机构动作，从而带动杠杆和弹簧使电气连接箱连挂和解钩。因此半自动车钩的电气连接箱运动不随机械车钩同时动作。

3. 气路连接器

气路连接器设在机械钩头法兰下侧的中间，分设两个风管弹簧阀，当一方弹簧阀的阀芯管压迫另一方的阀芯时，双方阀被打开，使总风管和解钩风管接通。而一旦对方风管撤离，也就是两钩头的法兰面分离时，阀芯又在弹簧力的作用下将阀关闭。这样设计的风管连接装置可使风管的接通和断开随车钩的连挂和解钩自动进行，如图 5-12 所示。

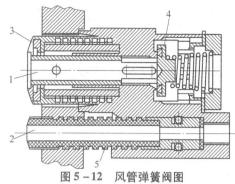

图 5-12　风管弹簧阀图

1—主风管接头；2—解钩风管接头；3—密封条；
4—阀芯；5—压簧

5.2.2　车钩的故障与检修

车钩钩头常见的故障有钩头零件的磨损、变形及裂纹。如钩舌、连接杆、中心销等的裂纹，解钩气缸活塞杆的磨损、弹簧的折损等。

对车钩的检修有如下要求：车钩分解之前先要对车钩间隙进行测量，车钩分解之后要对车钩的外观进行检测，检查是否有严重锈蚀的部件及已经损坏的部件，并对车钩的钩舌板总成、钩舌板中心销轴、车钩连接环进行磁粉探伤。对被严重撞击过的车钩，增加车钩机械钩头部分和连接压溃管的牵引杆的磁粉探伤。装配完成后的车钩须进行气密性试验、连挂和解钩试验。

1. 车钩从车体上的分解

① 将液压升降小车置于车钩下方，将车钩存放支架放在液压升降小车的工作台面上，并调整到适当高度。

② 将电气车钩与机械车钩连接的销轴组件拆除，将电气车钩与机械车钩分离。

③ 将车钩底座部件中的 M36 螺栓组拆除。

④ 将与车体连接的风管分离。

⑤ 用液压升降小车将车钩运走。

图 5-13　间隙规

1—规体；2—测试钩板；3—手柄；
4—连杆；5—连杆销

2. 车钩磨损的检测

在将全自动车钩或半自动车钩分解之前，应该用专用的测量工具——间隙规检测机械钩头内机械连挂机构的间隙，来判定钩锁的磨损情况，如图 5-13 所示。

测量前，先将机械车钩上的电气零部件和阀类部件拆除，用中性的清洗剂将车钩外表面的污垢洗净，便于车钩间隙的测量和零部件的拆卸。间隙要求小于 1.4mm，如果大于 1.4mm，则更换钩舌板总成。

检测步骤如下：

① 检测之前应先清洁机械钩头表面及钩锁机构。

② 将钩锁转至连挂位。

③ 从间隙规的钩舌板中取下连接杆销。

④ 使间隙规定位，即使规体表面与机械钩头表面贴合。

⑤ 使车钩连接杆钩住间隙规的钩舌板。

⑥ 使间隙规的连接杆钩住车钩的钩舌板。

⑦ 通过转动棘轮手柄调节间隙规钩舌板的位置，以便插入连接杆销。

⑧ 顺时针转动棘轮手柄，使间隙规处于张紧状态，调节转矩限于 100N·m。

⑨ 间隙规上的游标尺可读至 0.1mm，钩锁机构的磨损极限不得超过 1.4mm。

⑩ 如果超过磨损极限，必须拆下钩头并分解，以检查钩锁零件的损坏和磨损情况，如有必要，则将其更换。

3. 车钩零部件的分解

① 将车钩中所有的零部件进行分解。

② 将钩舌板置于连挂的位置。

③ 先将盖板拆除，然后再拆除电气连接器的连接销轴和动作执行气缸、主风管部件、对中装置的风管以及车钩连接环。

4. 钩头的检修

机械钩头的各零件通过相互的连接配合完成三态作用，并传递纵向牵引、制动作用力，所以在运用时会出现磨损、裂纹及变形等损伤。

1）对机械钩头进行维修

① 清洁和检查下述钩锁机构零件的磨损情况：连接杆、连接杆销子、钩舌板、中心销、撞块、棘爪、导向杆、张紧弹簧。

② 更换磨损或损坏的零件，按照润滑方案和工艺给相关零件涂油。

③ 更换部分弹簧件。

④ 对钩舌板、连接杆和中心销进行磁粉或其他无损探伤。

⑤ 重新油漆各零件。

⑥ 用压缩空气清洁弹簧支撑座，更换损坏件，并给压簧涂点 Rivolta GWF。

⑦ 在螺栓螺纹表面涂 Rivolta GWF。

⑧ 在机械车钩表面涂 HS300 涂层。

2）对解钩气缸进行维修

① 用无油压缩空气和抹布清洁零件。

② 用刚性金属丝清洁气缸盖板上的排气孔。

③ 检查活塞型密封圈和气缸盖板上的防尘圈有无裂痕，如有，则将其更换。

④ 检查活塞杆的磨损情况，若磨损严重则更换。

⑤ 检查活塞复位弹簧是否断裂，如有，则将其更换。

⑥ 用 Rivolta SKD3400 润滑气缸活塞杆和气缸内侧壁。

⑦ 将 Rivolta GWF 涂于螺栓端部。

3）电气连接箱

电气连接箱只有在损坏的情况下才有必要分解维修。一般情况下，对电气连接箱进行如下维修：

① 用干布和无油压缩空气清洁触头和绝缘块。

② 更换个别已损坏触头，更换可动触头和更换固定触头的方法相同。

③ 检查接线柱，用兆欧表测量接线柱的绝缘性能。

④ 更换密封橡胶框。

⑤ 修复电气连接盒的塑料绝缘涂层。

4）电气连接箱的操纵机构维修

① 更换密封件。

② 清洁零部件和检查零部件磨耗情况，更换磨耗件，用无油压缩空气清洁软管和风管。

③ 如有必要，则重新油漆。

④ 用 Rivolta GWF 润滑滑动接触表面和衬套。

⑤ 用 Rivolta GWF 润滑螺栓端部。

⑥ 用 Loctite 572 密封插接式软管的螺纹件，活结螺母不必密封。

⑦ 用 Rivolta SKD3400 润滑气缸内侧表面和活塞杆。

5）气路连接器的维修

① 清洁和检查零件是否有损坏，更换损坏件。

② 更换主风管和解钩风管弹簧阀对接口的橡胶密封件。

③ 更换主风管和解钩风管的橡胶管。

④ 用白色酒精清洁橡胶件，不得用润滑油脂处理。

⑤ 用 Rivolta GWF 保护螺栓端部。

⑥ 用 Loctite 572 密封气管上的螺纹件，活结螺母不必密封。

5. 车钩的组装与测试

车钩各零部件检修完成后，按照与分解相反的顺序组装，并进行相关测试。

（1）电气车钩的调试　利用电气车钩的调整模板对每个电器车钩进行调整。要求每个电器车钩盒内的触头座不得歪斜。

（2）车钩连挂和气密性试验　将全部拼装好的全自动车钩安装在试验台上，将车钩进行连挂。连挂时要听其声音是否清脆，以判别机械钩头安装的质量如何。用肥皂水喷在接头处以判别气路是否有泄漏。

5.3　缓冲装置

缓冲装置在车辆连接装置中主要起传递和缓和纵向冲击力的作用，是车辆牵引连挂装置的重要组成部分。

5.3.1　缓冲装置的类型及结构原理

缓冲器种类很多，目前使用的有层叠式橡胶金属片缓冲器、环弹簧缓冲器、环形橡胶缓冲器、弹性胶泥缓冲器，带变形管的橡胶缓冲器、可压溃变形管、气液缓冲管、车钩过载保护装置等。

1. 层叠式橡胶金属片缓冲器

1）层叠式橡胶金属片缓冲器的结构及原理

如图 5-14 所示，其作用原理是当车辆受到压缩载荷时，缓冲器体和牵引杆受压，此时力的传递方向为：牵引杆压缩后从板 7→橡胶金属片 1→前从板 2 和缓冲器体 6 的前端。橡胶金属片受到压缩，起到缓冲作用。在牵引载荷工况下，缓冲器体和牵引杆受拉，此时力的传递方向为：牵引杆上的滑套压缩前从板 2→橡胶金属片 1→后从板 7 和缓冲器后盖 4，同样起到缓冲作用。此种缓冲器用于国产地铁车辆上。

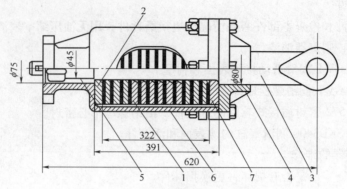

图 5-14　层叠式橡胶金属片缓冲器

1—橡胶金属片；2—前从板；3—牵引杆；4—缓冲器后盖；5—滑套；6—缓冲器体；7—后从板

2）主要技术参数

层叠式橡胶金属片缓冲器主要技术参数见表 5-4。

表 5-4　层叠式橡胶金属片缓冲器主要技术参数

最大牵引力/kN	150
最大冲击力/kN	250
允许最大冲击速度/（km/h）	3
缓冲器容量/kJ	5.63

2. 环弹簧缓冲器

1）环弹簧缓冲器的结构及原理

环弹簧缓冲器由弹簧盒、弹簧前后从板、外环弹簧（共 7 片）、内环弹簧（5 片内环弹簧、1 片开口环弹簧和 2 片半环弹簧组成）、端盖、球形支座、牵引杆等组成，其结构如图 5-15 所示。其作用原理是：当车钩受冲击时，牵引杆推动弹簧前从板向后挤压环弹簧；当车钩受牵拉时，拧紧在牵引杆后端的预紧螺母带动弹簧后从板向前挤压环弹簧。所以无论车钩受冲击或牵拉，环弹簧均受压缩作用。由于内、外环弹簧相互接触的接触面均做成 V 形锥

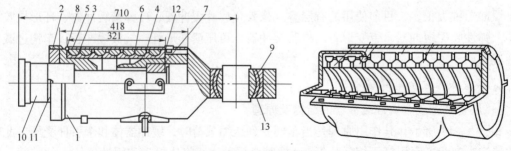

图 5-15　环弹簧缓冲器

1—弹簧盒；2—端盖；3—弹簧前从板；4—弹簧后从板；5—外环弹簧；6—内环弹簧；7—开口弹簧；
8—半环弹簧；9—球形支座；10—牵引杆；11—标记环；12—预紧螺母；13—橡胶嵌块

面，受压缩相互挤压时，外环扩胀，内环压缩，这样就产生了轴向变形，起到了缓冲的作用。同时，内、外环弹簧接触面产生相对滑动，摩擦力做功消耗了部分冲击能。

环弹簧缓冲器的前端通过一组对开连接套筒与钩头连接，后端的球形支座通过销轴与车钩支撑座相连接。整个车钩缓冲装置在水平面内可绕销轴左右摆动40°，在垂直面内借助于球形轴套嵌有橡胶件可上下摆动5°，以满足车辆运行于水平曲线和垂直曲线的要求。上海地铁1号线车辆就采用了这种缓冲装置。

2）主要技术参数

环弹簧缓冲器主要技术参数见表5-5。

表5-5 环弹簧缓冲器主要技术参数

最大作用力/kN	580
最大行程/kN	58
缓冲器容量/kJ	18.7
水平摆角/(°)	±40
垂直摆角/(°)	±5
能量吸收量/%	66

3. 环形橡胶缓冲器

1）环形橡胶缓冲器的结构及原理

环形橡胶缓冲器主要由牵引杆、缓冲器体、环形橡胶弹簧等几部分组成，属于免维护的橡胶缓冲装置。缓冲器安装在车钩安装座上，可以吸收拉伸和压缩能量，半自动车钩和牵引杆均用相同的方法安装固定，如图5-16所示。

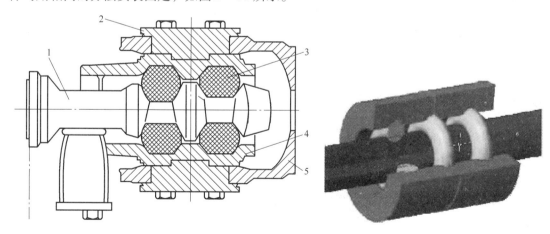

图5-16 环形橡胶缓冲装置
1—牵引杆；2—安装座；3—环形橡胶；4—缓冲器体；5—支撑座

缓冲装置间不存在间隙，在承受拉伸和压缩载荷的同时，可以承受较大的剪切力。

缓冲装置允许车钩做垂向摆动和扭转运动。缓冲装置的支撑座用4个螺栓固定在车体底架上。该装置用于深圳地铁车辆。

2）主要技术参数

环形橡胶缓冲器主要技术参数见表5-6。

表5-6　环形橡胶缓冲器主要技术参数

允许水平最大压缩力/kN	1 250
允许水平最大拉伸力/kN	850
水平摆角/(°)	±11
垂直摆角/(°)	±5.5

4. 弹性胶泥缓冲器

弹性胶泥缓冲器与传统意义上的缓冲器类似，在列车运行过程中起到吸收冲击能量、缓和纵向冲击和振动的作用。其后端通过钩尾销连接在安装座上，前端通过连接环与连挂系统连接。弹性胶泥缓冲器性能先进，缓冲器的可靠性和动态吸收性能较好。

1）弹性胶泥缓冲器的结构及原理

弹性胶泥缓冲器是欧洲铁路联合系统（UIC）在20世纪80年代初首先使用的一种高技术含量、高性能指标的缓冲器产品。使用的介质是处于黏态的高分子材料，这是一种没有经过硫化交联反应的有机硅化合物，具有较高的黏度、良好的弹性、较好的可压缩性和流动性等特征，可在-80℃～250℃的温度范围内使用，是车钩缓冲器的理想介质材料。

弹性胶泥缓冲器的结构如图5-17所示，其中，弹性胶泥芯子是接受能量的元件，车钩受拉时，纵向力传递顺序为：牵引杆→内半筒→弹性胶泥芯子→弹簧盒→车体；车钩受压时，纵向力传递顺序为：牵引杆→弹性胶泥芯子→内半筒-弹簧盒→车体。由此可见，无论车钩受拉或是受压，缓冲器始终受压。

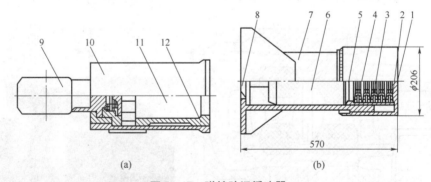

图5-17　弹性胶泥缓冲器

（a）密接式车钩用弹性胶泥缓冲器；（b）KC15弹性胶泥缓冲器

1—大套筒；2—弹性挡圈；3—蝶形弹簧；4—套筒；5—半环；6—弹性胶泥芯子；7—箱体；8—插入件；

9—牵引杆；10—弹簧盒；11—弹性胶泥芯子；12—内半筒

弹性胶泥缓冲器同普通缓冲器性能比较而言，有如下主要优点：容量大、阻抗力小、体积小、质量轻、检修周期长。

2）主要技术参数

弹性胶泥缓冲器主要技术参数见表5-7。

表 5 – 7　弹性胶泥缓冲器主要技术参数

缓冲器容量/kJ	≥30
缓冲器最大行程/mm	73
缓冲器能量吸收率/%	≥80
缓冲器阻抗力/kN	800
车钩联挂最大速度/(km·h⁻¹)	5

5. 带变形管的橡胶缓冲器

如图 5 – 18 所示，带变形管的橡胶缓冲器由拉杆、轴套、锥形环圈、法兰、垫圈、橡胶弹簧以及变形管等组成。轴套与钩头壳体螺纹连接，并由法兰紧固使之不致松动，轴套用来作为拉杆、锥形环圈和变形管支承和导向，拉杆穿过两个弹簧 6 和 7，其端部通过碟形螺母将弹簧压紧。

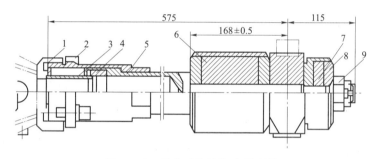

图 5 – 18　带变形管的橡胶缓冲器

1—轴套；2—法兰；3—变形管；4—锥形环圈；5—拉杆；6、7—橡胶弹簧；8—垫圈；9—螺母

在正常运行时，车辆之间所产生的牵引和压缩力主要由两橡胶弹簧来承担。这时车辆连挂冲击速度小于 3km/h。在图 5 – 19 所示的力 – 行程图中作用力小于 100kN 时，行程小于 58mm，橡胶弹簧在变形中所吸收的功如图 5 – 19 所示的阴影线面积。

当车辆在事故冲击时，车辆的碰撞速度超过 5 ~ 8km/h，这时车钩所受到的冲击压缩力超过橡胶弹簧的承载能力，靠近钩头的冲击吸收装置起作用，变形管 3 与锥形环圈 4（图 5 – 18）彼此相互挤压，把冲击能转变为变形管和锥形环圈的变形功和摩擦功，变形管产生永久变形，吸收冲击功可达 16.1kJ，从而达到对乘客和车辆的附加保护作用。产生永久变形后的变形管必须予以更换，只要将法兰 2 松开，并将轴套 1 从钩体中拧出，就不难将变形管 3 从锥形环圈 4 中拉出。

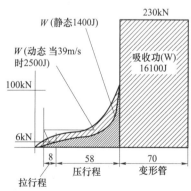

图 5 – 19　橡胶缓冲器冲击衰减力 – 行程图

6. 可压溃变形管

车钩缓冲装置是车辆冲击能量吸收系统的一部分，可压溃变形管作为车钩缓冲装置的重

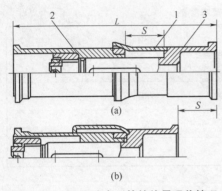

图 5 – 20　可压溃变形管的能量吸收情况

（a）未变形的状态；（b）已压溃后的状态
1—可压溃变形；2，3—可压溃筒体

要部件，用来吸收车辆冲击能量，如图 5 – 20 所示。当两列车相撞时，将会产生可恢复的和不可恢复的变形。

能量吸收可分为三级：第一级，速度最大为 8km/h 时，车钩内的缓冲、吸收装置吸收全部能量，产生的变形可以恢复；第二级，速度为 8 ～ 15km/h 时，可压溃变形管产生的变形不可恢复；第三级，速度超过 15km/h 时，自动车钩的过载保护系统产生不可恢复的变形，车辆前端将参与能量吸收以保护乘客。同时通过可压溃变形管的能量吸收，还可以保护车体钢结构免受破坏。当冲击速度过大，导致可压溃变形管变形时，必须更换。

撞车事故发生后，必须对车辆进行检查，尤其是电气连接和机械连接部分。

车钩的事故率相对较低，但可压溃变形管是必备的备件，另外如钩舌弹簧、固定和活动触头及风管连接器等也是相对容易损坏的部件。

7. 气液缓冲器

气液缓冲器是将气体和液压油作为介质，利用气体和液压油的特性组合成具有吸能特性的可恢复缓冲器，气体的可压缩性可满足较低速度初始能量吸收，液体的阻尼可满足较高速度的能量吸收。如图 5 – 21 所示，气液缓冲器一端由一个带增压阀的活塞与充满液压油的油缸组成，另一端由充满氮气的气缸及带密封的活塞组成。活塞一边充满氮气而另一边充满液压油。一般的气液缓冲器气体和液压油均承受压缩方向负荷，在拉伸方向需要设置环弹簧实现缓冲；采用双行程（TwinStroke）原理的气液缓冲器在拉伸方向也具有缓冲作用，无须另外配置环弹簧。

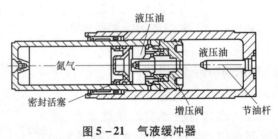

液压油　　液压油

氮气

密封活塞　　增压阀　节油杆

图 5 –21　气液缓冲器

气液缓冲器结构较复杂，密封性要求高，维修成本高，一般在大修时需要返回厂家进行维修。

8. 车钩过载保护装置

如图 5 –22 所示，钩尾冲击座前端与车钩支撑座连接，后端与车体底架牵引梁连接，在钩尾座与车体连接中装有过载保护鼓形套筒。其作用是：当冲击力超过一定范围时，起到车钩和车体的过载保护作用，使之免受损坏。当过载保护鼓形套筒撞碎后，将车钩推向后面。气路连接部分有主风管、解钩风管接头。主风管配有主风管自动阀，解钩时切断气路，连接时气路自动连接，解钩风管始终处于连通状态。由驾驶员操纵驾驶室内电控阀控制管路的通断，最终达到自动解钩和连挂的目的。过载保护装置的能量吸收特性如图 5 – 23 所示，最大的吸收能量为 8.25kJ。

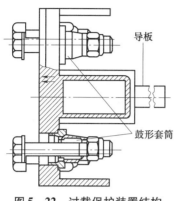

图 5 – 22　过载保护装置结构

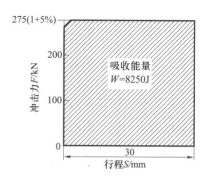

图 5 – 23　过载保护装置能量吸收特性

5.3.2　缓冲装置机械的能量吸收

车辆的机械能量吸收主要由车钩缓冲装置起作用，设有四级能量吸收。

1. 第一级能量吸收

第一级能量吸收是由可复原的能量吸收装置，如车钩橡胶缓冲器完成。当一列 AWO 工况的列车与另一列制动的 AWO 列车相撞，且速度在 8km/h 以下时，所产生的机械能量由该级能量吸收装置吸收，可吸收冲击能 22kJ。第一级能量吸收装置吸收产生的机械能后，车辆的任何部件都不产生损坏。

2. 第二级能量吸收

当两列车冲击作用力为 1 000kN 以下、冲击速度为 8～15km/h 时，第一级能量吸收装置发挥作用后，仍然不能完全吸收两列车相撞所产生的机械能，则第二级能量吸收装置，如可压溃变形管开始发挥作用。可压溃变形管可吸收 185kJ 的变形能，是不可复原的能量吸收装置。第二级能量吸收装置吸收产生的机械能后，除可压溃变形管外，车辆的其他部件不产生损坏。

通过以上两级能量吸收装置，可以防止车体在上述冲击力及冲击速度作用下发生永久变形，保护车体和乘客的安全。

3. 第三级能量吸收

当列车冲击力大于 1 000kN 且冲击速度超过 15km/h 的两列车相撞时，前两级能量吸收装置无法完全吸收所产生的机械能，则第三级能量吸收装置如过载保护装置起作用。

在自动车钩系统上设有过载保护装置，即一个过载保护鼓形套筒，当冲击力超过一定范围，在前两级能量吸收容量全部耗尽后它才起作用。该装置起到车体的过载保护作用，使车体不受损坏，它可吸收 33kJ 的撞击能量。

4. 第四级能量吸收

第四级能量吸收则是通过适当设计驾驶室部位的底架及边梁的刚度使之成为能量耗散区，最大限度地保护客室和乘客的安全。

发生撞车事故的冲击速度大于 15km/h 时，可压溃变形管产生永久变形后必须立即更换；同时要立即检查车体、转向架、通道、设备箱及支承，必须对车辆尤其是电气连接进行全面检查。

5.5.3　缓冲装置的检修

1. 压溃管和橡胶缓冲器（EFG3）的检修

1）可压溃变形管　可压溃变形管变形超过规定标准时须更换。检查时用塞尺测量压溃管，检测是否在要求范围内，如图 5-24 所示。

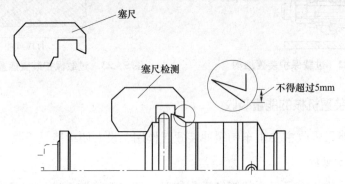

塞尺

塞尺检测

不得超过5mm

图 5-24　塞尺检测压溃管

上海地铁 AC03 型电动列车车钩的缓冲装置是液压缓冲器，是一种可恢复的能量吸收装置。车钩在发生撞击时，缓冲器内部的活塞杆作用于活塞，使压力油通过活塞和缸体内壁的间隙流动，从而吸收能量。其相对速度越快，吸收能量越大。

2）EFG3 缓冲器　应将所有的气管拆除，再将接地线拆除。

① 将 EFG3 缓冲器下部的垂向支承拆卸下来，再将上部转轴上的螺栓、方形垫片和塑料盖取下，并用行车吊起转轴，更换密封环，检查衬套；清洗内部，内部与转轴涂油脂（AU-TOL-Top2000）；装上方形垫片、塑料盖、螺栓。

② 检查橡胶堆有无裂纹，若裂纹深度大于 3mm，长度大于 50mm，则更换。

③ 用刷子清扫橡胶堆，用酒精清除橡胶堆上的杂质。

④ 用 Rivolta GWF 润滑磨耗环和抗摩擦盘的座。

⑤ 用 Rivolta GWF 润滑轴颈座以及上、下壳体的连接座表面。

2. 双作用环弹簧缓冲器的维修

① 对缓冲器进行分解检修之前和装配之后，用缓冲器压力试验机对缓冲器逐渐加载至550kN，缓冲行程为 55mm，缓冲器的能量吸收率大于 66%，缓冲曲线应与其给定的弹性曲线一致。

② 打开缓冲器后检查环弹簧是否在正常位置，然后放松预紧环。

③ 清洁环弹簧和缓冲器的内腔。

④ 检查和更换有裂纹的环弹簧片。

⑤ 用专用油脂对环弹簧片进行润滑。

⑥ 清洁和检查缓冲器两侧的磨耗板的磨损情况，若磨损严重，则更换。

⑦ 检查缓冲器端部的球铰橡胶件有无裂纹，若裂纹深度超过 5mm 就要更换。

3. 其他装置的检修

1）对中装置

车钩对中装置分为水平对中装置和垂向对中装置。水平对中装置一般简称为对中装置，可分为气动对中装置和机械对中装置。垂向对中装置一般称为垂向支承，通过调整该处的调节螺栓，可以调节车钩端面中心线到轨道上表面的距离。

上海地铁 AC01/02/03 电动列车车钩对中装置采用气动自动对中装置。其结构和对中原理：在缓冲器尾部下方左、右侧各设有一个对中气缸，它的活塞头部装有一个水平滚轮，当气缸冲气活塞杆向外伸出时，能自动嵌入固定在球铰座下方的一块呈桃子形凸轮板左、右两个缺口内，从而达到使车钩自动对中的目的，也就是使车钩缓冲装置的中心线与车体中心线在同一个垂直平面内，以便使两个钩头对准对方的车钩的钩坑，如图 5-25 所示。

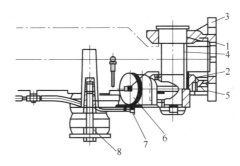

图 5-25 支承座图

1，2-轴套；3-安装座；4-中心销；5-凸轮盘；6-对中作用气缸；7-活接式气接头；8-垂向支承橡胶弹簧

上海地铁 1 号线 AC04 型电动列车车钩的对中装置采用机械对中方式，其原理：机械弹簧的挠度较大，可以使车钩在水平方向摆动一定角度，实现车钩在直线段和曲线段的正常连挂。

对于垂向支承，上海地铁现有电动列车基本相同，都是通过调整橡胶支承垫的预紧力来调整车钩在垂向距轨道上表面的距离（一般为 720mm）。对于对中装置进行如下维修：

① 用无油压缩空气和抹布清洁各零件。

② 用刚性金属丝或螺丝刀清洁气缸排气孔。

③ 检查凸轮板和衬套是否损坏和磨损，如有损坏则更换。

④ 检查活塞杆端部的滚轮是否损坏，如有损坏则更换。

⑤ 用 Rivolta GWF 润滑所有的滑动件和壳体内侧。

⑥ 用 Rivolta GWF 保护螺纹和螺栓端部。

⑦ 用 Loctite 572 保护插接式软管上的螺纹件。

对于垂向支承装置进行如下维修：

① 清洁和检查橡胶弹簧是否有裂纹和损坏，如果裂纹深度超过 3mm 或长度超过 10mm，须更换橡胶弹簧。

② 清洁和更换衬套。

2）钩尾冲击座

缓冲器的尾部是通过一个球铰与车体底架相连，该球铰部分简称钩尾冲击座。这样的结

项目 5 车辆连接装置检修

构可使整个车钩缓冲装置在水平面内摆动 ±400 单位，而在垂直面内摆动 ±50 单位，满足车辆在水平曲线和竖曲线上运行的要求。

通过钩尾冲击座将车钩缓冲装置安装在车体的底架牵引梁上，而钩尾冲击座与牵引梁之间安装过载保护螺栓。过载保护螺栓是采用鼓形结构，当冲击荷载大于 800kN 时鼓形结构被破坏，车钩与车体分离并沿着导轨向后移动，从而避免超过容许用荷载的冲击力加载到车体底架上。

上海地铁现有电动列车车钩钩尾冲击座的原理和功能基本相同，只是结构和尺寸略有差异。对钩尾冲击座进行如下维修：

① 当车钩受到 850kN 以上的冲击荷载或严重的碰撞事故后，必须检查过载保护螺栓和衬套是否损坏，若有损坏须更换。

② 清洁和检查底架的尼龙导轨轨板是否损坏，若有损坏须更换，并对其进行润滑，但是不允许对过载保护螺栓和衬套的接触表面进行润滑。

③ 清洁和检查球铰结构的橡胶件是否损坏，若有损坏须更换。

④ 自锁螺母重复使用次数不得超过 5 次。

3）其他附件的结构和维修

（1）连接环　连接环由上、下两个半连接环组成，通过 4 个螺栓连接。通过连接环把车钩钩头和缓冲器连接在一起，实现力和运动的传递。对连接环进行如下维修：

① 清洁连接环的内外表面。

② 用磁粉或其他无损检测方式进行探伤。

③ 用 Safecoat DW36X 涂连接环内侧底部，不得涂连接环和车钩钩头法兰环的工作表面。

④ 用 Rivolta GWF 保护螺纹和螺栓端部。

⑤ 安装时连接环的排水孔必须朝下。

（2）监测和控制元件　车钩实现连挂和解钩动作的控制和监测元件为 s_1 行程开关、s_3 行程开关、s_4 行程开关和二位五通换向阀。当机械钩头连挂和解钩时，钩头中心销的凸轮板转动，s_1 行程开关监测到该动作并给出反馈电信号。当电气连接箱连挂和解钩时，s_3 行程开关监测到电气连接箱操纵机构的动作并反馈电信号。s_4 行程开关与车钩的止动板有连锁作用，当止动板动作时即切断车钩高压电路，特别在解钩时起安全保护作用。

车钩的气路控制元件为二位五通换向阀，通过该阀实现电气连接箱和对中装置的自动动作。对监测和控制元件进行如下维修：

① 检查行程开关 s_1、s_3 和 s_4 的动作是否良好，否则进行更换。

② 在安装开关时，确保其行程触头的正确角度和位置，并检查其功能。

③ 清洁和检查二位五通阀。

5.4　贯通道及渡板

5.4.1　贯通道的结构

贯通道装置也叫风挡装置，位于两节车厢连接处，是两车辆通道连接的部分，它具有良好的防雨、防风、防尘、隔声、隔热等功能，能使乘客安全地穿行于车厢之间。风挡装置分为整体式和分体式。在该装置的下部还设有分式渡板，连接处由车钩支撑。贯通道风挡侧向断面图的结构如图 5 – 26 所示。

1. 波纹折棚

折棚由多折环状篷布缝制而成，每折环的下部设有两个排水孔。折棚体选用特制的阻燃、高强度、耐老化人造革制作，在 –45℃ ~ +100℃ 范围内能够正常使用，抗拉强度 ≥ 3 000N/cm²。棚布采用双层夹心结构，大大提高了风挡的隔声、隔热性能。折棚体各折缝和边用铝合金型材镶嵌，折棚体的一端连接在车体端部，另一端与连接座连接固定。

2. 紧固框架

紧固框架是由铝型材焊接而成，通过固定在框架上的螺钉将波纹式风挡牢固地与车辆端部连接。在该部件的上面还设有固定内墙板和内顶板的连接装置。

3. 连接框架

连接框架也是由铝合金骨架焊接而成，与紧固框架外形相似，但其内部结构和实现的功能是不同的，如图 5 – 27 所示。

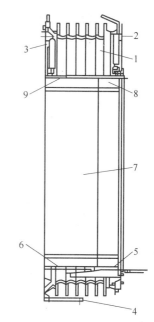

图 5 – 26　贯通道风挡侧向断面图的结构
1—波纹折棚；2—紧固框架；3—连接框架；
4—滑动支架；5—渡板组成（1）；
6—渡板组成（2）；7—内侧板；
8—单层顶板；9—顶板

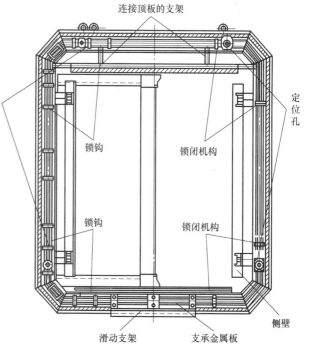

图 5 – 27　连接框架结构

① 在框架的侧面和顶部设有两个定位孔和定位销，当连挂时，定位销插入对应框架的定位孔中而实现准确连挂。

② 在框架上设有4个锁钩和锁钩机构，连挂后用手工将锁钩插入对应的锁闭机构中，实现风挡的惯性连接。

4. 滑动支架

滑动支架采用钢板焊接而成，落在车钩的贯通道支座上，实现支承贯通道的功能。它的上部与支承金属板相连。

5. 侧护板

侧护板的通道表面为镶有凯德板的罩板，内有铝型材与弧面橡胶条镶嵌而成的边护板，可实现拉伸和压缩。护板内表面设有连杆支承机构，使护板有足够的刚度，旅客可依靠护板；护板的两端与车体端部连接，可用专用钥匙快速打开、拆卸。

6. 顶板

每个通道顶板由两个边护板和一个中间护板组成，顶板内侧设有连杆机构，使车辆运行时中间护板始终保持在中间位置，不会偏移。顶板通过边框用螺钉固定在车体端墙上。

贯通道的锁钩、滑动支架、活动地板和镶边及波纹折棚都是容易损坏的部件。北京地铁1号线车辆之间不是采用直接贯通道的形式，而是在车辆端墙中部设有端门。早期的车辆只在门口下部设有渡板，门口两边加装扶手，在1号线延长线（即原复八线）上又增加了一个整体式波纹折棚。

5.4.2 渡板装置的组成

在紧固框架和连接框架侧各有一组渡板，在紧固框架一侧的渡板组成Ⅰ靠托架支撑，而在连接框架一侧的渡板Ⅱ的一端通过安全支承座与支承金属板相连接，另一端支承在渡板组成Ⅰ上。渡板组成Ⅰ由车厢侧相互铰接的固定连接板和活动连接板组成，渡板Ⅱ由地板、活动地板和镶边组成，如图5-28所示。地板为不锈钢板，活动地板为花纹不锈钢板，各相对

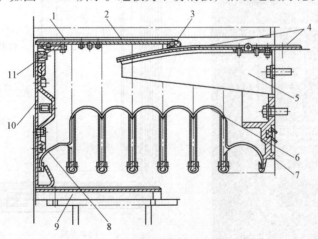

图5-28 渡板装置组成简图

1—地板；2—活动地板；3—镶边；4—固定连接板和活动连接板；5—托架；6—衬油毡的纤维织物；
7—旋紧架；8—连接架；9—活动支架；10—支承金属板；11—安全支承座

滑动面间设有磨耗板。渡板装置能够保证追随与适应连挂车辆运行过程中的各种复杂运动，具有足够的强度与刚度，能够确保乘客安全通过，并为站立的旅客提供安全地方，能承受 9 人/m² 的压力负荷，表面无凸起物及障碍物。

实训项目一：车钩的保养

实训装置：长春轻轨车钩

实训目的：掌握车钩的结构及工作原理；能够熟练使用工具对车钩调整

实训方法：见表 5 – 8

表 5 – 8　车钩保养的内容、步骤及检验标准

实训内容	工作步骤	检验标准
外观检查	① 用检验锤敲打车钩螺栓有无松动 ② 车钩头部表面有影响连挂的撞击损伤变形 ③ 目测车钩装置外表面有肉眼可见裂纹 	① 车钩各螺栓无松动。 ② 车钩头部表面无撞击损伤变形。 ③ 车钩外表面无裂纹
间隙测量	用卷尺和方钢测量车钩距轨面高度 	车钩距轨面高度应为 582 ~ 612mm
运行检查	目测列车运行曲线过程中车钩各项偏角及工作状态	① 车钩装置向各向偏角顺畅、连续，无异常卡滞等现象。 ② 车钩无异常声响
清洗润滑	拆下钩舌清洗钩腔内的污垢后，在钩腔内均匀涂一层润滑脂 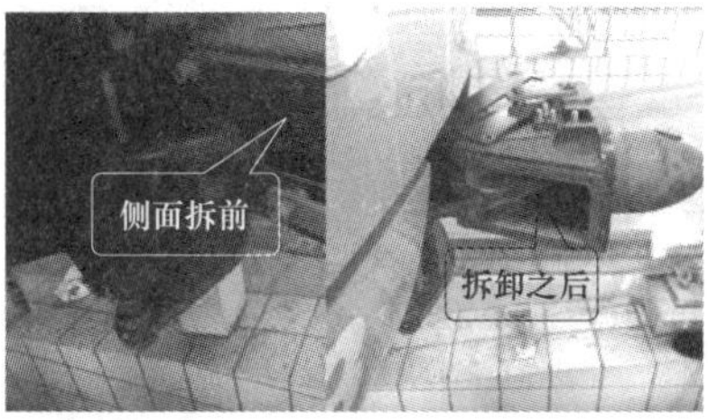 侧面拆前　拆卸之后	确保钩腔内部处润滑良好状态，以起到防锈作用

实训项目二：贯通道的拆装

实训装置：长春轻轨贯通道

实训目的：掌握贯通道的结构及工作原理；能够熟练使用工具对贯通道进行调整

实训方法：见表5－9

表5－9　贯通道拆装的内容、步骤及检验标准

实训内容	工作步骤	检验标准
客室贯通道连挂和解编操作	① 两车解编分离时，首先拆下拖车侧内、外折棚及同侧检修口压条，再将内、外棚用拉绳收拢，挂上挂钩。踏板及渡板向上翻转90°以上，然后摘开车钩，两车分开。 ② 两车连挂时，在车钩连接牢固、踏渡板组成调整无误后，可以安装内、外折棚另一侧到相对的车体上，用螺钉紧固，并让渡板自然搭落在踏板上面	内、外折棚安装正确无误后，从外侧在密封条与端墙结合处涂密封胶，要求均匀规整
中间贯通道连挂和解编操作	① 两车解编分离时，首先拔下踏板上销轴，将渡板和连杆机构摘下；其次将拖车侧内、外折棚拆开并用拉绳拢紧，挂上挂钩。 ② 两车连挂时，在车钩连接牢固后，让渡板自然搭落在踏板上面，然后将连杆机构组成的端部连杆放到踏板组成的托板上，对正孔位，然后用销轴将踏、渡板组成和连杆机构连接上。踏渡板组成调整无误后，可以安装内、外折棚另一侧到相对的车体上，用螺钉紧固	内、外折棚安装正确无误后，从外侧在密封条与端墙结合处涂密封胶，要求均匀规整

思考题

1. 城轨车辆车钩的作用有哪些？
2. 城轨车辆车钩有哪几种？
3. 说明全自动车钩的结构和三种工作状态的工作原理。
4. 车钩缓冲装置有哪些类型？各有什么特点？一般适用什么车辆？
5. 车钩缓冲装置的检修内容有哪些？
6. 车钩的检修内容和检修流程是什么？
7. 贯通道和渡板的作用是什么？贯通道由哪些部分组成？
8. 在车钩拆装中应注意哪些问题？
9. 简述在对贯通道进行拆装时应注意的事项。

实训题

1. 针对某一车辆的车钩制定检修工艺卡。
2. 完成车钩外观检查，测量车钩高。

项目6
制动系统检修

学习目标

1. 理解制动的相关概念
2. 掌握制动系统的作用及分类
3. 掌握几种常用制动方式的结构、工作原理及特点
4. 掌握制动系统的结构组成
5. 理解空气制动系统的控制方式
6. 掌握风源系统的结构及工作原理
7. 理解动力制动的工作原理
8. 理解基础制动装置的结构及工作原理
9. 了解制动控制系统的组成及控制原理
10. 能完成制动系统的保养
11. 能完成空气制动系统的检修

学习指南

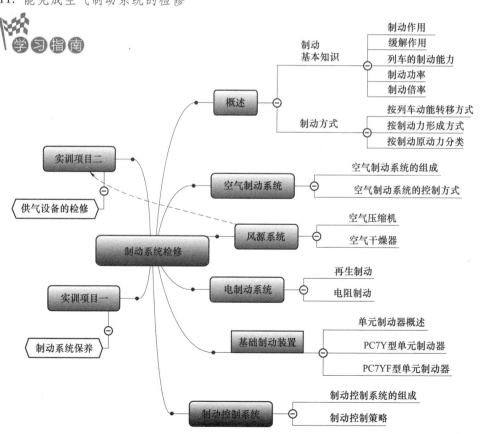

任务名称	制动系统检修	建议学时：16 学时
任务描述	制动系统是城市轨道交通车辆一个重要的组成部分，它是车辆安全运行的保证，在紧急情况下能迅速停车，对减少事故和人员伤亡有着重要的意义。因此，在城市轨道交通运营公司的维修段，车辆制动系统的维修、调整与保养是一项重要工作。本任务要求通过对车辆制动系统相关知识的学习，能够在教师指导下完成城轨车辆制动系统的调整与保养	
任务要求	熟练掌握本项目的相关理论知识及实训项目的操作步骤，完成学习任务	
任务准备	1. 场地：轨道车辆制动实训室或企业车辆维修段 2. 设备：液压制动系统、vv120 空气压缩机 3. 工具：卡尺、扭力扳手、棘轮、套头、游标卡尺、塞尺、润滑脂、吸油纸、螺丝刀 4. 资料：实训指导书、实训报告	
引导问题	1. 城市轨道交通车辆制动方式有哪些种类？ 2. 城市轨道交通车辆制动系统由哪些部分组成？ 3. 城市轨道交通车辆制动系统具有哪些功能？ 4. 单元制动器由哪些部分组成？ 5. 怎样进行制动系统的保养？	

6.1 概述

6.1.1 制动的基本知识

1. 制动作用

人为地施加于运动物体一外力，使其减速（含防止其加速）或停止运动；或施加于静止物体，使其保持静止状态。这种作用被称为制动作用。实现制动作用的力称为制动力。

制动作用强调人为施加的外力作用，意味着可以调整制动力的大小，即制动作用效果。制动力对被制动物体来说是一种外力，列车制动力的产生是列车以外的物体产生而施加于列车的一种（外）力。这一外力只能是钢轨施加于车轮与列车运行方向相反（与钢轨平行）的力。

2. 缓解作用

解除制动作用的过程称为缓解。制动装置既要能实现制动作用，同时也要能实现缓解作用。对于运动着的列车，要使其减速或停车，就应根据需要施加于列车一定大小的与其运动方向相反的外力，以使其实现减速或停车作用，即施行制动作用；列车在运行途中加速或启动加速前要解除掉制动作用，即施行缓解作用。

3. 列车的制动能力

制动能力是指该列车的制动系统能使其在规定的安全范围内或规定的安全制动距离内可靠地把车停下来的能力。一般来说，城市轨道交通系统都有明确的车辆运行规程，特别对列车制动能力有严格的要求和规定。例如，要求列车在紧急情况下的制动距离（紧急制动距离）不得超过某一规定值。上海地铁规定：列车在满载乘客的条件下，在任何运行初速度下，其紧急制动距离不得超过 180m。这个距离要比启动加速距离短得多。因此，从安全的目的出发，一般列车的制动功率要比驱动功率大 5 ~ 10 倍。

4. 制动功率

从能量的角度看，制动的实质就是将列车上的动能转移出去。制动系统转移动能的能力就是制动功率。在一定的制动距离条件下，列车的制动功率是其速度的 3 次函数。

5. 制动倍率

所谓制动倍率，是指制动缸活塞推力，经杠杆系统转换为闸瓦压力时所扩大的倍数，即

$$\beta = \frac{\sum K}{P_r}$$

式中，β 为制动倍率；$\sum K$ 为辆车按理论计算的闸瓦总压力（N）；P_r 为制动缸活塞推力（N）。

制动倍率是基础制动装置的重要特性，制动倍率的大小与制动缸活塞行程及闸瓦与车轮之间间隙（闸瓦间隙）的大小无关，仅与基础制动装置各杠杆的孔距尺寸有关。选择制动倍率应适中：制动倍率过小，要保证足够的闸瓦压力，必须考虑提高制动管定压或增大制动缸直径，则会造成空气制动系统耐压强度及泄漏严重的问题，或者增大制动缸直径带来安装布置的困难；制动倍率过大，又会带来闸瓦磨耗、引起制动缸活塞行程显著伸长、影响制动效果、增大检修工作量的问题。

6.1.2 制动方式

制动方式可按制动时动车组动能转移方式、制动力获取方式或制动源动力的不同进行分类。

1. 按列车动能转移方式分类

按照制动时动车组动能的转移方式不同，制动方式可以分为摩擦制动和动力制动。

1）摩擦制动

通过摩擦副的摩擦将列车的运动动能转变为热能，逸散于大气，从而产生制动作用。城市轨道交通车辆常用的摩擦制动方式主要有闸瓦制动、盘形制动，在高速列车的制动系统中还有磁轨制动。

（1）闸瓦制动　闸瓦制动又称为踏面制动（图 6 - 1），是最常用的一种制动方式。制动时闸瓦压紧车轮，轮、瓦间发生摩擦，将列车的运动动能通过轮、瓦间的摩擦转变为热能，逸散于空气中。

在制动时，闸瓦制动装置根据制动指令使制动缸内产生相应的制动缸压力，该压力通过制动缸使制动缸活塞产生推力，经基础制动装置中一系列杆件的传递、分配，使每块闸瓦都贴靠在车轮踏面上，并产生闸瓦压力。车轮与闸瓦之间相对滑动，产生摩擦力，最后转化为轮轨之间的制动力。缓解时，制动控制装置将制动缸压力空气排除，制动缸活塞在制动缸缓解弹簧的作用下退回，通过各杆件带动闸瓦离开车轮踏面。

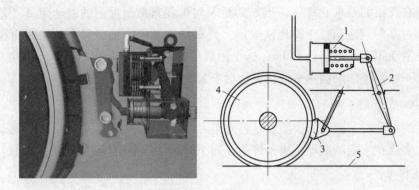

图 6-1　闸瓦制动

1—制动缸；2—基础制动装置；3—闸瓦；4—车轮；5—钢轨

在闸瓦与车轮这一对摩擦副中，由于车轮主要承担着车辆走行功能，因此其材料不能随意改变。要改善闸瓦制动的性能，只能改变闸瓦材料。早期的闸瓦材料主要是铸铁。为了改善其摩擦性能，增加耐磨性，目前城市轨道交通车辆中大多采用合成闸瓦，但合成闸瓦的导热性较差，因此目前也有采用导热性能良好且具有较好的摩擦性能的粉末冶金闸瓦。

在闸瓦制动方式中，当制动功率较大时，有可能使产生的热量来不及逸散于大气，而在闸瓦与车轮踏面积聚，使它们的温度升高，轮瓦间摩擦力下降，严重时导致闸瓦熔化（铸铁闸瓦）和轮毂松弛等。因此，在采用闸瓦制动时，对制动功率要有限制。

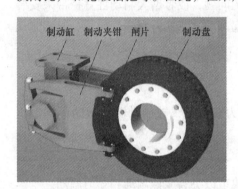

图 6-2　盘形制动装置

（2）盘形制动　盘形制动如图 6-2 所示。制动时，制动缸活塞杆推出，制动缸缸体和活塞杆带动两根杠杆，通过杠杆和支点拉板组成的制动夹钳使闸片夹紧制动盘，使闸片与制动盘间产生摩擦，把列车的动能转变为热能，热能通过制动盘与闸片逸散于大气。盘形制动方式可以选择高性能的摩擦副材料和良好的散热结构，获得比闸瓦制动大得多的制动功率。

盘形制动有轴盘式和轮盘式之分，如图 6-3 所示。非动力转向架一般采用轴盘式，当动力转向架轮对中间由于牵引电动机等设备使制动盘安装发生困难时，可采用轮盘式。

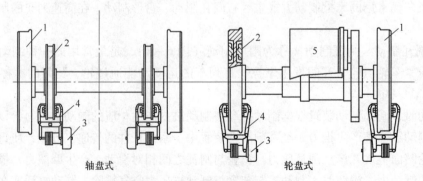

轴盘式　　　　　　　　　　　轮盘式

图 6-3　轴盘式制动与轮盘式制动

1—轮对；2—制动盘；3—单元制动缸；4—制动夹钳；5—牵引电动机

（3）磁轨制动　磁轨制动也叫轨道电磁制动，如图6-4所示。在转向架构架侧梁4下通过升降风缸2安装有电磁铁1，电磁铁下设有磨耗板5。制动时将电磁铁放下，使磨耗板与钢轨3吸合，列车的动能通过磨耗板与钢轨的摩擦转化为热能，逸散于大气。磁轨制动能得到较大的制动力，因此常被用作紧急制动时的一种补充制动手段。

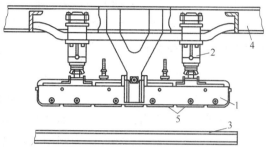

图6-4　磁轨制动

1—电磁铁；2—升降风缸；3—钢轨；4—转向架构架侧架；5—磨托板

2）动力制动

在制动时，动力制动系统将牵引电动机变为发电动机，使列车动能转化为电能，对这些电能的不同处理方式形成了不同方式的动力制动。城市轨道交通车辆上采用的动力制动形式主要有再生制动和电阻制动，都是非接触式制动方式。

（1）再生制动　再生制动是把列车的动能通过发电动机转化为电能后，再使电能反馈回电网。显然这种方式既能节约能源，又减少制动时对环境的污染，并且基本上无磨耗，因此是一种较为理想的制动方式。

（2）电阻制动　将发电动机发出的电能加于电阻电器中，使电阻器发热，即电能转变为热能，也称能耗制动。电阻器上的热能靠风扇强迫通风而散于大气中。电阻制动一般能提供较稳定的制动力，但车辆底架下需要安装体积较大的电阻箱。

再生制动和电阻制动将在6.4节中详细介绍。

2. 按制动力形成方式分类

根据列车制动力的获取方式不同，可分为黏着制动与非黏着制动。

1）黏着制动

以闸瓦制动为例，制动时，车轮与钢轨之间有3种可能的状态：

（1）纯滚动状态　车轮与钢轨的接触点无相对滑动，车轮在钢轨上做纯滚动。这时，车轮与闸瓦之间为动摩擦，车轮与钢轨之间为静摩擦，车轮与钢轨之间可能实现的最大制动力是轮轨之间的最大静摩擦力。这是一种难以实现的理想状态。

（2）滑行状态　车轮在钢轨上滑行，车轮与钢轨之间的滑动摩擦力为列车制动力。这是一种必须避免的事故状态，由于滑动摩擦系数远小于静摩擦系数，一旦发生这种工况，制动力将大大减小，制动距离会延长；同时车轮在钢轨上长距离滑行，将导致车轮踏面的擦伤，危及行车安全。

（3）黏着状态　列车制动时，车轮与钢轨的接触处既非静止，也非滑动，车轮在钢轨上滚动的同时又有滑动的趋势，这种状态称为黏着状态。黏着状态下车轮与钢轨间的最大水平作用力称为黏着力，制动时，可能实现的最大制动力不会超过黏着力。依靠黏着滚动的车轮与钢轨黏着点之间的黏着力来实现车辆的制动称为黏着制动。

2）非黏着制动（黏着外制动）

列车制动时，制动力的提供不再依靠轮轨之间的黏着力，而由其他方式提供，这样制动力的大小不受黏着力限制，这种制动方式称为非黏着制动。非黏着制动的制动力不从轮轨之间获取，因而它可能实现的最大制动力可以超过轮轨之间的黏着力。

在上面介绍的制动方式中，闸瓦制动、盘形制动、电阻制动和再生制动均属于黏着制动，而磁轨制动则属于非黏着制动。

3．按制动原动力分类

在目前列车所采用的制动方式中，制动的原动力主要有压缩空气的压力和电磁力。以压缩空气为源动力的制动方式称为空气制动，如闸瓦制动、盘形制动等都为气制动方式；以电磁力为源动力的制动方式称为电制动，动力制动及轨道电磁制动等均为电制动；还有机械制动、液压制动等方式。

6.2 空气制动系统

空气制动，又称为机械制动或摩擦制动。城市轨道交通车辆常用的空气制动方式有闸瓦制动和盘形制动。空气制动主要以压缩空气为动力，压缩空气由车辆的供气系统供给。

6.2.1 空气制动系统的组成

城市轨道交通车辆的空气制动系统由供气系统、基础制动装置（常见的有闸瓦制动装置与盘形制动装置）、防滑装置和制动控制单元组成，如图6-5所示。

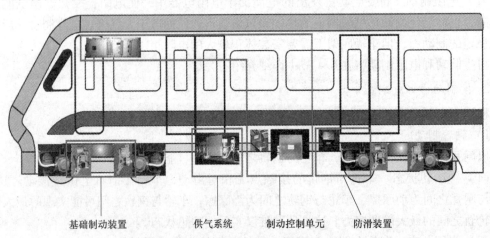

基础制动装置　　　供气系统　　　制动控制单元　　防滑装置

图6-5　空气制动系统的组成

供气系统主要由空气压缩机、空气干燥器、压力控制装置和管路组成。供气系统除了给车辆制动系统供气外，还向车辆的空气悬架设备、车门控制装置（气动门）、气动喇叭、刮水器及车钩操作气动控制设备等需要压缩空气的设备供气。

防滑装置是用于车轮与钢轨黏着不良时，对制动力进行控制的装置。它的作用是：防止车轮即将抱死；避免滑动并最佳地利用黏着力，以获取最短的制动距离。

制动控制单元是空气制动的核心部件，它接受微机制动控制单元（EBCU）的指令，然后再指示制动执行部件动作。其组成部分主要有模拟转换阀、紧急阀、称重阀和均衡阀等。这些部件都安装在一块铝合金的气路板上，实现了集成化，避免了用管道连接而造成容易泄漏和占用空间大等问题。

6.2.2 空气制动系统的控制方式

空气制动机根据作用原理不同，又可分为直通空气制动机和自动空气制动机。

1. 直通空气制动机

直通空气制动机的基本组成形式如图6-6所示，由制造压力空气的空气压缩机1、储存压力空气的总风缸2、操纵列车制动机作用的制动阀4、贯通全列车的制动管5和将空气压力转换为机械推力的制动缸8等组成。

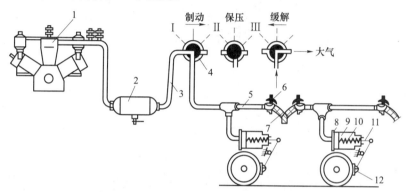

图6-6　直通空气制动机原理图
1—空气压缩机；2—总风缸；3—总风缸管；4—制动阀；5—制动管；6—折角赛门；7—制动软管；
8—制动缸；9—制动缸活塞；10—制动缸缓解弹簧；11—制动缸活塞杆；12—闸瓦

1）作用原理

制动阀手把有制动、保压和缓解三个作用位。

（1）制动位　制动阀手把置Ⅰ位（制动位）时，总风缸的压力空气经制动阀、制动管进入各车辆的制动缸，使制动缸活塞杆推出，闸瓦压紧车轮，列车产生制动作用。

（2）保压位　制动阀手把移至Ⅱ位（保压位）时，总风缸、制动管和大气之间的通路均被遮断，制动缸和制动管保持压力不变。

（3）缓解位　制动阀手把移至Ⅲ位（缓解位）时，制动管及所有制动缸压力空气经制动阀排气口排出，制动缸活塞被缓解弹簧推回，闸瓦离开车轮踏面，列车制动状态得到缓解。

2）直通空气制动机的特点

构造简单，用制动阀可直接调节制动缸压力，具有阶段制动和阶段缓解作用性能，对于很短的列车，操作方便灵活，但不适用于较长列车。因为：

① 机车上总风缸无法储存供应较长列车各车辆制动机制动时制动缸所需的压力空气。

② 制动和缓解时各车辆制动缸的压力空气都要由机车上的总风缸供给和机车上的制动阀排气口排出，所以，制动时距离机车近的制动缸充气早、增压快，距离机车远的制动缸充气晚、增压慢；缓解时距离机车近的制动缸排气早、缓解快，距离机车远的制动缸排气晚、缓解慢。造成列车前后部车辆的制动和缓解作用一致性差，列车纵向冲动大。特别在当列车

发生车钩分离事故时，整个列车就失去制动控制。因此，直通空气制动机在铁路车辆上已经淘汰（只在部分地方小铁路车辆上使用），被自动空气制动机所代替。

2. 自动空气制动机

1）自动空气制动机的工作原理

如图6-7所示，自动空气制动机在直通空气制动机的基础上增加了三个部件：在总风缸2与制动阀4之间增加了给气阀15；在每节车辆的制动管5与制动缸6之间增加了三通阀13和副风缸14。给气阀的作用是限定制动管定压——人为规定的制动管压力，即无论总风缸压力多高，给气阀出口的压力总保持在一个设定的值。

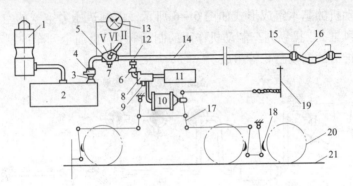

图6-7 列车空气制动系统工作原理图

1—空气压缩机；2—总风缸；3—总风缸管；4—给风阀；5—自动制动阀；6—远心集尘器；7—制动阀排气口；
8—三通阀（分配阀或控制阀）；9—三通阀（分配阀或控制阀）排气口；10—制动缸；11—副风缸；
12—截断塞门；13—双针压力表；14—制动管；15—折角塞门；16—制动软管；
17—基础制动装置；18—闸瓦；19—手制动装置；20—车轮；21—钢轨

自动空气制动机的制动阀同样也有缓解、保压和制动3个作用位置，但内部通路与直通空气制动机的制动阀有所不同。在缓解位时它接通给气阀与制动管的通路；制动位时它使制动管与制动阀上的EX口相通，制动管压缩空气经它排向大气；保压位时仍保持各路不通。

制动阀操纵手柄放在缓解位时，总风缸中的压缩空气经给气阀、制动阀送到制动管，然后通过制动管送到各车辆的三通阀，经三通阀使副风缸充气。如果此时制动缸中有压缩空气，则经三通阀排气口16排入大气。列车运行时，制动阀操纵手柄一般处于此位，直至副风缸充至制动管定压值。

制动阀操纵手柄放在制动位时，制动管中的压缩空气经制动阀EX口排向大气。制动管的减压信号传至车辆的三通阀时，三通阀动作，副风缸内的压缩空气经三通阀充向制动缸。制动缸活塞推出，使制动执行机构动作，列车产生制动作用。

由此可见，自动空气制动机是依靠制动管中压缩空气的压力变化来传递制动信号，制动管增压时缓解，减压则制动，其中，三通阀是制动缸充气或排气的控制部件。

2）三通阀工作原理

三通阀与制动管、副风缸和制动缸相通。三通阀内有一个气密性良好的主活塞和带孔道的滑阀及节制阀。主活塞外侧通制动管，内侧通副风缸。当制动管内压缩空气的压力发生增、减变化时，主活塞两侧产生压力差（制动管与副风缸的空气压力差），当克服移动阻力后，推动主活塞带动滑阀、节制阀移动，形成不同的作用位置，实现以下各种作用：

（1）充气、缓解作用　如图6-8所示，当操纵自动制动阀使总风缸的压力空气向制动管充气时，三通阀内主活塞外侧压力增高，主活塞被推动，连同滑阀、节制阀向内移动，开放了充气沟i，制动管的压力空气经充气气路进入副风缸储存起来（其压力最后可达到与制动管规定压力相等），准备制动时使用。同时，滑阀移动后将制动缸和三通阀排气口连通，若制动缸内有压力空气，则经排气口排入大气。这就实现了制动机充气及缓解作用。

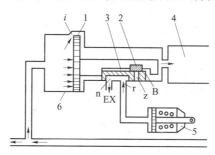

图6-8　充气缓解位作用原理

1—主活塞及主活塞杆；2—节制阀；3—滑阀；4—副风缸；5—制动缸；6—三通阀（分配阀或控制阀）；
i—充气沟；B—间隙；z—滑阀制动孔；r—滑阀座制动缸孔；n—滑阀缓解联络通槽；EX—排气口

（2）制动作用　如图6-9所示，当操纵自动制动阀使制动管内压力空气排入大气时，三通阀主活塞外侧压力下降，主活塞被副风缸空气压力推动，连同节制阀、滑阀向外移动。当移动到滑阀与滑阀座上的孔路时，将副风缸和制动缸连通，副风缸内压力空气经滑阀与滑阀座上的制动气路进入制动缸，实现制动机的制动作用。

（3）制动保压作用　如图6-10所示，制动后，当制动管停止向外排气时，三通阀仍处在制动位置，所以副风缸内压力空气通过滑阀与滑阀座上的孔路继续充入制动缸，副风缸（滑阀室）的压力继续下降；当降到稍低于制动管压力时，主活塞带动节制阀向内移动间隙B距离（滑阀未动），节制阀将滑阀上的副风缸与制动缸通路遮断（滑阀制动孔被节制阀盖住），停止了副风缸向制动缸充气，制动缸内压力不再上升，也不减少，即形成制动保压作用。

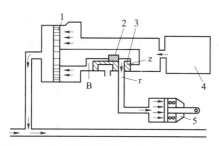

图6-9　制动位作用原理（图注同图6-8）

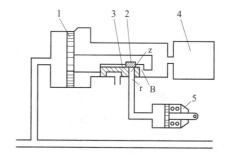

图6-10　制动保压位作用原理（图注同图6-8）

6.3　供气系统

6.3.1　空气压缩机

一般城市轨道交通列车是以动车组为单元的，所以供气系统一般也是以动车为单元来设置的。每一单元设置一个空气压缩机组，每个机组包括压缩机、驱动电动机、空气干燥器和压力控制开关等。这些装置都集中安装在动车单元的一个车的底架上，例如上海地铁 1 号线列车的空气压缩机组都安装在每个单元的 C 车上。

1. 空气压缩机的工作原理

城市轨道交通车辆的供电制式一般为直流 1 500V、750V 或 600V。除了 1 500V 比较高外，750V 和 600V 额定输入电压的直流电动机都比较容易制造，因此制动空气压缩机组的驱动电动机大都采用直流电动机，直接由接触网供电。进口车辆的空气压缩机驱动电动机也有采用 1 500V 直流电动机的。电动机通过弹性联轴器驱动空气压缩机。

进入空气压缩机的空气必须先经过滤清器使其净化。经过压缩后的空气在存入主储风缸前还要进行干燥，然后供各用气部件使用。

目前城市轨道交通车辆使用的空气压缩机大多为多级气缸，分低压压缩和高压压缩。低压压缩是将外界大气压缩至 $2.6 \times 10^5 Pa$ 左右，再进入高压压缩，将压力提高至 $10 \times 10^5 Pa$。每个气缸顶部都设有吸气阀和排气阀，外界大气通过设在空气压缩机进气口处的油浴式滤清器的净化后，被吸入低压气缸进行压缩。为了提高压缩效率，低压气缸输出的压缩空气被送到中间冷却器冷却。冷却后的低压空气再送至高压气缸进行进一步压缩，直至空气压力符合要求。高压的压缩空气还必须通过后冷却器冷却，使其温度降低以便通过空气干燥塔进行油水分离。最后，洁净而干燥的高压压缩空气被送至主储风缸进行储存。中间冷却器和后冷却器多为翅片管式冷却器，它们被重叠在一起，采用强迫式通风冷却。强迫通风的风源来自安装在曲轴端头的风扇。空气压缩机运行时，其气缸的润滑是依靠焊接在曲轴上的小铁片将曲轴箱内的机油刮起、飞溅到气缸壁上来润滑的，这种润滑方式称为飞溅润滑。采用这种方式会使空气压缩机输出的压缩空气含有一定量的油分，所以必须在最后进行油水分离。空气压缩机的起动与停止是由压力开关控制的，压力开关设置一般为 $(7.0 \sim 8.5) \times 10^5 Pa$，前者为开启压力，后者为停止压力。气路中还设置了 $10 \times 10^5 Pa$ 的安全阀，以防压力开关失效。

城轨车辆的制动系统及其他一些子系统所使用的压缩空气（也称压力空气）都是由空气压缩机组（简称空压机）产生的，电动机通过万向节直接驱动空气压缩机。目前，城轨车辆中采用的空气压缩机主要有活塞式空气压缩机和螺杆式空气压缩机两种。城轨车辆采用的空气压缩机一般要求具有噪声低、振动小、结构紧凑、维护方便、环境实用性强的特点，现其直流电动机驱动已逐渐被交流电动机驱动所取代。

2. 用于城轨车辆的几种活塞式空气压缩机

1）VV230/180 - 2 型活塞式空气压缩机

该空气压缩机排气量为 1 500L/min，输出压力为 1 100kPa，转速为 1 520r/min，用 1 500V 直流电动机通过弹性万向节直接驱动。VV230/180 - 2 型空气压缩机共有四个气缸，分两段压缩，即低压压缩和高压压缩。低压压缩是将外界大气压缩至 260kPa 左右，然后再进入高压压缩将压力提高至 1 000kPa。低压压缩段有三个气缸，其气缸直径为 95mm；高压段有一个气缸，其气缸直径为 85mm。每个气缸顶部都设有吸气阀和排气阀，外界大气通过设在空气压缩机进气口处油浴式滤清器的净化后，被吸入低压气缸进行压缩，然后再送至高压缸进一步压缩。高压力的压缩空气还必须经过冷却器冷却使其温度降低，以便进行油水分离，从而得到洁净、干燥的压缩空气。

VV230/180-2型空气压缩机在直流电动机的直接驱使下以1 520r/min的速度旋转,每分钟可提供1MPa的压缩空气1 500L。另外,空气压缩机起动与停止是受压力开关控制的。在直流传动车中,其压力开关设置为700kPa/850kPa(交流传动车为750kPa/900kPa),前者为开启压力,后者为停止压力。在气路中还设置有1 000kPa安全阀,以防压力开关失效。另外,它所采用的吸入式空气滤清器与DC01型电动列车空气压缩机的滤清器也不相同,它采用过滤纸过滤,效果较油浴式滤清器好,但应用成本较高。冷却风扇的叶片不直接安装在曲轴端头上,而是通过温控液力万向节连接的。在温度较低时,此万向节内的液体黏度很低,不传递转矩。使用这种万向节可节约空气压缩机的能源。

2)VV120/150-1型活塞式空气压缩机

此压缩机有三个缸,其中两个缸为低压缸,一个为高压缸,两级压缩带有两个空气冷却器,如图6-11所示。其排气量为920L/min,输出压力为1 000Pa,转速为1450r/min,由380V三相50Hz交流笼型异步电动机驱动。电动机与压缩机之间是永久连接的,不需要维护,有一个自对中心的凸缘连接,这种布置需要在电动机和压缩机之间有很精确的直线连接。空气滤清器采用过滤纸过滤,其效果较油浴式滤清器好,但应用成本较高。冷却风扇的叶片不直接安装在曲轴端头上,而是通过温控液力万向节连接,也称黏性连接。在温度较低时,万向节内的液体黏度很低,不传递转矩,故可节约能源。该空气压缩机组的一个主要优点是,在4.6mm的距离内,噪声的声压级只有64dB(A)。

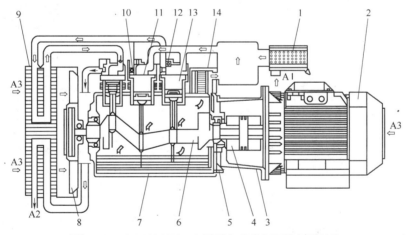

图6-11 VV120/150-1型活塞式空气压缩机的结构

1—进风口滤清器;2—电动机;3—过滤法兰;4—波纹管万向节;5—油位指示器管;6—曲轴;7—曲轴箱;8—风扇叶轮+柔性连接;9—冷却器;10—出风口;11—吸入口;12—安全阀;13—气缸;14—集油箱;A_1—进风口;A_2—出风口;A_3—冷却空气

该压缩机采用双级压缩方式,两台气缸用于低压级,一台气缸用于高压级。气缸盖上装有吸排气一体阀。空气直接进入干式滤清器清洁→吸入低压级进行压缩→进入一次冷却器→进入高压级气缸压缩到最终压力→流经二次冷却器→进入压力容器。

活塞式空气压缩机的应用广泛,技术成熟,可靠性和稳定性好,不需特殊润滑,价格相对较低。

3)HS10-3型空气压缩机

西安地铁每辆Mp车(带受电弓的动车)配备有一个供气模块(包括HS10-3型空气

缩机和除湿装置），以为空气制动和辅助用风系统提供足够的、干燥的压缩空气。

HS10 - 3 型空气压缩机采用 280V 50Hz 三相交流电动机驱动，由四架防振橡胶悬挂在车体上。从空气压缩机供给的压缩空气经过具有可挠性的特氟隆软管输送到除湿装置，吸收压缩机机组上所产生的振动。过滤器、油面观察孔、滤清器均集中装配于空气压缩机侧面，以便于维修保养。HS10 - 3 型空气压缩机的外观如图 6 - 12 所示。

图 6 - 12　HS10 - 3 型空气压缩机外观图

H510 - 3 型空气压缩机性能参数见表 6 - 1。

表 6 - 1　HS10 - 3 型空气压缩机性能参数

项目			规格
空气压缩机部	型号		HS10 - 3
	方式		往复式单动 2 级压缩
	气缸排列		水平对置式 4 缸
	气缸直径 × 行程 × 个数	低级压	$\phi100mm \times 54mm \times 2$
		高级压	$\phi55mm \times 54mm \times 2$
	旋转速度		1 435r/min
	变位容积		1 230L/min[①]
	排出压力		最大 900kPa（计量压）
	容积效率		75% 以上
	润滑方式		齿轮泵式，强制润滑
	冷却方式		自然风冷
电动机部	型号		A6538A
	方式		笼式
	外壳形式及冷却方式		全密封自冷式（自然风冷）
	额定功率	额定时间	30min
		旋转速度	1 435r/min
		输出功率	6.5kW
		电压	AC380V（50Hz）
		电流	16A
	极数		4 极
	相数		3 相
	绝缘种类		F 类
	启动方式		直接启动

项目		规格
动力传递部	方式	橡胶万向节
质量		285kg
噪声		机侧4.6m处65dB（A）以下

6.3.2 空气干燥器

空气压缩机输出的高压压缩空气中含有较高的水分和油分，必须经过空气干燥器将其中的水分和油分分离，才能达到车辆上各用气箱体对压缩空气的使用要求。

空气干燥器一般都做成塔式的，有单塔和双塔两种。上海地铁1号线直流传动车采用的是单塔式空气干燥器，而交流传动车则使用的是双塔式空气干燥器。

1. 单塔式空气干燥器

单塔式空气干燥器（图6-13）是由油水分离器、干燥筒、排泄阀、电磁阀、再生储风缸和消声器等组成的。在油水分离器中存有许多拉希格圈（这是一种用铜片或铝片做成的有缝的小圆筒），干燥筒则是一个网形的大圆筒，其中盛满颗粒状的吸附剂。

空气干燥器工作过程：空气压缩机输出的压力空气从干燥塔中部的进口管进入干燥塔后，首先到达油水分离器。当含有油分的压缩空气与拉希格圈接触时，由于液体表面张力的原因使空气中的油滴很容易地吸附在拉希格圈的缝隙中，这样就将空气中的大多数油分排去了。然后空气进入干燥筒内并通过吸附剂，吸附剂能大量地吸收空气中的水分。只要干燥筒上方输出的空气湿度 $\psi <35\%$，即可满足车辆各用气系统的需要。洁净而干燥的压力空气输向主储风缸，而分离后留在干燥塔内的油和水还要进行再处理。从空气干燥塔输出的干燥空气有一部分通过干燥塔顶部的另一小孔储入再生储风缸。当总储风缸压力达到 $8.5 \times 10^5 \mathrm{Pa}$ 时，空气压缩机即停止工作，干燥塔顶的压力也将迅速降低。由于干燥塔与主储风缸的通路中有单向阀，主储风缸的压力空气不能倒回至干燥塔内，而这时再生储风缸内干燥的压力空气将回冲至干燥器内，并且沿干燥筒、油水分离器一直到干燥塔下部的积水积油腔内。在下冲的过程中，回冲干燥空气不仅吸收了吸附剂中的水分，同时还冲掉了拉希格圈上的油滴，使吸附

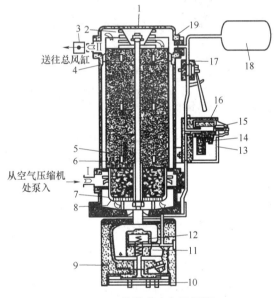

图6-13 单塔式空气干燥器

1—空气干燥器；2—弹簧；3—单向阀；4—带孔挡板；
5—干燥筒筒体；6—吸附剂；7—油水分离器；
8—拉希格圈；9—排泄阀；10—消声器；
11—弹簧；12—活塞；13—电磁阀；
14—线圈；15—排气阀；16—衔铁；
17—带排气的截断塞门；
18—再生储风缸；19—节流孔

送往总风缸

从空气压缩机处泵入

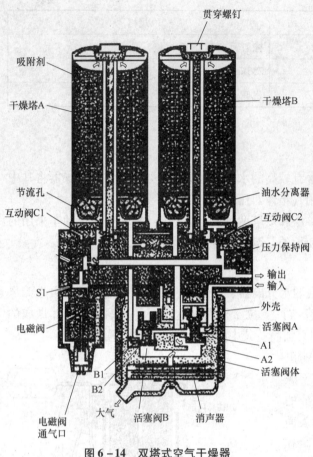

图 6-14 双塔式空气干燥器

和拉希格圈都得到还原，使之在以后的净化和干燥中可以继续发挥作用。再生储风缸还有一条管路通向积水积油腔底部的排污阀门。管路中间有一个电磁阀，其电磁线圈与空气压缩机的压力开关相接。当空气压缩机关闭时，电磁阀线圈失电，气路导通，再生储风缸内的压力空气顶开积水积油腔底部的排泄阀门，使积水积油腔内的水和油通过消声器迅速排向大气。

2. 双塔式空气干燥器

与直流传动车相比，交流传动车选用的空气压缩机的排气量较小，它停止工作的间隙不能满足单塔式空气干燥器再生所需的时间，因此要选用双塔式空气干燥器（图 6-14）。双塔式空气干燥器的工作原理与单塔式空气干燥器的工作原理类似，只不过它采取的不是时间分段法，即一段时间吸污，下一段时间再生和排污，而是采取双塔轮换法，即一个塔在去油脱水的同时，另一个塔进行再生和排污，过后两个塔的功能对换，以此达到压缩空气可连续进行去油脱水的目的。双塔式空气干燥器没有再生储风缸，而是依靠两个干燥塔互相提供回冲压力空气排污。但它设有一个定时脉冲发生器，使两个干燥塔的电磁阀定时地轮换开、关，以使两个塔的功能能够定时轮换。

6.4 电制动系统

电制动是车辆在常用制动下的优先选择，仅带驱动系统的动车具有电制动。电制动分再生制动和电阻制动两种形式，优先使用再生制动。电制动具有独立的滑行保护盒载荷校正功能。为此，每节动车装备有一个三相调频调压逆变器（VVVF）、一个牵引控制单元（DCU）、一个制动电阻和四个自冷式三相交流电动机。

6.4.1 再生制动系统

1. 日本新干线 700 系动车组再生制动的构成和工作原理

1）系统构成

日本新干线 700 系统再生制动系统的组成与牵引传动系统一致，包括受电弓、主变压器、变流器和电动机等。由于不使用主电阻器，可减轻车辆的质量。再生制动的原理图如图

6-15 所示（日本新干线 700 系列动车组，3 辆车为一个单元）。

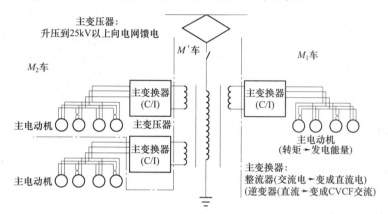

图 6 – 15 再生制动的原理图

2）工作原理

再生制动与电阻制动相似，也是在制动时将牵引电动动机变为发电动机运行：交流电动机将列车动能变为三相交流电，主变换器（包含整流器和逆变器）将此三相交流电转换为单相交流电，单相交流电再由主变压器变压后经受电弓回馈到电网，由正在牵引运行的动车组接受和利用。

2. 我国城市轨道交通车辆再生制动

1）直流再生制动电路的工作原理和电流控制

在各种形式的制动中，电气制动是一种较理想的动力制动方式，它是建立在电动机的工作可逆性基础上的。在牵引工况时，电动机从接触网吸收电能，将电能转换为机械能，产生牵引力，使列车加速或在上坡的线路上以一定的速度运行；在制动工况时，列车停止从接触网受电，电动机改为发电动机工况，将列车运行的机械能转换为电能，产生制动力，使列车减速或在下坡线路上以一定的限速度运行。

车辆进行电气制动时，首先应该是再生制动，即向电网反馈电能。图 6 – 16 所示为上海地铁 1 号线直流制列车的再生制动示意图。该列车主电路采用直流斩波器调压和串接直流电动机的方式。

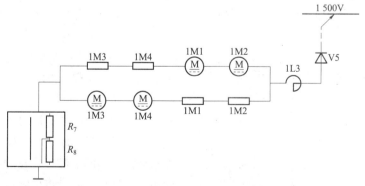

图 6 – 16 直流制列车的再生制动示意图

再生制动电路工作时，斩波器导通，制动电流流过各个电动机电枢、励磁绕组、平波电抗器（1L3）和制动电阻，使电动机建立起电枢电动势，从而使平波电抗器也建立起感应电动势；当斩波器关闭，电路通过二极管（V5）续流，电枢电动势与平波电抗器上的感应电动势（此时感应电动势的方向改变）叠加，向电网馈电。如果这时电网上有负载（如本列车的辅助电源）或其他列车在附近，则可以作为负载吸收电能，再生制动成功；如果电网不吸收电能（因网压太高），则再生制动失败，由制动电阻吸收电能，转为电阻制动。

最近十几年，由于城市轨道交通车辆乘坐舒适性的提高，列车客室空调消耗的能量大大增加，车厢内乘客服务设施（如报站显示器、广告电视屏）的耗能也日渐增多，使得列车辅助电源用量大大增加。因此，再生制动的能量被本车辅助电源消耗吸收的比例已占到80%左右，而反馈到电网上可供其他列车使用的能量已经很少了。这样一来，再生制动的节能效果非常明显，由制动电阻消耗的能量也相对减少。

从上述描述中可以看到，实施再生制动必须满足以下两个条件：

① 再生（反馈）电压必须大于电网电压。

② 再生电能可由本列车的辅助电源吸收，也可以由同一电网的其他列车吸收。这一条件不能由再生制动车辆自己创造，而取决于外界运行条件。

再生制动电路建立后，电动机接通负载就会有制动电流，然后制动电流产生制动力使列车减速。但列车减速会使电动机电枢转速下降，引起电动机的电枢电动势下降，从而使制动电流和制动力下降。制动电流的下降还会使平波电抗器的感应电动势减小，达不到再生制动的第一个条件。为了保证恒定的制动力矩和足够的反馈电压，在上述直流制动列车制动时，直流斩波器按列车控制单元及制动控制单元的指令，不断调节斩波器导通比，无级、均匀地控制制动电流，使制动力和再生制动电压持续保持恒定。当车速较高时，制动电流较大，再生制动电路需串入较大的电阻，并且将斩波器导通角控制得较小，以控制制动电流不能太大；当车速太低时，制动电流较小，再生制动电路会在调节过程中逐级切断电阻并将斩波器全导通，以提高制动电流并维持反馈电压。在列车进行再生制动时，再生制动产生的电能有时并不能完全反馈给电网，这时也需要将部分电能消耗在电阻器上，以保持制动恒定。

2）直–交流再生制动电路的工作原理和电流控制

交流制列车进行再生制动时，主电路连接方式不需改变。因为异步电动机的旋转磁场如果落后于转子速度，即转差小于0，三相异步电动机工况就改变为三相交流发电动机工况。在列车运行过程中，如果外力（如下坡时）使车轮（也就是电动机转子）加速，或人为控制定子频率降低，使转子频率高于定子频率，即可改变其牵引状态而处于制动状态制动（如图6–17所示，右侧电动机为三相交流牵引电动机），牵引逆变器控制旋转磁场，定子中的感应电流经流二极管（VD1 ~ VD6）的整流向电容（C_d）及直流电源侧反馈。这样，牵引逆变器原来的输入端变为输出端，列车的运行电能转换成了新的电能。直流端输出的电能可以被本列车的辅助电源吸收或被相邻的列车牵引使用，这就是全部的再生制动。

但是如果反馈的电能不能被吸收，储存在三相逆变器中间环节电容（C_d）上的电能

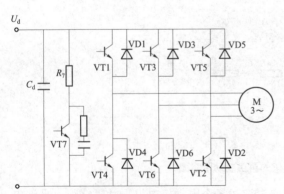

图6–17　交流制列车的直—交逆变电路

会造成直流电压（U_d）急剧升高，该电压称为泵升电压，有可能瞬时击穿逆变器元件。因此，必须在电容边并联一个斩波调阻电路（R_7和VT7）。当直流侧电压高于1 800V时，斩波器（VT7）开通，将再生制动电流消耗在电阻器（R_7）上，这就变成电阻制动了。斩波器配合牵引逆变器，根据电动机制动特性限制和调节制动电流，使电动机保持恒转差率和恒转矩控制模式，这时电流制动转为部分电阻制动或全部电阻制动。

列车由运动状态逐渐减速直至停止的控制大致经历三个模式，即恒转差模式（恒电压、恒转差频率）、恒转矩1（恒转矩1、恒电压）模式和恒转矩2（恒转矩2、恒磁通）模式。

（1）恒转差模式　在高速时开始制动，此时万相逆变器电压保持恒定最大值，转差频率保持恒定最大值随着列车速度的下降，逆变频率减小。电动机电流与逆变频率成反比增加，制动力与逆变频率的平方成反比增加。当电动机电流增大到与恒转矩相符合的值时，将进入恒转矩控制模式。但当电动机电流增大到逆变器的最大允许值时，则从电动机电流增大到该最大值的时刻起保持电动机电流恒定，在一个小区段内用控制转差的方法进行恒流控制。在这种情况下，制动力将随逆变频率成反比增加。

（2）恒转矩1模式　逆变器电压保持恒定最大值，控制转差频率与逆变频率的平方成反比，随着速度的下降，减小逆变频率，则转差频率变小至最小值。电动机电流与逆变器频率成正比减小，制动力保持恒定。

（3）恒转矩2模式　转差频率保持恒定最小值，此时电动机电流也保持恒定。随着车辆速度的下降，减小逆变频率。同时采用PWM控制减小电动机电压，即保持电动机电压与逆变频率（V/fi）恒定，则磁通恒定，制动力恒定。

一般制动工况下，列车由高速减至50km/h期间大约处于恒电压、恒转差频率区；由50km/h减速至完全停车期间，理论上大约处于恒转矩控制区。但实际上在10km/h以下的某个点，再生制动力会迅速下降，所以当列车减速至10km/h以下后，为保持恒制动力，需要逐步补充摩擦制动力。

列车在下较长距离的坡道时，如果重力作用使列车加速运行，这种加速会使动车上的感应电动机转子转速超过旋转磁场转速。此时列车会自动进入制动工况，制止转速的进一步增加。

6.4.2　电阻制动系统

1. 日本新干线100系动车组电阻制动系统的构成和工作原理

1）系统构成

电阻制动系统在结构上的显著特点是主回路中有一个制动电阻，其主回路如图6-18所示（日本新干线100系动车组）。

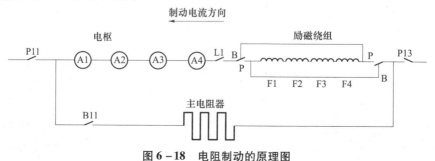

图6-18　电阻制动的原理图

2）工作原理

驾驶员制动控制手柄或列车自动控制系统 ATC 发出制动指令后，制动控制装置首先对列车运行速度进行判断。当速度大于 5km/h 时，构成制动主回路（PB 转换器转为制动位置），然后制动接触器发生动作（B11 闭合、P11 打开、P13 打开），随后依次是励磁削弱接触器打开、预励磁接触器投入，最后，断路器投入（L1 闭合）。

此时，电枢绕组、励磁绕组和主电阻器构成电阻制动主回路，并使电流向增加原牵引励磁的方向流动，再由主电阻器将电枢转动发出的电能变为热能消散掉。

2．我国城市轨道交通车辆电阻制动

1）直流制列车电阻制动的原理

再生制动失败，列车主电路会自动切断反馈电路转入电阻制动电路。这时由列车运行电能转换成的电能将全部消耗在列车上的电阻器中，并转变为热能散发到大气中去。因此，电阻制动又称为能耗制动。如图 6-19 所示为一个直流制列车的直流斩波器控制电阻制动电路。斩波器（GTO）按制动控制指令不断改变导通角，调节制动电压和电流的大小。电路中的电阻（$R_7 \sim R_9$）也根据制动电流调节需要，按照车速的逐步减低而逐级短接，最后全部切除。

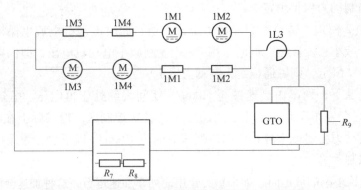

图 6-19 直流制列车的直流斩波器控制电阻制动电路

但是直流斩波器控制电阻制动电路也有多种，不完全相同。北京地铁 DK 型列车的主电路采用的是直流斩波器调阻和串接直流电动机方式，其动力（电气）制动是纯电阻制动。它的动力制动调节方法与上海直流制列车的直流斩波器控制电阻制动电路不同：斩波器通过控制导通角改变制动电路中某个制动电阻的电阻值，以此调节制动电流，使列车保持制动力恒定。这种制动电路的缺点是不能进行再生制动。

2）交流制列车电阻制动的原理

交流制列车电阻制动的原理与直流制列车基本相同，只是控制设备不仅有直流斩波器，还有三相逆变器；不仅要调节制动电流、电压，还要调节频率。

如图 6-20 所示，城轨车辆每节动车装备有一个三相调频调压逆变器（VVVF）、一个牵引控制单元（DCU）、一个制动电阻、四个自冷式三相交流电动机 M_1、M_2、M_3、M_4（每轴一个，互相并联）。

如果制动列车所在的电网供电区段内无其他列车吸收电制动能量，则 VVVF 将能量反馈在线路电容上，使电容电压 XUD 迅速上升。当 XUD 达到最大设定值 1 800V 时，DCU 启动

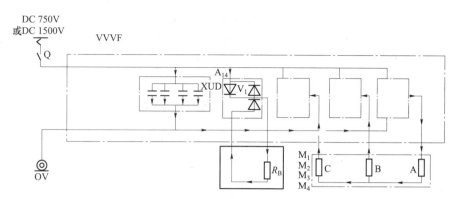

图 6 – 20　电阻制动结构示意图

能耗斩波器模块 A_{14} 的门极关断晶闸管 GTO：V_1，GTO 打开制动电阻 R_B，制动电阻 R_B 与电容并联，将发电动机上制动能量转变成热能消耗掉，此过程称为电阻制动（也称能耗制动）。电阻制动能单独满足常用制动的要求。

电阻制动承担电动机电流中不能再生的那部分制动电流。再生制动电流加电阻制动电流等于制动控制要求的总电流，此电流受电动机电压的限制。再生制动与电阻制动之间的转换由 DCU 控制，能保证它们连续交替使用，转换平滑。

制动电阻安装在车体底架上的牵引逆变箱外。制动电阻是由不会被磁化的镍铬合金制成的。制动电阻由一个 1 500W 三相风机强迫风冷。制动电阻内有一个惠斯通电桥监测装置提供超温报警。监测装置的输出信号传送给牵引控制单元 DCU。

电制动具有独立的滑行保护功能。由于四台电动机是并联连接的，当 DCU 检测出任意一根轴发生滑行时，只能对四台电动机进行同步控制，同时降低或切除四台电动机的电制动力。

电制动是将列车运动的电能转变为新电能，再变成热能消耗掉或反馈回电网的制动方式。因为电气制动具有摩擦部件少（仅有轴承）、维修工作量少、可以反复使用等许多优点，所以担负着车辆制动减速时的大部分能量。但也有由于增加控制装置和制动电阻等设备使质量增加和如果条件不具备就不能产生制动作用（电气制动失效）的缺点。为提高可靠性，动车组或城轨车辆应该具有在由于某种原因电制动系统不能工作时，能够切换到摩擦制动系统的控制功能。

6.5　基础制动装置

6.5.1　单元制动器概述

广州、上海等地铁车辆采用的是由德国克诺尔制动机公司生产的单元制动机。在每个转向架上有两种型号的踏面单元制动器——PC7Y 型和 PC7YF 型踏面单元制动机，它还附带弹簧制动器（也称为停放制动端）。该踏面单元制动器具有以下特点：有弹簧停车制动及手动辅助缓解装置（PC7YF 型）；有闸瓦间隙调整器；制动传动效率高，均在 95％ 左右；占用空间小，安装简单；性能稳定，作用可靠，维修方便。

PC7Y 型和 PC7YF 型踏面单元制动器的主要技术参数见表 6 – 2。

表 6-2　PC7Y 型和 PC7YF 型踏面单元制动器的主要技术参数

项目	技术参数
常用制动器制动倍率	2.85
弹簧制动器制动倍率	1.15
制动缸工作压力	300～600kPa
最大闸瓦压力	45kN
弹簧制动缓解压力	5 300～80 000kPa
闸瓦磨耗后一次最大调整量	15mm
最大间隙调整能力	110mm
PC7Y 型踏面单元制动器质量（包括闸瓦）	63kg
PC7YF 型踏面单元制动器质量（包括闸瓦）	85kg

6.5.2　PC7Y 型单元制动器

PC7Y 型踏面单元制动器主要由制动缸 1、活塞 2、活塞杆 3、制动杠杆 4、单向闸瓦间隙调整器 5、闸瓦托 6、闸瓦托吊 7、缓解弹簧 8、闸瓦托复位弹簧 10 和用于更换闸瓦的推杆复位机构等组成，如图 6-21 所示。

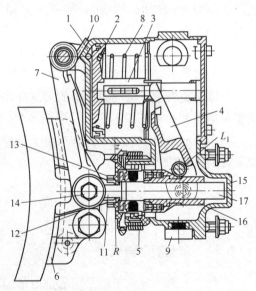

图 6-21　PC7Y 型踏面单元制动器（不带停车制动器）

1—制动缸；2—制动活塞；3—制动活塞杆；4—制动杠杆；5—单向闸瓦间隙调整器；6—闸瓦托；7—闸瓦托吊；

8—缓解弹簧；9—透气滤清器；10—闸瓦托复位弹簧；11—推杆头；12—弹簧垫圈；13—调整螺母；

14—螺栓；15—外体；16—闸瓦间隙调整器体；17—螺杆；L_1-制动杠杆转动中心；

R—齿轮啮合面；Z_1—啮合锥面

6.5.3 PC7YF 型单元制动器

PC7YF 型踏面单元制动器是在 PC7Y 型的基础上增加了一个用于停车制动的弹簧制动器，包括停车缓解风缸 9、缓解活塞 10、缓解活塞杆 11、螺纹套筒 12、制动弹簧 13、手动辅助缓解机构等，如图 6-22 所示。

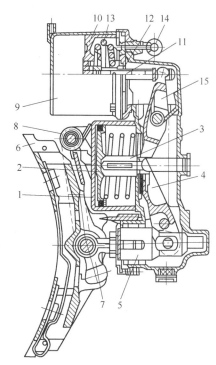

图 6-22　PC7YF 型单元制动器（带停车制动器）

1—制动缸；2—制动活塞；3—制动活塞杆；4—制动杠杆；5—闸瓦间隙调整器；6—闸瓦托；7—闸瓦托吊；
8—缓解活塞；9—缓解风缸；10—缓解活塞；11—缓解活塞杆；12—螺纹套筒；
13—制动弹簧；14—缓解拉簧；15—制动杠杆

6.6　制动控制系统

制动控制系统是空气制动系统的核心，它接收来自驾驶室控制器或自动驾驶系统（ATO）的指令，并采集车上各种与制动有关的信号，将指令与各种信号通过微处理器进行计算，得出列车所需的制动力，再向动力制动系统和空气制动系统发出制动信号。动力制动系统进行制动的同时将实际制动力的等值信号再反馈给制动控制系统，制动控制系统通过运算协调动力制动和空气制动的制动量，空气制动系统将制动控制系统发来的制动力信号经流量放大后使执行部件产生相应的制动力，这就是制动控制系统的主要功能。

6.6.1　制动控制系统的组成

制动控制系统主要由电子制动控制单元（EBCU）、空气制动控制单元（BCU）和电气指令单元等组成。它在整个制动系统中的位置如图 6-23 所示。

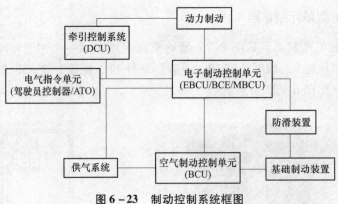

图 6-23 制动控制系统框图

1. 电子制动控制单元

随着电子技术的迅速发展，特别是微机技术的发展，列车制动控制不再靠驾驶员的判断，而由微型计算机综合列车运行中的各种相关参数，经过运算、判断、分析后给制动系统发出精确的指令，使制动系统发出动作。以微型计算机为中心的电子控制装置被称为电子制动控制单元（EBCU）、微机制动控制单元（MBCU）或制动控制电子装置（BCE）。

电子制动控制单元的主要功能如下：

① 接收驾驶员控制器或 ATO 的指令，并与牵引控制系统协调列车的制动和缓解。设有紧急制动电路，当紧急制动指令发出时，列车能迅速调用全部空气制动能力实行紧急制动。

② 将接收到的动力（电气）制动实际值经转换阀进行转换，将电信号转换成为气动信号发送给空气制动控制单元（BCU）。在保证电制动优先的条件下，空气制动能自动进行列车制动力的补偿，并将制动所需压力传递给基础制动装置，从而使列车制动力保持不变。

③ 控制供气系统中空气压缩机组的工作周期，监视主风缸输出压力等参数。如果供气系统中某台设备发生故障，它能及时调用备用设备填补。

④ 在列车制动过程中始终收集列车所有轮对速度传感器发来的速度信号，对轮对在制动中出现的滑行进行监视，一旦发现滑行，将立即发出防滑信号并控制防滑电磁阀动作，实施防滑措施。

⑤ 对列车制动时的各种参数和故障进行监视和记录，故障记录可以在列车回库后用便携式计算机读出各种故障信息。

电子制动控制单元从硬件上来说只是一台微型计算机和一些输入、输出设备，而起主要作用的是它的控制软件。随着制动控制软件的编制水平不断提高，电子制动控制单元的功能也越来越完美。

2. 空气制动控制单元

空气制动控制单元是制动系统中电气制动和空气制动的联系点，也是电子、电气信号与气动信号的转换点。

一般空气制动控制单元是由各种不同功能的电磁阀和气动阀组成，但根据各制造厂商的产品系列和电气指令的模式不同也有很大差别。下面将详细介绍各种制动系统的结构、组成及制动控制原理。它们的结构和组成不尽相同，但基本都由以下几类部件组成：

① 内部有不同腔室及联通各腔室通路的阀体。

② 控制腔室及各通路的活塞和阀门。

③ 控制活塞、阀门的膜板、弹簧、顶杆和铁心。

④ 控制顶杆和铁芯的电磁线圈。

⑤ 与各阀体内部各通路相连接的输入、输出接头。

⑥ 电－气或气－电转换部件等。

3. 电气指令单元

现代城市地铁几乎都采用了电气指令单元来迅速、准确、可靠地传递来自于驾驶员控制器或有自动驾驶系统发出的指令。电气指令单元也从根本上改变了传统使用空气压力的变化来传递制动信号或作为制动力唯一来源的状况。早期的城轨车辆也曾使用过电磁直通式空气制动机，驾驶员通过控制器对每辆车上的制动电磁阀和缓解电磁阀进行励磁和消磁，以控制列车管中的压力空气的压力变化，使各辆车的制动阀动作，产生制动和缓解作用。但这种电磁制动机的电气信号产生过于简单，传递方式也需依靠有触点电器的动作作用，其准确性和可靠性都很难得到保证，故障率也高。随着电子技术的发展，出现了新的电气指令传递方式，即电气指令控制线的方式。这种制动方式能够实现列车制动、缓解迅速，作用灵活无冲动，有效利用轮轨黏着，缩短制动距离。按其指令方式的不同又可分为数字指令式和模拟指令式制动控制系统。

1）数字式电气指令制动控制系统

数字指令式制动控制系统实际上是使用了 3 根常用制动的电器指令线并通过对应的 3 个常用电磁阀各自得电（相当于数字 1）或失电（相当于数字 0）组成的组合。0 和 1 在组成 3 位数字时，除 000 外，还有 001、010、011、100、101、110、111 共 7 组组合。这 7 种组合就是 7 种不同的数字指令，当用来控制制动系统时就会得到 7 级不同的制动力级别。所以数字指令实际上是开关指令的组合，属于分档控制。这样的分档控制指令是通过具有多块气动膜板的中继阀动作，最后使制动缸获得恒定的 7 级压力。如果采用更多的指令线，即可获得更多的制动指令，但根据一般的经验，7 级指令已经基本满足使用要求。

这种指令操纵灵活，可控性能好。我国自行制造的北京地铁车辆使用的 SD 型制动控制系统即为数字指令式制动控制系统。

2）模拟式电气指令制动控制系统

模拟式电气指令制动控制系统可以实现无级制动控制和连续操纵。常用的模拟电信号有电流、电压、频率和脉冲信号等，这些模拟量可以传递制动控制的信号。理论上，模拟式电气指令制动控制系统的操纵性能比数字式的更方便，但它对指令传递的设备性能要求较高。

目前，上海地铁和广州地铁使用的电气指令制动控制系统即为模拟式电气指令制动控制系统。从驾驶员控制器发出的指令经调制器转换为脉冲宽度信号，即采用脉冲宽度调制方法（简称 PWM），不同的脉冲宽度表示不同的制动等级。制动指令传递到每节车的微机制动控制单元。微机制动控制单元采集列车的运行速度和本车的负载信号，对制动指令进行修正并给出制动力值，根据动力制动优先的原则，计算出所需补充的空气制动力的数值，用电气指令传送给电－空转换阀，电－空转换阀向中继阀输出空气压力指令。中继阀起着压力空气流量放大的作用，它将足够的压力空气送入制动缸，以实现不同等级的制动作用；或者将空气排出制动缸，以实现不同程度的缓解作用。

从目前趋势来看,脉冲宽度调制的模拟式电气指令制动控制系统,是较为先进的轨道交通车辆制动控制系统。

6.6.2　制动控制策略

1. 制动控制策略

1)恒制动率控制

城轨车辆载客情况变化很大,无论空载、满载或超员,都应保证列车的减速度与驾驶员制动命令相对应。因此,列车控制系统必须检测各节车辆的负荷重量,对应于各动车和拖车的负载重量变化而自动调整各级制动缸压力。在运行过程中驾驶员控制器的各制动级位都可保持恒定制动率,得到恒定减速度。

列车载重量信号是以列车关门后空气弹簧储存的压力为参考值的。列车控制系统将每节车相应空气弹簧的压力信号通过压力传感器转换为电压信号后,按照空载和满载的极限值设定上下限,作为车辆负载的电压输出。

2)空气制动滞后控制

实现指令减速度目标,列车编组内的各节车有多种分担制动力的方法。过去一般采用的控制方法是各节车各自承担自己需要的制动力,即均匀制动方式。采用这种控制方式,拖车所需的制动力将全部由自己的空气制动系统承担,拖车的闸瓦磨耗要比有电气制动的动车快得多。

随着近年来逆变控制三相感应电动机牵引系统的大量应用,由于三相感应电动机自身具有良好的黏着特性,使黏着系数的期望值大大提高,即可以最大限度地使用电制动力而不会发生滑行。因此,各节车在分担制动力时,在其利用黏着力不超过限制的范围内,进一步提高动车的制动力而减少拖车的制动力,以实现最大程度利用动力制动的目的。所以,采用VVVF控制或斩波控制的列车,可以取得较高的期望黏着系数,在不超过黏着限制的范围内充分利用动车的电气制动力,不足部分再由拖车的空气制动力补充。这样可以大大节约能源,有效降低拖车机械制动的磨耗。这种控制方式称为空气制动滞后控制。

以"两动一拖"编组的拖车空气制动滞后补充控制方式如图6-24所示。

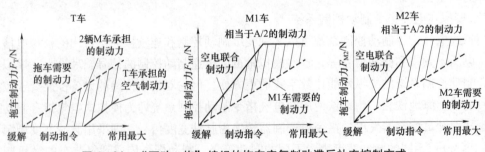

图6-24　"两动一拖"编组的拖车空气制动滞后补充控制方式

3)拖车空气制动优先补足控制

拖车空气制动优先补足控制方式也是拖车所需要的制动力,首先由动车的动力制动承担,但当再生制动力不足时,则先由拖车的空气制动来补充,再由动车的动力制动力补足。当再生制动失效时,动、拖车空气制动均起作用。

在这种控制方式下，动车的空气制动力不会超过本节车自己所需的制动力，即空气制动力的黏着利用不会超过黏着限制，单纯再生制动力的设定可以比较高。因此在拖车空气制动优先补足控制方式下，动车的再生制动力可以承担的拖车制动力比拖车空气制动滞后补充控制方式更高，节能效果更好。直流斩波调速和交流变频调速的城市轨道交通车辆都可以采用拖车空气制动优先补足控制方式。采用这种方式的"一动一拖"编组的拖车空气制动优先补足控制方式如图 6 - 25 所示。

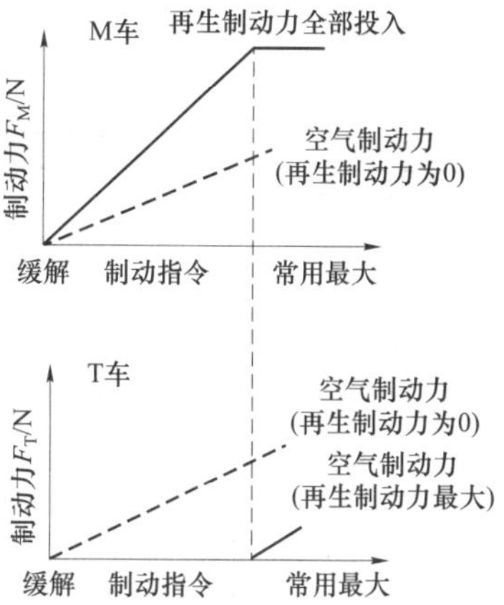

2.（常用）制动混合原则

（1）电制动无故障状态下的制动原则　在 DCU 无故障状态情况下，电制动始终起作用，提供常用制动所需的制动力（$AW_0 \sim AW_3$）。制动指令值同时送至所有的牵引控制系统（DCU）和电子控制单元（ECU），并由它们分别根据车辆的载荷情况计算所需的制动力。

（2）电制动与气制动混合的控制原则　电制动和气制动之间的融和（混合）应是平滑的，并满足正常运行的冲击极限。气制动用来填补所要求的制动需求和已达到的电制动力之间的差额。

（3）制动力的分配　电制动力的分配原则：车辆编组每单元为 3 节，假设每单元自己提供制动力，总共需要 300% 的制动力，而电制动时只有动车能提供制动力，每单元的 3 节车中只有 2 节动车，因此每节动车承担 150% 的制动力。

空气制动力的分配原则：每节车有独立的空气制动控制 ECU 及部件，在所有假定的恶劣条件下（电压低于 DC1 500V、滑行影响及 AW3 载荷情况下），由"两动一拖"编组组成的单元车则需 300% 的空气制动力，每节车的（气制动控制单元）根据本车的载荷重量负责本车 100% 的制动力。

（4）电制动与空气制动的配合　DCU 与 ECU 之间有信号交换（如电制动实际值、电制动故障信号、电制动滑行保护等），以供 ECU 计算 DCU 是否提供所必需的 300% 的制动力，并确定是否需要进行气制动补充或完全代替。

（5）踏面清扫设置　为了清洁轮对踏面，同时使气制动的响应时间最小，制动指令发出后，制动缸获得 30 ~ 50kPa 的压力，制动闸瓦即向车轮踏面施加一个制动力。

（6）紧急制动距离的计算　设制动初速度为 80km/h，AW0 ~ AW2 载荷时，制动距离 ≤ 204m；AW3 载荷时，制动距离 ≤ 215m。

（7）停车制动　采用弹簧制动，空气缓解。停车制动能使超员载荷（AW3）的列车在 40‰ 的坡度上停放。

实训项目一：制动系统的保养

实训装置： 长春轻轨制动系统

实训目的： 掌握制动系统的结构及工作原理；能够熟练使用工具对制动系统进行调整

图 6 - 25　"一动一拖"编组的拖车空气制动优先补足控制方式

M车　再生制动力全部投入

空气制动力（再生制动力为0）

制动力 F_M/N

缓解　制动指令　常用最大

T车　空气制动力（再生制动力为0）

空气制动力（再生制动力最大）

制动力 F_T/N

缓解　制动指令　常用最大

实训方法：见表6-3

表6-3 制动系统保养的内容、工作步骤、检验标准

实训内容	工作步骤	检验标准
制动盘	① 制动盘外观检查。 ② 使用游标卡尺测量制动盘厚度	① 制动盘表面应无油脂，如有油脂则用油纸擦干。 ② 目视制动盘表面应无裂纹。 ③ 制动盘紧固螺栓无松动，开口销无脱落。 ④ 动车制动盘厚度不低于54mm，拖车制动盘厚度不低于28mm
制动闸片	① 制动闸片外观检查。 ② 使用游标卡尺测量制动闸片的厚度	① 目测制动闸瓦应无断裂及缺损。 ② 闸片厚度小于5mm时必须进行更换
液压系统	① 清洗液压单元表面及管路接头，如果发现在管子的螺纹连接处管接头或锁紧处漏油，则必须切断液压单元泵电动机电源，卸掉系统压力，重新紧固管路接头。 ② 使用扳手检查液压线路卡座固定螺栓无松动及脱落。 ③ 点动卸压阀，通过视油窗检查油位是否在标准范围内 ④ 测试管路保压状况	① 液压单元表面及管路无漏油。 ② 各螺栓紧固无松动、脱落。 ③ 油位标准：油位应在视油窗红圈内，大约2/3处。 ④ 保压测试，测试数次，每次10mim，确认管路无渗漏

实训项目二：供气设备的检修

实训装置： VV120空气压缩机设备检修

实训目的： 掌握供气设备的结构及工作原理；能够熟练使用工具对供气设备进行调整

实训方法： 见表6-4

表6-4 VV120空气压缩机的检修内容、步骤及检验标准

实训内容	工作步骤	检验标准
空气压缩机的拆装	空气压缩机单元［图6-26（a）］通过螺旋钢丝以4点悬挂方式弹性安装在车体底架钢槽上［图6-26（b）］，拆装相当方便 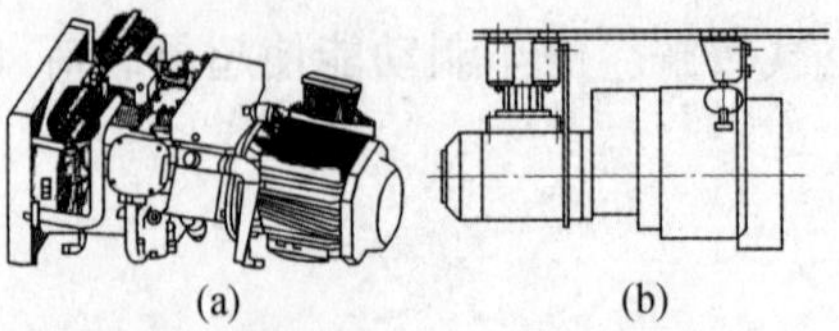 （a）　　　　　　（b） **图6-26 空气压缩机的安装** （a）空气压缩机立体图；（b）空气压缩机安装	1）特殊检修周期 在2~30个工作小时（试运转阶段）之后，第一次更换压缩机润滑油 2）双周检 ① 检查空压机油尺管中油标的位置（图6-47）。当压缩机在静止状态时，检查透明管中油标的位置。油标不能低于油尺管的下标线（即底部）

实训内容	工作步骤	检验标准
空气压缩机的拆装	1）拆卸方法 ① 从接线盒中断开 380V 三相电源线。 ② 拆下空气压缩机和空气干燥器之间的橡胶软管。 ③ 松开两条安全保护钢丝绳。 ④ 将自由升降平台小车水平置于空气压缩机下方。 ⑤ 松开车体底架钢槽安装螺栓。 ⑥ 降低升降平台，让空压机随升降平台垂直落下 2）安装方法 与拆卸方法相反	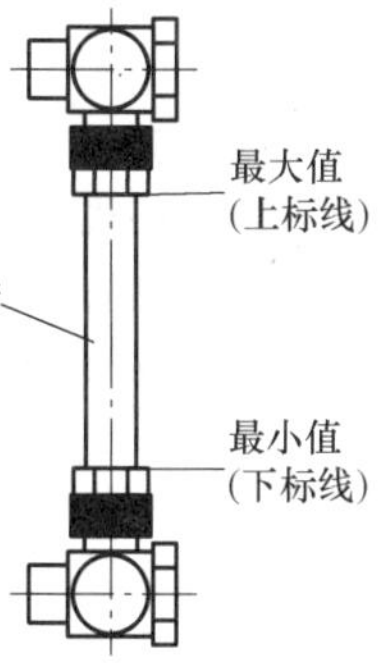 图 6-27　游标尺 ② 检查真空指示器（图 6-48），如果红色柱塞完全可见，则更换干式空气滤清器滤芯。  图 6-28　真空指示器 3）年检 ① 更换压缩机润滑油（不超过 2 000 个工作小时） ② 检查真空指示器，并更换干式空气滤清器滤芯 ③ 清除压缩机及中间冷却器的积尘、表面的尘垢 4）大修 空气压缩机按照大修手册要求，每 6 年进行一次大修
空气干燥器的拆装	① 在拆卸空气干燥器之前，关断空气压缩机，排尽压力空气并切除电源。 ② 在空气干燥器上拆下电磁阀外罩，并分开连在车辆上的电缆。 ③ 分断进、排气口，并排尽空气干燥器管路的空气和水。 ④ 卸下紧固螺钉，将空气干燥器从安装支架上移出。	1）双周检 检查电磁阀和双活塞阀的工作状态。若排出的液体透明，则每 2min 排泄油污一次。 2）年检 ① 用气压露点计测试空气干燥器。在? 度下，所测得的露点必须低于 35% 相对湿限值。图 6-29 所示是压力露点、环境温度和度的关系。

续表

实训内容	工作步骤	检验标准
空气 干燥器的拆装	⑤ 必须按与拆卸相反的顺序重新安装空气干燥器。 ⑥ 安装好空气干燥器后，合上空气压缩机，并接通电源，达到最大工作压力之后，检查进、排气口管路接通处的漏泄情况	图 6-29 ② 检查电磁阀和双活塞阀的工作状态。如果在消声器的排泄口发现白色沉淀，必须更换干燥剂。 3）架修、大修 ① 按手册要求更换橡胶密封件、磨损件、紧固件。 ② 更换干燥剂

思考题

1. 制动方式有哪些种类？各有什么特点？
2. 空气制动系统由哪些部分组成？
3. 简述空气制动系统的控制方式。
4. 供气系统由哪些部分组成？描述空气压缩机的工作原理。
5. 说明空气干燥器的结构。
6. 说明单元制动器的结构组成及工作原理。
7. 简述制动管路系统的组成。
8. 简述制动控制系统的组成。
9. 说明制动系统拆装的步骤。
10. 供气设备拆装时有哪些注意事项？
11. 说明供气设备拆装的步骤。

实训题

1. 查阅资料，做一个城市轨道交通车辆制动新技术的调研报告。
2. 完成制动盘及制动闸片的外观检查。

项目 7
空调系统检修

学习目标

1. 掌握空调通风系统的基本功能和特点
2. 掌握空调通风系统的制冷原理和布置
3. 掌握空调通风系统的组成和各部分作用
4. 掌握空调通风系统的控制方法
5. 熟练空调常见故障处理方法

学习指南

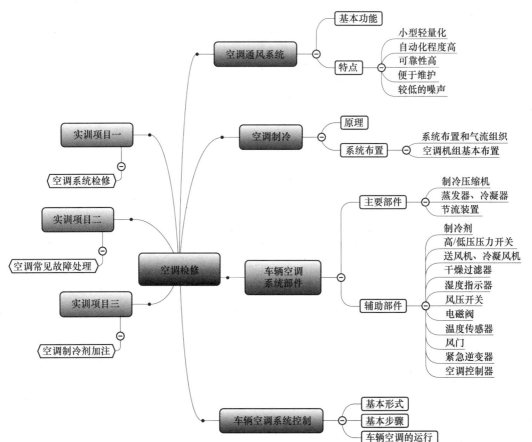

任务名称	车辆空调系统检修	建议学时：10 学时
任务描述	在城市轨道交通车辆中，空调系统的好坏直接影响乘客乘坐车辆的舒适性。因此在城市轨道交通运营公司的维修段，空调检修是一项重要工作。本任务要求通过对空调系统相关知识的学习，能够在教师指导下完成城轨车辆空调系统检修	
任务要求	熟练掌握本项目的相关理论知识及实训项目的操作步骤，完成学习任务	
任务准备	1. 场地：车辆电气实训室或企业车辆维修段 2. 设备：空调系统 3. 工具：数字式万用表、电笔、手动剥线钳、活扳手、水平尺、棘轮扳手（可逆式）、扭力扳手、橡皮锤、卡簧钳等工具 4. 资料：实训指导书、实训报告	
引导问题	1. 空调通风系统的基本功能有哪些？ 2. 城轨交通车辆空调通风系有哪些特点？ 3. 空调系统制冷原理是什么？ 4. 城轨车辆空调通风系统基本布置有哪些特点？ 5. 车辆空调系统主要部件有哪些？ 6. 车辆空调控制基本形式有哪些？ 7. 空调系统检修项目与内容有哪些？ 8. 空调常见故障处理有哪些？	

7.1 空调通风系统的基本功能和特点

7.1.1 空调通风系统的基本功能

城轨车辆空调装置是把经过一定处理后的空气，通过一定的方式、以一定的流速送入客室内，并将室内一定量的污浊空气排出车外，从而控制客室内空气温度、湿度及清洁度等质量，以提高车内舒适性，改善乘车环境的设备。

车辆空调装置一般具备通风、制冷、加热、加湿等功能。典型车辆空调装置通常都由通风系统、空气冷却系统、加热系统、加湿系统及控制系统五大部分组成。

通风系统一般指机械强制通风。通风系统的作用是将车外新鲜空气吸入并与车内再循环空气混合，在滤清灰尘和杂质后，再通过风机压送分配到客室内，同时排出车内的污浊空气，以保证车内空气的洁净度以及合理的流动速度和气流组织。

空气冷却系统（也称制冷系统）一般采用蒸气压缩式制冷设备。蒸发器为空气冷却器，它的作用是对客室内的空气进行降温、减湿处理，使客室内空气的温度与相对湿度保持在规定的范围内。冷却系统工作时，由制冷剂通过蒸发器冷却将要送入客室内的空气，由于蒸发器表面的温度低于空气的露点温度，空气中的部分水蒸气就会凝结，因此，空气在通过蒸发器冷却的同时也得到了减湿处理。

空气加热系统的作用是在低温时对进入客室内的空气进行预热和对客室内的空气进行加

热，以保证客室内空气的温度在规定的范围内。此系统一般只在铁路列车上考虑设置，城轨车辆则基本不安装。

空气加湿系统的作用是在客室内空气相对湿度较低时，对空气进行加湿处理，以保证客室内空气的相对湿度在规定的范围内。目前，我国在一般车辆的空调装置中都没有加湿系统，只在某些特殊要求的车辆上才设此系统。控制系统的作用是控制各功能系统按给定的方案协调、有序地工作，以使客室内的空气参数控制在规定的范围内，并同时对空调装置起到保护作用。

考虑到城轨车辆空调通风系统的实际运用情况，下面只对通风系统、空气冷却系统和控制系统做进一步的讲解和阐述，空气加热、加湿系统这里就不再描述。

7.1.2　城轨车辆空调通风系统的特点

在我国早期的城轨车辆中没有设置空调装置，只有简易的通风系统。随着国力的增强和人们对舒适度需求的提高，空调通风系统已成为城轨车辆的必需设备。考虑到实际运行特点和运营需要，车辆空调系统一般具有以下一些特点：

1. 小型轻量化

由于受到质量、体积等的限制，空调机组等设备要尽量减小体积、降低重量，以满足在城市隧道内等特殊运营条件的要求。

2. 自动化程度高

因城轨车辆运行中并不专门配置设备操作和巡检人员，因此要求系统具备集中控制、自我检测和自我调节恢复的功能。

3. 可靠性高

空调机组除了要抗振、耐腐蚀之外，系统各软、硬件也要保证有很高的可靠性能，同时在系统的设计上也必须考虑异常情况下的运转要求，以满足乘客安全的需要。

4. 便于维护

由于受到场地和检修停时等限制，空调机组、系统部件等要尽量方便检测、维护和更换，系统要具备能够储存必要的运行数据和一定的自我诊断功能，以保证检修人员能最方便地修复系统。

5. 较低的噪声

城轨车辆基本上运行在城市之中，因此在设计上要考虑尽可能地减小车辆噪声对市民的影响，选用低噪声的设备，如低噪声风机。

7.2　空调制冷基本原理及系统布置

7.2.1　空调系统制冷循环原理

制冷，是指人工制冷技术，包括研究低温的产生、应用及有关物质的物理及化学变化的特性等技术。工业及科研上通常将制冷分为普冷（高于 -120℃）及深冷（低于 -120℃），这一规定的界限并不是很严格的。空调制冷属于普冷的一个分支。

制冷的方式大致有以下几种：蒸气压缩式制冷、半导体制冷、吸收式制冷、蒸气喷射式制冷和涡流管制冷。进入 21 世纪后，在制冷理论及实践方面又有许多进展，如一些西方发达国家正在开展的热声制冷技术的研究和运用。

在几种制冷方式中，蒸气压缩式制冷应用最为广泛，一般城轨车辆也都采用蒸气压缩式制冷。这里只对这种制冷方式的原理进行介绍。

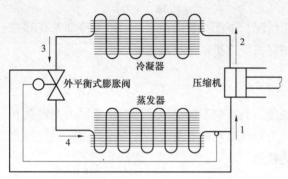

图 7-1 蒸气压缩式制冷循环示意图

图 7-1 所示为蒸气压缩式制冷循环示意图，整个循环包括压缩、冷凝、节流和蒸发 4 个过程。制冷机组主要由压缩机、冷凝器、节流阀（膨胀阀）和蒸发器 4 大部件组成。

制冷工作过程如下：

1→2：从蒸发器出来的低温低压（制冷剂）气体通过压缩机压缩后，转变成高温高压气体进入冷凝器。

2→3：高温高压的制冷剂气体经过冷凝器时，被环境空气（或水）冷却，制冷剂蒸气放出热量后被冷凝成高温、高压的液体。

3→4：高温、高压的液体经过节流阀（膨胀阀）节流，变成低温低压的液体进入蒸发器。

4→1：低温低压的液体流经蒸发器时，吸收被冷却物质（如客室内外的空气）的热量，蒸发汽化成低温低压的气体后被压缩机吸入。

这样，通过压缩机的（压缩）做功，实现制冷剂在系统管路中的循环；而制冷剂的循环（状态的变化）实现了对周围空气的冷却，达到制冷的目的。

7.2.2 城轨车辆空调通风系统的基本布置

如前所述，当前，空调通风系统已成为城轨车辆的必需设备，下面就城轨车辆空调通风系统的基本布置进行简要介绍。

1. 系统布置和气流组织

为便于安装、维护，城轨车辆空调装置基本采用集中式布置，即除了一些控制部件外，将空调制冷通风系统的主要部件都集中布置于一个机箱内，整个机组箱体安装于车辆顶部。这样的设计使得机组具有结构紧凑、占用空间小、制冷管路短、可以实现快速整体更换的优点。此布置方式目前为轨道车辆普遍采用的一种形式。

图 7-2 所示为典型的轨道车辆空调机组布置方式。

车顶空调机组将经过处理的空气，从一端（或两端）通过送风口送出，为保证均匀送风，车厢顶部还设置有送风通道，通过送风通道将风均匀地输送到整节车厢。而回风一般不设专门的回风通道，回风方式也没有固定的模式，目前大致有以下 3 种模式：通过车厢顶部中间回风、通过车厢顶部两侧回风和通过车厢（座位）底部回风。图 7-3 所示为一种空调机组送、回风口布置三视图。

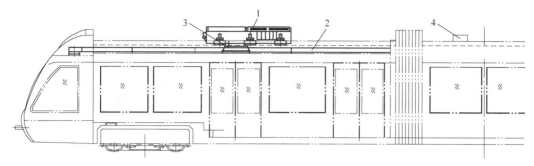

图 7－2　轨道车辆空调机组布置图

1—空调机组；2—送风道；3—回风道；4—废排装置

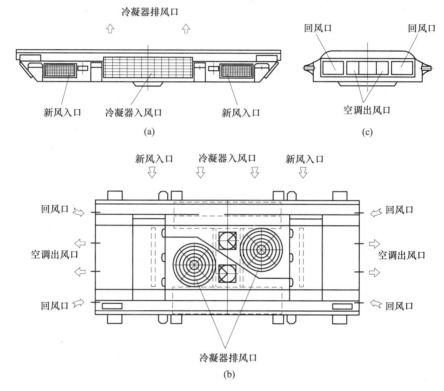

（a）

（c）

（b）

图 7－3　空调机组送、回风口布置三视图

（a）正视图；（b）顶视图；（c）左视图

2. 空调机组基本布置

前面提到，空调（制冷）装置主要包括压缩机、冷凝器、节流阀（膨胀阀）和蒸发器 4 大部件，不同时期、不同厂家生产的空调机组虽然在外观、形状、部件设计布局上有些不同，但其基本构造都是大同小异的。

图 7－4 所示为一种空调机组主要部件的布置图。本类机组内部包含两套独立的制冷系统，压缩机等主要部件都设置了两台，机组通过控制调节后，两套系统可以实现独立运行。本机组为两端送、回风设置，新、回风通过风门调节不同的混合比例后进入空气处理室，经过处理的空气则由送风机送入客室。

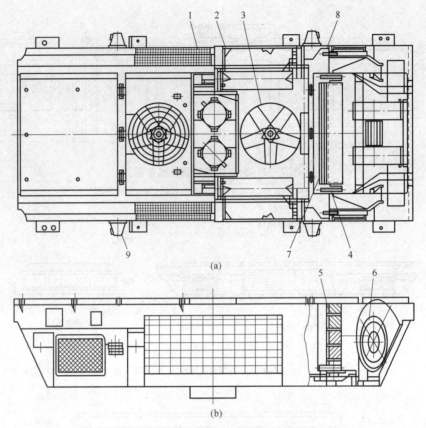

图7-4 空调机组主要部件的布置图

（a）顶视图；（b）前视图

1—压缩机；2—冷凝器；3—冷凝风机；4—新风温度传感器；5—风门；6—风门电动机；
7—空气压力开关；8—送风温度传感器；9—送风机

7.3 车辆空调系统部件

7.3.1 车辆空调系统的主要部件

城轨车辆空调机组内的主要部件包括压缩机、蒸发器、冷凝器和节流装置。

1. 制冷压缩机

压缩机的主要功能为压缩从蒸发器过来的制冷剂气体，使其变成高温高压气体。现城轨车辆空调选用的制冷压缩机主要有两种类型：螺杆式压缩机和涡旋式压缩机。

（1）全封闭螺杆式压缩机　压缩机、螺杆机构及供油系统组装在一个密封的机壳内。螺杆式压缩机具有结构简单、易损件少、压比大、对湿压缩不敏感、平衡性能好等特点。螺杆压缩机机体内装有一对相互啮合、具有转向相反的螺旋形齿的转子，其齿面凸起的转子称阳转子，齿面凹进的转子称阴转子。齿槽、机体内壁面和端盖等共同构成了工作容积。

由于螺杆具有较好的刚度和强度，吸、排气口又无阀片，故液体制冷剂通过时，不容易产生"液击"。

（2）涡旋式压缩机 该类压缩机活动的部件比较少，也没有动态吸入和排出阀。此外，该类压缩机振动小，噪声低，并且能抵抗在制冷系统中常见的由液击、满液启动和漂浮物所引起的应力。涡旋压缩机属容积式压缩机，压缩部件由动涡盘和静涡盘组成（图7-5）。

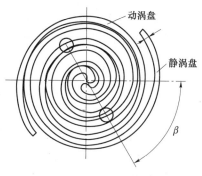

图7-5 涡旋式压缩机的
动涡盘和静涡盘组成

涡旋式压缩机具备低噪声、低振动、高可靠性的特点。涡旋式压缩机结构主要零件仅有5个，与往复式压缩机的30多个主要零件相比，结构更简单，故障概率更低；并且涡旋式压缩机具有效率高、功率消耗低、输出平缓、启动力矩小等特点。

2. 蒸发器、冷凝器

城轨车辆空调的蒸发器与冷凝器的结构基本一致，都是在铜管盘管上套翅片的结构，而两者的功能则不一样。冷凝器的主要功能是将从压缩机排出的高温高压的制冷剂气体冷却为高温高压的液体；蒸发器的主要功能是使低温低压的制冷剂液体吸收热量蒸发为低温低压的气体。蒸发器、冷凝器一般是由铜管、铝散热片或铜散热片与带有不锈钢端板/支承板构成的（图7-6）。蒸发器、冷凝器的换热主要通过空气流过蒸发器、冷凝器时，其翅片吸收空

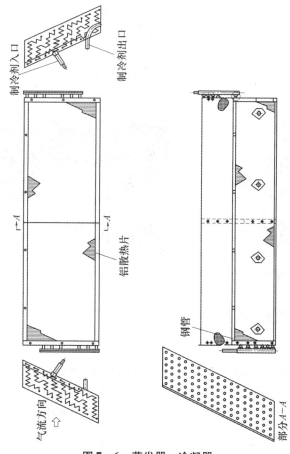

图7-6 蒸发器、冷凝器

气中的热量或将自身的热量传递给空气来实现。翅片表面积越大、表面情况越好，蒸发器、冷凝器的换热性能就越好。因此蒸发器、冷凝器翅片布置均匀、表面情况良好是保证蒸发器、冷凝器换热性能的主要措施。

3. 节流装置

通过冷凝器的制冷剂为高温高压的液体，在制冷剂进入蒸发器前须进行降压处理，节流装置就是对制冷剂液体进行降压的装置。城轨车辆选用的节流装置主要有两种类型：热力膨胀阀和毛细管。

1）热力膨胀阀（图7-7）。它通过控制蒸发器出口气态制冷剂的过热度来控制进入蒸发器的制冷剂流量。热力膨胀阀由离开蒸发器的吸气温度和蒸发器均分管处的温度来调节。热力膨胀阀因平衡方式不同（即蒸发压力引向膜片下内腔内的方式不同），分为内平衡式和外平衡式两种。容量是热力膨胀阀的重要特性参数，而影响容量的主要因素包括膨胀阀前后的压力差、蒸发温度、制冷剂过冷度。

2）毛细管（图7-8）。这是一根有规定长度的小孔径管子，它没有运动部件，依靠其流动阻力沿长度方向产生的压力降，来控制制冷剂的流量和维持冷凝器和蒸发器的压差。其结构简单，制造方便，价格低廉；没有运动部件，本身不易产生故障和泄漏；具有自动补偿的特点，即制冷剂在一定压差（$\Delta P = P_K - P_0$）下，流经毛细管时的流量是稳定的，当制冷负荷变化时，冷凝压力 P_K 增大或蒸发压力 P_0 降低时，ΔP 值增大，制冷剂在毛细管内的流量也相应增大，以适应制冷负荷变化对流量的要求，但这种补偿的能力较小；制冷压缩机停止运转后，制冷系统内的高压侧压力和低压侧压力可迅速得到平衡，再次启动运转时，制冷压缩机的电动机启动负荷较小，故不必使用启动转矩大的电动机，这一点对半封闭和全封闭式制冷压缩机尤其重要。

图7-7 热力膨胀阀

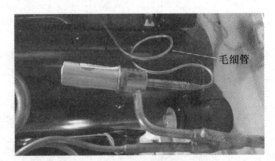

毛细管

图7-8 毛细管

7.3.2 车辆空调系统的辅助部件

城轨车辆空调系统其他辅助部件包括制冷剂、送风机、冷凝风机、干燥过滤器、电磁阀、温度传感器、湿度指示器、风门、空气过滤器、高/低压压力开关、空气压力开关（非所有城轨车辆空调系统都具备）等。另外，空调系统组成还包括空调控制器、紧急逆变器（部分城轨车辆空调系统的该装置安装在机组内部）和其他控制继电器等部件。

1. 制冷剂

制冷剂又称制冷工质，它是在制冷系统中不断循环并通过其本身的状态变化以实现制冷的工作物质。制冷剂在蒸发器内吸收被冷却介质（水或空气等）的热量而汽化，在冷凝器中将热量传递给周围空气或水而冷凝。它的性质直接关系到制冷装置的制冷效果、经济性、安全性及运行管理。

现城轨车辆空调选用的制冷剂主要有两种类型：R134a 和 R407c。

R134a 制冷剂是一种环保型的制冷剂，属于中温制冷剂，它的标准沸点为 -26.2℃，凝固温度为 -101℃，其热力性能与 R12 接近。

R407c 制冷剂是一种非共沸混合制冷剂，它是由 HFC32/125/134a 按 23/2/52 的混合比例混合而成的。在气液共存时，气相和液相的组成不同，充添时需加以注意。另外，制冷剂的漏出也分气相侧漏出和液相侧漏出两种情况，其中气相侧漏出使组成变化较大。基于以上两方面的原因，对于以 R407c 为制冷剂的城轨车辆空调系统，当发现泄漏比较严重时，不能采取充填制冷剂的方法，而应先将泄漏点找出修复好，然后将全部制冷剂抽出，并将制冷回路内部抽真空，然后再重新注入新的 R407c 制冷剂。

R134a 制冷剂因其不存在 R407c 混合制冷剂的特点，所以在发现泄漏时，可以先将泄漏位置找出修复好，然后充添制冷剂。

2. 高/低压压力开关

制冷剂蒸气在压缩机内部可能会出现压力过低或压力过高的问题，在制冷剂蒸气压力过高和过低时，压缩机持续运行将造成压缩机损坏，因此须在压缩机的出口、进口管路设置高、低压压力开关。高/低压压力开关监测压缩机高/低压出入口的压力，从而实现对压缩机的保护。如果高压出口排气压力超过或低压入口吸气压力低于它们各自的设置值，每个安全压力开关将会使电路切开，设备即停止运转，以保护压缩机。

高/低压压力开关元件包括可调式压力开关、元件式压力开关（图 7 - 9）。可调式压力开关与元件式压力开关的工作原理类似，都是通过一特殊的膜片来检测压缩机相应部位的制冷剂蒸气压力，当制冷剂蒸气压力值达到保护设定值时膜片产生相应形变而触发电路接通或断开。而该两类压力开关的不同就是可调式压力开关的压力保护设定值可人工进行一定范围的调节，元件式压力开关的压力保护设定值为定值，且不能进行调节。

3. 送风机、冷凝风机

为了使蒸发器、冷凝器与空气之间更好地进行热交

图 7 - 9 元件式压力开关

换，空气由送风机、冷凝风机的风扇强迫通过蒸发器盘管、冷凝器盘管。送风机使过滤后的新风、回风混合空气循环流过蒸发器，蒸发器吸收空气中的热量使空气冷却后再被送入客室，从而将客室温度降低，保证客室温度适宜。冷凝风机使环境空气循环流过冷凝盘管，冷凝盘管把来自压缩机的高温高压的制冷蒸气中的热量传给环境空气，从而使高温高压的制冷剂蒸气冷凝成液态。

城轨车辆空调的冷凝风机通常是使用轴流式风机（图 7 - 10），即吹风方向与风扇主轴方向一致。轴流式风机工作时，动力机驱动叶轮在圆筒形机壳内旋转，气体从集流器进入，通过叶轮获得能量，提高压力和速度，然后沿轴向排出。轴流式风机主要由叶轮、机壳和集流器等部件组成。

送风机通常是使用离心式风机（图7-11）。离心式风机工作时，动力机（主要是电动机）驱动叶轮在蜗形机壳内旋转，空气经吸气口从叶轮中心处吸入。由于叶片对气体的动力作用，气体压力和速度得以提高，并在离心力作用下沿着叶道甩向机壳，从送气口排出。因气体在叶轮内的流动主要是在径向平面内，故又称径流通风机。离心式通风机主要由叶轮和机壳组成。

图7-10 轴流式风机　　　　图7-11 离心式风机

风机的性能参数主要有流量、压力、功率、效率和转速。另外，噪声和振动的大小也是通风机的主要技术指标。流量也称风量，以单位时间内流经通风机的气体体积表示；压力也称风压，是指气体在通风机内的压力升高值，有静压、动压和全压之分；功率是指通风机的输入功率，即轴功率。通风机有效功率与轴功率之比称为效率。通风机全压效率可达90%。

4. 干燥过滤器

干燥过滤器的作用是吸收制冷系统中的水分，阻挡系统中的杂质使其不能通过，防止制冷系统管路发生冰堵和脏堵。系统最容易堵塞的部位是毛细管（或膨胀阀），因此干燥过滤器通常安装在冷凝器与毛细管（或膨胀阀）之间。

5. 湿度指示器

一般情况下湿度指示器位于干燥过滤器之后。系统中多余水分的指示是通过观察此装置的窥视镜来确定。用窥视镜能够清楚地观察到制冷剂液流，看是否有气泡进入和一些异常的情况。

6. 风压开关

部分城轨车辆空调的送风机都装有一个空气压力开关（图7-12）来检测相应的送风机的运行和空气流速。当空气流达到正常等级时，压力开关发出一个信号给空调控制器，指示蒸发器风扇正常工作。一旦空调控制器接到此信号，空调机组就准备按要求的循环运行。如果空调控制器没有接收到此信号，设备将不能启动工作。此开关主要是用于具备电制热功能的城轨车辆空调。对于制冷工况而言，在送风机不工作造成压缩机吸入压力减低时，压缩机的低压压力开关会进行相应的动作保护压缩机；而对于电制热的城轨车辆空调，在送风机不工作时，若没有这个检测设备，空调将继续进行电制热，此时热量不能散发，将造成空调机组内部件过热损坏。

7. 电磁阀

空调制冷管路上设有电磁阀（图7-13）。电磁阀的基本原理是通电时，电磁线圈产生电磁力把关闭件从阀座上提起，阀门打开；断电时，电磁力消失，弹簧力把关闭件压在阀座上，阀门关闭。设置电磁阀的作用是当机组不运行时，阻止液体制冷剂进入压缩机。电磁阀通常是关闭的，除非它们被触发或通电。

图 7 - 12　风压开关

图 7 - 13　电磁阀

部分城轨车辆空调机组在制冷系统高压和低压管路之间安装了两个气体管线旁通电磁阀，其目的是通过向热力膨胀阀和蒸发器盘管之间的管线内注入从压缩机排出的热气流，调节压缩机容量对蒸发器的负荷。

8. 温度传感器

为了保证客室舒适性，空调系统须设置温度传感器（图 7 - 14）检测送风、回风和新风的温度，有效地控制空调机组制冷量。通过它们，空调控制器监控不同的温度并选择最好的运行模式，为乘客提供最舒适的环境。城轨车辆空调机组的温度传感器一般采用的是 NTC 型，这种传感器的温度与电阻呈负曲线关系，即温度值越高，电阻值越低。城轨车辆空调温度传感器一般包括新风温度传感器、回风温度传感器和送风温度传感器。

9. 风门

送入客室的空气为经蒸发器吸热、除湿后的新、回风混合空气，而新、回风混合比例的控制是通过风门来实现

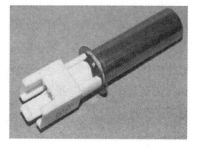

图 7 - 14　温度传感器

的。足够的新风是保证人体舒适的必要条件，而新风也不能过高，新风比例过大会导致空调机组消耗功率增大；回风的循环使用能降低空调机组的能耗，而在城轨车辆正常运行期间也不能完全采用全回风，因此新、回风的比例须控制得当。城轨车辆空调的风门装置主要有电控气动和电控电动两种类型：电控气动的风门通过风缸装置控制风门动作；电控电动的风门通过伺服电动机控制风门动作。

在紧急模式下，风门处于只允许新风进入的位置以保证紧急情况下乘客安全的要求。在预冷模式下，风门关闭新风入口或回风入口，只允许循环空气或新风进入客室，这样就可以快速地使客室温度下降到合适的温度水平。

10. 紧急逆变器

在空调机组运行所需的三相电源失效情况下，制冷系统将不再运行，正常通风系统无法保持。为了保证客室内乘客的安全，空调系统运行转为紧急通风模式，在此模式下，紧急逆变器将蓄电池的 110V 直流电逆变为交流电源供给空调机组送风机，此时新风量比正常通风有所减少，但紧急通风时采用的是全新风，因此此时的新风量是能够满足乘客空气质量要求

的。紧急逆变器安装在机组内、车顶、车厢和车底各种不同位置，相比而言不宜安装在机组内，因为机组内部运行环境恶劣易导致该部件出现故障。

11. 空调控制器

空调机组的运用控制由空调控制器来实现。空调控制器可对空调机组的运行模式和温度值进行设定，并能完成故障的诊断和记录。

城轨车辆空调控制器主要使用两种类型的控制器：微处理器和PLC。相比而言，微处理器功能强大，其维护界面和方式可以做得更人性化，方便用户对空调机组的维护及使用；而PLC运行稳定，故障率低。

7.4 车辆空调系统控制

7.4.1 车辆空调控制的基本形式

城轨车辆空调系统必须在激活端的驾驶室进行运行或停机操作，通过按压设在仪表台的空调"开""关"按钮即可开启或关闭整列车的空调机组，且可以通过"A车空调"按钮只开停列车A车的空调机组。

城轨车辆空调由一个基于温度控制的微处理器或PLC来控制，它一直传送车内所要保持最佳温度的指令，并且也是控制和保护空调系统内部元件的自动装置。空调控制器根据接收到的送风、新风、回风温度传感器信号，并根据UIC 553温度曲线或其他设定温度值判断实时空调制冷量是否足够，若不足，控制器就发出相关命令控制相关继电器动作来控制空调机组内的相应部件顺序运行或停止，以满足温度的要求。空调控制器还具备相关的自动保护和故障记录功能，并可与PTU连接，通过相关应用软件进行实时通信功能。

7.4.2 车辆空调控制的基本步骤

城轨车辆空调系统的启动顺序均为送风机、冷凝风机、压缩机，若前级不能启动，后级则不被允许启动。此种启动顺序是基于对压缩机的保护，避免送风机不运行时压缩机吸入口压力过低和冷凝风机不运行时压缩机排出口压力过高。

控制器通过数字输入/输出与列车信息系统相连，并通过硬线或总线报告故障、启动请求、启动许可和自检结果。

城轨车辆空调设定温度在自动模式下是按UIC 553温度曲线进行设定的（如下定义中，T_{ext}为外界空气温度）：

当外界温度（T_{ext}）$< 19℃$，温度设定值为$22℃$

当$T_{ext} \geqslant 19℃$，温度设定值为$22 + 0.25（T_{ext} - 19）（℃）$

城轨车辆空调设定温度还可通过人工设定为既定的值（$19℃ \sim 27℃$）或偏离UIC 553曲线一定的值来定义设定温度。

为了实现温度设定的功能，控制器须给出相关命令控制空调机组中的不同元件（压缩机、电动机等），以使空调的制冷量能够满足客室内的要求。

控制器计算出由温度传感器检测的室温和设定温度之间的差值，得到一个误差函数，再根据这个误差函数控制空调机组的运行模式。空调机组提供给客室的制冷量取决于这个误差函数，并且受新风和供风温度影响。

7.4.3　车辆空调的运行

1. 初始启动

控制器和空调机组得电后，控制器进行空调自检。以微处理器控制器为例，通常自检过程包括风门计算（计算风门从全开到全关位置所需的时间，并将此时间值用于后续控制风门的打开、关闭程度）和紧急逆变器自检。自检完成后，控制器必须得到驾驶室的"空调ON/OFF"信号后启动送风机。然后，信号"压缩机启动请求"被传送到总线上。控制器一直等到信号"压缩机启动释放"出现后，才开始进行温度调节。

2. 正常运行

城轨车辆平均每节车安装两台空调机组，两台空调机组在正常运行时是同时工作的。空调控制器可对空调机组的运行模式和温度值进行设定，控制空调机组内部件的运行、启停，并能完成故障的诊断和记录。

空调机组内各部件的启动命令是由控制器决定和驱动的，并设定相应的前级保护功能，保证空调系统安全运行。如果其中一个部件启动失败，则其相关的后续部件将被禁止启动并且有一个相应的故障信息给出并被记录。

3. 空调运行模式

城轨车辆空调机组的运行模式一般都包括：制冷、预制冷、测试、紧急通风、减少新风模式。

1）制冷调节循环

无论何时，只要控制器检测出车内温度高于设定值，就发出"压缩机启动释放"信号，并发出制冷循环指令。压缩机启动须在冷凝风扇正常启动之后且得到"压缩机运行启动"信号才能被允许启动。在下列条件下，压缩机是不允许启动的：压缩机高压供电无效；该压缩机启动在压缩机顺序启动延时范围内（避免过多压缩机同时启动的启动电流造成供电电源负荷过大）；压缩机高/低压压力开关动作；总线信号无效等。

当车内的温度开始下降并且制冷需求减弱时，控制器将适时发出"压缩机停止"信号，以停止制冷运行。

一个压缩机启动后，必须经过最小的运行周期后才能断电。同样，一个压缩机停止后也必须经过最小运行周期后才能再启动。为了防止系统出现故障，压缩机每小时启动和停止是设有最高限度的，这可以通过控制器的最小运行和最小停止周期的限制来实现。

2）预冷模式

预冷模式是为了使客室温度快速达到控制器计算出的设定值要求的一种模式。在预冷模式下新风风门位置由于内、外温度不同而变化如下：

如果内部温度低于外部温度（客室温度＜外部空气温度），风门关闭，此时只用回风调节客室温度；如果内部温度高于外部温度（客室温度＞外部空气温度），风门打开，此时，只用进风量调节客室温度。

3）测试模式

当列车空调被设置为测试模式时，空调控制器将控制空调机组的部件进行相应动作，以对空调机组的功能进行初步测试。例如，在测试模式下一般会进行紧急逆变器的自检、100%负荷的制冷运行等。

4）紧急通风

如果车辆失去交流电压供应，送风机供电将自动切换到紧急逆变器供电，机组在紧急通风模式下工作。当交流供电恢复后，送风机供电又从紧急逆变器供电自动切换到交流供电，机组转换为正常模式运行。紧急通风时采用的是全新风，因此，用于紧急逆变器启动的输出信号也用来关闭回风风门。

5）减少新风模式

如果空调机组工作在通风或制冷模式下，客室中回风的温度比温度设定值较高，将启用减少新风模式。

在这种情况下，控制器控制风门动作，减少新风量，提高回风量，就能更快速地使客室温度达到设定值。

操作训练

实训项目一：空调系统检修

实训目的：掌握空调系统检修项目，能够熟知空调系统检修内容。

实训方法：见表7-1

表7-1 空调系统检修项目与内容

实训内容	工作步骤	检验标准
检查机组壳体	用中性洗涤剂清洁空调机组壳体，并检查壳体是否腐蚀、变形。如有脱漆或腐蚀，则需要在脱漆处防锈、补漆	检验机组壳体无腐蚀 检验机组壳体无变形
检查紧固件	目测检查紧固件，如有松动，则用扭力扳手按力矩要求更换新紧固件，再紧固或重新紧固	检验紧固件扭力是否符合要求
检查机组保温材料	目测检查壳体上的隔热材料、密封条，无缺损、老化，性能良好，否则应给予更换	检验无缺损、老化
检查冷凝器	用中性洗涤剂清洗冷凝器，目测检查翅片并矫正变形翅片。 注意：清洁时车顶面较滑，应小心操作，电气连接处应防止水滴渗入！ ① 将清洁泵的压力水压力调整在35～40bar。 ② 清洁冷凝器、蒸发器时，应使压力水由机组内侧向外侧方向冲洗。 ③ 用带清洁剂的压力水冲洗室外空气格栅，保证格栅洁净。 ④ 用压力水冲洗空气处理室里的积尘和排水孔。 ⑤ 电气部件处的水滴应及时清除或拭抹干净。 ⑥ 用抹布清除压缩空气传动件、送风机电动机侧的积尘。 ⑦ 用抹布清除风道软接管回风侧的污迹	检验无缺损、老化 进气 出气

实训内容	工作步骤	检验标准
检查冷凝风扇的作业	① 清洁并目测检查冷凝风扇网罩，如有脱焊须补焊加固。 ② 清洁并目测检查冷凝风扇风叶。 ③ 转动测试冷凝风扇，叶片顺畅，无明显阻力；若冷凝风扇叶片擦框，则应调整风机位置，必要时调整垫片位置和数量	检验无脱焊、风叶无损坏、垫片位置正确
检查空气压缩机的作业	① 清洗空气压缩机的外壳，检查油位、吸入口连接管、接线端。 ② 接线盒的电线和保护单元连接牢固；压缩机室的电气接线盒里的电气连接牢固、无误	检验油位正确、连接牢固
检查制冷系统	① 检查制冷系统的连接管路、接头和保温管道。 ② 若发现有油迹，对油迹处用电子检漏仪检漏。泄漏检测在下列位置进行：所有连接螺栓；所有焊接连接处确认泄漏部位，对松动的螺钉按有关扭力值进行紧固；紧固后，用电子检漏仪复检，保证未测到泄漏为止；用丙酮清洁油迹；检查其余螺钉有无松动，并重新紧固松动件	检验管路连接有无渗漏、螺钉有无松动
检查蒸发器	用中性清洗溶液清洁蒸发器，检查并矫正变形翅片	检验是否变形
检查储液筒	目测检查筒体、视镜，无破损	检验无破损
检查视液器	检查液体管路视液镜中心的颜色，正常为紫色；若色纸颜色开始偏红，在有电功能检查完成后应予以复检；若发现色纸颜色已变为粉红色，则说明干燥过滤筒失效，须更换机组	检验观察视液镜中心颜色
检查电磁阀	目测和测试检查，通电后动作正常	检验通电后是否正常
检查新、回风风缸及挡板	清洗风缸：检查连接管及连接情况，挡板动作正常，并调整到适合的角度	检验是否连接正常
检查过渡连接软风道	清洁并目测检查	检验是否清洁
检查温度传感器	清洁传感器触头，测量电阻值	检验是否清洁，测量阻值
检查总成阀	清洁排气口，更换密封圈	检验是否清洁
检查驾驶室通风机	检查驾驶室通风机组的连接螺钉是否松动，如果松动则须紧固	检验是否紧固
检查驾驶室出风调节口	清洁并目测检查，更换损坏件	检验是否损坏
检查空调机组电缆及接线盒	清洁箱体，目测检查，配线无老化、破损，线号清晰、排列整齐，绝缘良好，安装牢固	检验无老化、破损，线号清晰、排列整齐，绝缘良好，安装牢固

项目 **7** 空调系统检修

续表

实训内容	工作步骤	检验标准
检查接地线	目测检查，无破损，无老化或裂纹，连接牢固；有损坏则更换损坏件	检验无破损、老化、裂纹；连接牢固
检查主要部件功能检查	包括通风机、冷凝风机、压缩机、压力开关、电磁阀、热力膨胀阀等部件在内的检查，并记录相应的电流、温度、过热度和压力。具体操作步骤见空调机组测试工艺	检验风机、压缩机、通风机内部正常 检验电流、温度、过热度和压力正常

实训项目二： 空调常见故障处理
实训目的： 掌握空调系统常见故障处理方法。
实训方法： 见表 7 - 2。

表 7 - 2　空调常见故障处理

实训内容	工作步骤	检验标准
检查制冷剂泄漏	制冷剂的检漏可采用如下方法： ① 外观检查。由于制冷剂泄漏会渗出冷冻油，一旦发现管路某处有油迹，可用白布擦拭或用手直接触摸检查，并做进一步确认。 ② 泡沫检漏。这是一种简便的方法，用混有清洁剂的水涂在预计可能发生的泄漏之处，若该处有泄漏，将会出现气泡，从而可以确定确切的泄漏发生位置。 ③ 电子检漏仪。用电子检漏仪接近被检处，一旦检漏仪测到有泄漏，将发出异常的声音予以提示，此时应擦净触头，在该处再次测试确认	主要检验管路的焊接处、压缩机吸排气口的连接处、压力开关的引接处等
检查低压故障	当制冷剂出现泄漏时将导致低压故障的产生，低压故障的检查方法如下： ① 用复合式压力表连接到系统中，检查系统停机时的平衡压力，以及机组运行情况下的低压压力，低压压力应不低于 (0.5 ± 0.3) bar。 ② 模拟机组运行，判别机组低压压力开关是否动作。 压缩机低压压力过低的原因：制冷系统有泄漏；制冷剂不足；膨胀阀等低压处开启不足；外界温度过低；蒸发器入口堵塞	检验管路压力是否低于正常值
检查高压故障	制冷系统中真正导致压力过高的最大可能是系统中混入了空气，例如，空气在机组低压部分压力偏低时被压缩机吸入，或者是在维修中因操作不当而使空气混入到系统中。由于空气是不凝性气体，它在系统中的存在将直接产生如下不良后果：压缩机负荷增大，且温升异常，电动机过热或烧损；冷凝压力上升，制冷量下降；高压压力开关动作，系统无法正常运行。因此一旦发现有空气混入系统中，必须立即加以处理。	检验管路压力是否高于正常值

实训内容	工作步骤	检验标准
检查高压故障	导致压缩机高压过高的原因还包括外界温度过高、冷凝器入口或出口有堵塞、冷凝器脏、制冷剂过多、冷凝风机不工作或工作异常	检验管路压力是否高于正常值
电气系统故障	电气系统的故障主要包括以下几种： ① 短路故障。该故障是电气设备的绝缘层因老化、变质、机械损坏或过电压击穿等原因被破坏而导致出现的故障。 ② 缺相故障。城轨车辆空调的压缩机、送风机和冷凝风机一般都是采用 380V 交流电源供电，由于松脱或其他人为原因，导致 380V 交流电有一相断开时就会出现缺相故障。部分压缩机设有缺相保护单元，可以自行检查该故障。 ③ 反相故障。当压缩机、送风机和冷凝风机的三相连接顺序错误时将导致反相故障，此时压缩机、送风机和冷凝风机会反相运转，压缩机反相运转的噪声较大，且很快就导致压缩机烧损；送风机、冷凝风机反相运转时进风和出风方向刚好颠倒。 ④ 过电流故障。该故障主要出现在城轨车辆空调机组的压缩机部件上，由于个别特殊原因（如吸气压力过高、堵塞等）导致压缩机运转负荷过大时，不断上升的供电电流将导致压缩机电动机部件的烧损。 ⑤ 压缩机高/低压力开关动作。由于个别原因导致压缩机排气口压力过高或压缩机吸气口压力过低时，压缩机高/低压力开关动作，该信号送给空调控制板，控制板控制空调机组立即停止制冷运行。 ⑥ 温度传感器故障。温度传感器由于老化或接触不良而不能给空调控制板有效的信号时，就会出现温度传感器故障。 ⑦ 继电器故障。控制空调机组各部件启停的继电器，由于老化或其他原因，会出现继电器卡滞或不能动作等故障	检验是否有老化、变质、缺相、烧损等现象

实训项目三：空调制冷剂加注

实训目的：掌握空调制冷剂加注方法。

实训方法：见表 7-3。

表 7-3　空调制冷剂加注方法

实训内容	工作步骤	检验标准
制冷剂加注方法	制冷剂加注方法一般都是采用低压加注和静态加注 ① 低压加注。启动空调机组制冷运行（通过使用应用软件强行启动制冷运行），从压缩机低压处加注，观察加注后的压力到达正常工作范围值（不同类型的制冷	检验低压加注静态加注方法和时间是否正确

续表

实训内容	工作步骤	检验标准
制冷剂加注方法	剂，该范围值均不同）。当加到压缩机低压处的压力达到范围值时即停止，再观察空调的制冷效果。如果空调制冷效果良好，则测试高压压力，其工作压力不能超过高压范围值。 ②静态加注。停止空调机组运行，从加注口处加注制冷剂。当系统压力达到相应要求时为合适；再让空调运行制冷30min，然后做仔细的检查	检验低压加注静态加注方法和时间是否正确
制冷剂加注的检查方法	制冷剂加注是否合适的检查方法主要包括以下几种： ①测压力。测低压压力，检查其低压工作压力是否在正常范围内。如果偏高，则加多了；如果偏少，则加少了。同时高压也不能超过相应的正常范围 ②听声音。如果声音过大，沉闷，则可能是制冷剂添加过多；如果声音过小，则说明添加量不够 ③测温度。加注制冷剂至压缩机吸气管较凉，有结露产生；排气管温度达到800℃左右；冷凝器温度达到55℃左右；蒸发器的温度比环境温度低15℃左右。此时制冷剂已加注足够 ④测工作电流。总电流应接近额定电流。如果电流过大，则说明制冷剂加多了；如果电流过小，则说明制冷剂不够。这要求在系统和电路都正常的情况下进行测试，因为压缩机的工作电流与压缩机的吸气压力有很大关系：吸气压力高，电流就大；吸气压力低，电流就小。如果系统堵了，那么压缩机的工作电流也会很低，且压缩机的声音不正常	检验压力、声音、温度、工作电流是否正常
制冷剂加注注意事项	空调机组加注制冷剂时应注意：加注时一定要慢慢来，加注一定量后让空调运行10min左右，再测压力和电流，不够时再分次加注，不能以运行前的压力和电流作为标准。冬天加制冷剂时，可以人为地使室内温度传感器达到能够制冷的温度使空调制冷运行，或通过相关软件强行使空调制冷运行	检验压力、声音、温度、工作电流是否正常

思考题

1. 空调机组的主要部件都有哪些？
2. 请简述空调制动过程。
3. 空调机组出现低压故障时如何解决？
4. 空调机组的电气故障有哪些？

实训题

1. 在实训室或企业维修段，完成空调系统出现电气系统故障的检查方法。
2. 在实训室或企业维修段，完成空调系统制冷剂加注方法。

参考文献

[1] 曾青中，韩增胜．城市轨道交通车辆 [M]．成都：西南交通大学出版社，2006.

[2] 殳企平．城市轨道交通车辆制动技术 [M]．北京：中国水利水电出版社，2009.

[3] 王伯铭．城市轨道交通车辆工程 [M]．成都：西南交通大学出版社，2007.

[4] 胡用生．现代轨道车辆动力学 [M]．北京：中国铁道出版社，2009.

[5] 孙章，蒲琪．城市轨道交通概论 [M]．北京：人民交通出版社，2010.

[6] 严隽耄．车辆工程 [M]．北京：中国铁道出版社，1992.

[7] 张振淼．城市轨道车辆结构与设计 [M]．上海：上海科学技术出版社，2002.

[8] 詹耀立．客车空调装置 [M]．北京：中国铁道出版社，1999.

[9] 上海申通地铁集团有限公司轨道交通培训中心．城市轨道交通概论 [M]．北京：中国铁道出版社，2009.

[10] 人力资源和社会保障部教材办公室，广州市地下铁道总公司．车辆检修工 [M]．北京：中国劳动社会保障出版社，2009.

[11] 耿幸福．城市轨道交通车辆检修 [M]．北京：人民交通出版社，2012.

[12] 何宗华，汪松滋，何其光．城市轨道交通车辆运行与维修 [M]．北京：中国建筑工业出版社，2010.

[13] 杨东，卢桂云．城市轨道交通车辆检修 [M]．北京：机械工业出版社，2010.

[14] 袁清武．客车构造与检修 [M]．北京：中国铁道出版社，2008.

[15] 高爽．地铁车辆构造与维修管理 M]．北京：中国铁道出版社，2003.